GENJIN刑事弁護シリーズ12

入門 法廷戦略
戦略的法廷プレゼンテーションの
理論と技術

八幡紕芦史・辻 孝司・遠山大輔 著

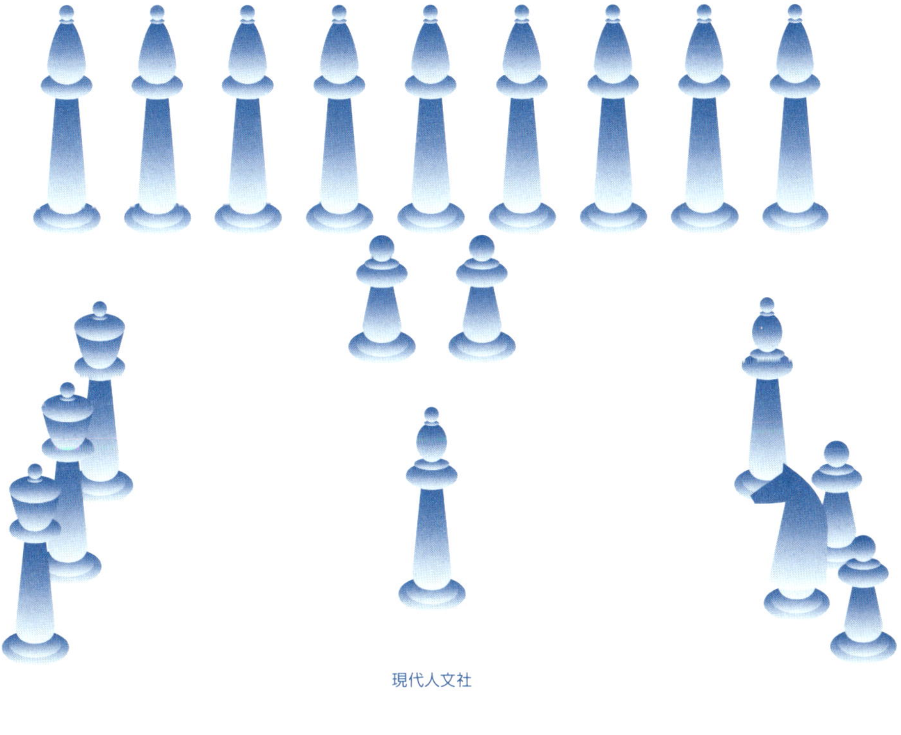

現代人文社

まえがき

　あなたの仕事は裁判に"勝つ"ことだ。
　では、どうすれば裁判に勝つことができるか。それも、出会い頭の勝利ではなく、コンスタントに勝ち続けるために。
　きっと、あなたは、「これまで長年にわたって培ってきた経験を活かし、日々の研鑽から身につけた能力を発揮し、そして、これまで脳に蓄積してきた膨大な知識を駆使すれば、裁判に勝つことができる」と言う。
　では、新しく始まった裁判員裁判において、あなたの経験、能力、知識は、裁判に勝つための武器になるだろうか。一般の人たちで構成された裁判員に対して、検察側の立証責任について正しく理解させることができるだろうか。未必の故意の概念を示し被告人の心情に共感させることができるだろうか。正当防衛の要件を示し被告人の無罪を説得することができるだろうか。
　裁判員裁判で勝つためには、これまでとは異なった考え方や能力、あるいは知識が必要だ。あなたが手にすべき新しい武器は、"法廷戦略プレゼンテーションの理論と技術"だ。もし、あなたが、"戦略"とは何かという質問に、ひと言で答えられるなら、この本を閉じてすぐさま法廷に立てばいい。しかし、戦略とはケースセオリーを組み立てることではない。論理は戦略の一部にしかすぎない。もし、あなたが、プレゼンテーションとは身振り手振りを使うこと、パソコンを使ってビジュアル・スライドを見せること、と答えるなら、この本を精読した方がいい。
　あなたが、この本で学ぶことは、裁判に勝つ方法だ。第1章では、法廷戦略プレゼンテーションの理論と技術の全体像を把握し、第2章では、勝つための法廷戦略の立案方法を理解していただく。第3章では、法廷戦略のシナリオと各手続の戦術シナリオについて学習し、第4章では、法廷におけるデリバリー技術を習得していただく。そして、第5章では、ビジュアル・プレゼンテーションのリスクと効用について認識し、そして、第6章では、法廷戦略の実践編として事例を研究していただく。この6章をマスターすれば、あなたは裁判員裁判で勝つ確率を最大限に高めることができる。
　では、あなたが裁判員裁判に勝つために、第1章から始めよう。

2009年11月
筆者一同

謝辞

　本書は、2006年に特定非営利活動法人国際プレゼンテーション協会内に設立した"法廷プレゼンテーション研究チーム"の研究成果をまとめたものだ。

　本書を発刊するにあたって、多くの方のご協力をいただいた。研究チームのメンバーである京都弁護士会の塚本誠一弁護士、小原健司弁護士、大杉光子弁護士、志水芙美代弁護士、古川美和弁護士、中野勝之弁護士、石側亮太弁護士、愛知県弁護士会の金岡繁裕弁護士、佐竹靖紀弁護士にお礼を申し上げたい。

　また、成城大学の指宿信教授には、シドニー視察をはじめとして研究チームへの惜しみないご助力をいただいた。さらに、研究活動を通して、立命館大学の渕野貴生教授、サトウタツヤ教授、明治大学の堀田秀吾准教授、政策研究大学院大学の藤田政博准教授、東洋大学の黒沢香教授からも貴重なご意見をうかがわせていただいた。

　こうした多くの人たちからのご助言によって生まれた本書が、この国の刑事司法への新たな問題提起となり、裁判員制度が熟成した10年後、20年後の刑事弁護技術を確立するための一助となることを心から願っている。

筆者一同

■国際プレゼンテーション協会では、「法廷プレゼンテーション研究チーム」を結成し、チーム・メンバーの法廷戦略立案力、プレゼンテーション力の向上などを目指しています。研究チームに参加される方を募集しています。詳細は国際プレゼンテーション協会までお問い合わせください。
　　特定非営利活動法人国際プレゼンテーション協会
　　〒107-0062 東京都港区南青山4-15-4
　　TEL：03-3401-1520　FAX：03-3479-6670
　　E-MAIL：info-desk@npo-presentation.org/

■国際プレゼンテーション協会では、会員向けに法廷戦略を容易に立案できる「法廷戦略立案ワークシート」をご用意しました。ご希望の方は、下記のURLからダウンロードしてください。
　　URL：http://www.npo-presentation.org/

目次

まえがき　1
謝辞　2

第1章　法廷戦略とプレゼンテーション技術 ……… 7

1-1　新しい法廷の扉を開く　8
1-2　悲劇に遭遇する　10
1-3　悲劇に遭遇しないために　12
1-4　勝利のピラミッドで勝つ　14
1-5　法廷戦略立案力をマスターする　16
1-6　法廷のリスクをマネジメントする　18
1-7　シナリオを構築する　20
1-8　伝える内容を吟味する　22
1-9　注意を喚起し興味をもたせる　24
1-10　理解させ合意させる　26
1-11　デリバリー力を身につける　28
1-12　言語と非言語で伝える　30
1-13　ビジュアル・プレゼンテーションを学ぶ　32

第2章　法廷戦略の立案 ……… 35

2-1　法廷戦略を立案する　36
2-2　法廷戦略のグランド・デザインを描く　38
2-3　情報を収集する　40
2-4　裁判官と裁判員の情報を収集する　42
2-5　外部要因情報を集める　44
2-6　目標を設定する　46
2-7　チャレンジングな目標を設定する　48

- 2-8 "C-SWOT分析"をおこなう　50
- 2-9 法廷戦略オプションを作成する　52
- 2-10 山本純子事件の戦略オプション　54
- 2-11 法廷戦略ステートメントを作成する　56
- 2-12 評議の展開を予測する　58
- 2-13 裁判長の評議進行を予測する　60
- 2-14 裁判員の判断構造を予測する　62
- 2-15 評議のキーパーソンを特定する　64
- 2-16 法廷戦略ステートメントを選択する　66
- 2-17 裁判員の判断構造と関心事を知る　68
- 2-18 山本純子事件WO転化型戦略ステートメント　70
- 2-19 山本純子事件WT克服型戦略ステートメント　72
- 2-20 評議をコントロールする　74
- 2-21 Wの原則：検察官の戦略を予測する　76
- 2-22 Wの原則：弁護側のW（弱み）とS（強み）　78
- 2-23 裁判資源を集中的に投下する　80
- 2-24 プレゼンテーションの戦略を立てる　82
- 2-25 法廷の場所と環境を分析する　84

第3章　法廷戦略シナリオと各手続の戦術シナリオ…………87

- 3-1 なぜ法廷戦略シナリオか　88
- 3-2 法廷戦略シナリオ構築の考え方　90
- 3-3 スタンダード・シナリオの構築　92
- 3-4 冒頭手続と冒頭陳述　94
- 3-5 証拠調べ、弁論　96
- 3-6 戦略なき公判手続　98
- 3-7 なぜ戦術シナリオか　100
- 3-8 「結論→理由→結論」のシナリオ　102
- 3-9 3部構成のシナリオ・ツリー　104
- 3-10 アウトラインで話す　106
- 3-11 アウトラインのメリット　108

- 3-12　冒頭手続の戦術シナリオ　110
- 3-13　冒頭陳述の戦術シナリオ　112
- 3-14　書証・物証の取調べの戦術シナリオ　114
- 3-15　主尋問の戦術シナリオ　116
- 3-16　反対尋問の戦術シナリオ　118
- 3-17　弁論の戦術シナリオ　120
- 3-18　シナリオ・プランニング　122
- 3-19　予想外の不確実性に対応する　124

第4章　法廷におけるデリバリー技術　127

- 4-1　弁護人が発する非言語メッセージ　128
- 4-2　弁護人の態度　130
- 4-3　印象を管理する　132
- 4-4　グッド・スタートを切る　134
- 4-5　必然性のある動き　136
- 4-6　冒頭陳述を始める　138
- 4-7　謝辞を述べ背景を投げかける　140
- 4-8　結論はひと言で言い切る　142
- 4-9　非言語でロードマップを示す　144
- 4-10　裁判員の思考をリードする　146
- 4-11　裁判員の理解を阻害する表現　148
- 4-12　緩急自在に話す　150
- 4-13　緊張感が原動力　152
- 4-14　裁判員に語りかける　154
- 4-15　裁判員の表情を読む　156
- 4-16　弁護人のチームワーク　158
- 4-17　冒頭陳述を締めくくる　160
- 4-18　感動的に終える　162
- 4-19　尋問のプレゼンテーション　164
- 4-20　プレゼンテーション力を身につけるには　166

第5章　ビジュアル・プレゼンテーションのリスクと効用 … 169

- 5-1　ビジュアルのリスクを認識する　170
- 5-2　ビジュアルの効用を知る　172
- 5-3　ビジュアルを活用する　174
- 5-4　ビジュアル・ツール①　176
- 5-5　ビジュアル・ツール②　178
- 5-6　説明資料と配付資料　180
- 5-7　ビジュアルの目的を明確にする　182
- 5-8　ビジュアルに統一感をもたせる　184
- 5-9　コンセプトの関係性を図解する　186
- 5-10　ビジュアルを効果的に見せる　188
- 5-11　聴き手のためのビジュアル　190
- 5-12　ビジュアルで失敗しないために　192

第6章　法廷戦略実践編〜里見達彦事件〜 ……………… 195

- 6-1　里見達彦事件の概要　196
- 6-2　目標設定　200
- 6-3　里見達彦事件のC-SWOT分析　202
- 6-4　法廷戦略オプションの抽出　204
- 6-5　法廷戦略ステートメントの作成　206
- 6-6　法廷戦略ステートメントの選択　208
- 6-7　法廷戦略および戦術シナリオの構築　210
- 6-8　各手続の戦術シナリオ　212

あとがき　214

第1章
法廷戦略とプレゼンテーション技術

　さて、裁判員裁判は、これまでの裁判官裁判と、どのように違うのだろうか。そして、どのような考え方や能力が求められるのだろうか。
　裁判に一般人が事実認定者として参加すると、あなたに必要な能力は自ずと変わってくる。ひょっとすると、これまで培ってきた経験は使い物にならなくなるかもしれない。
　あなたが裁判員裁判に勝つためには、2つの基本能力を縦横無尽に発揮できなければならない。その2つの能力とは、「法廷戦略立案力」と「法廷プレゼンテーション力」だ。この章では、これらの基本能力について解説しよう。

1-1
新しい法廷の扉を開く

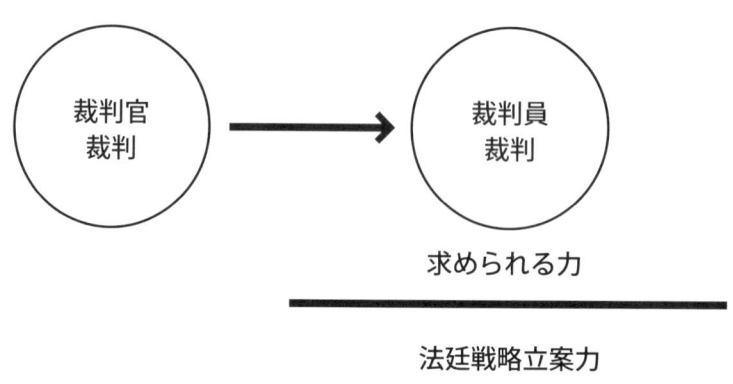

■**新しい制度への期待**

　裁判員裁判が始まった。あなたは、きっと、この新しい裁判制度に期待しているだろう。それは、これまでの裁判に不満を感じていたからにちがいない。たとえば、被告人の権利が十分に守られていない。表面的な事実にラベルを貼るばかりで、人間の営みとしての事件は少しも明らかにされていない。そして、無実の声に耳を傾けることなく有罪の判決を下すなどと。

　しかし、官僚による裁判は終わる。裁かれる被告人と同じ立場の市民が、法廷であなたの冒頭陳述や弁論を聞く。裁判員は、初めて経験する裁判に真摯に向き合い、先入観をもたずに証言を聞き、証拠を見て、そして、あなたの主張に耳を傾けてくれるはずだ。評議では、検察官の主張に合理的な疑いが残るのではないかと、真剣に議論してくれるだろう。

　あなたは、そんな大きな期待をもちながら、裁判員裁判の弁護を引き受ける。そして、いよいよ法廷の扉が開き、裁判員が登場する。

■ 裁判員裁判の悲劇

　あなたは、検察側の冒頭陳述に続いて、裁判長から「弁護人、どうぞ……」と促される。弁護人席で立ち上がり、裁判員に一礼し、冒頭陳述を始める。そして、あなたは、被告人が無罪とされるべきストーリーを熱く語る。さらに、被告人質問では、被告人自身に生々しくストーリーを語らせる。

　最終弁論では、ビジュアル・スライドを操作し、いかに検察側の立証に疑問が残るか、いかに弁護人のストーリーが正当か、説得を試みる。ところが、あなたは弁論の途中で、ふと裁判員のほうに目をやる。どうやら、裁判員は退屈しているようだ。連日の裁判で裁判員は疲れ切ってしまったのか、しきりに欠伸をかみ殺している裁判員もいる。あなたは裁判員に近づき、大きな声で話をするも、迷惑そうな顔をされる。

　あなたは背中に冷や汗が流れるのを覚えた。話がとぎれとぎれになり、ついに、頭の中が真っ白になった。徹夜で丸暗記した弁論が吹っ飛んでしまった。なんとか思い出そうとするが、次の言葉が出てこない。そして、法廷は静まりかえった。まさに裁判員裁判の悲劇だ。

■ 法廷戦略とプレゼンテーション技術

　裁判の最終日に、「被告人を……」と裁判長の声が冷たく響く。あなたは裁判に負けた。裁判員裁判に備えて、何度も研修を受け関連する書籍も読破した。そして、多忙なスケジュールの合間をぬって、本番の公判に備えて準備もした。しかし、裁判に負けた。何が原因だろうか。

　あなたは、その原因を裁判員との相性が悪かったことに求めるかもしれない。そもそも日本では市民の司法参加は時期尚早だったのではないかと、その原因を制度自体に求めるかもしれない。あるいは、ちょっと感情的になりながらも、裁判官が裁判員を強引に誘導したからだと、怒りをぶつけるかもしれない。しかし、責任転嫁してはいけない。単に、あなたが新しい制度の下で開かれる法廷の扉を開けることができなかっただけだ。

　では、新しい法廷の扉を開く鍵は何だろうか。それは、"戦略的法廷プレゼンテーションの理論と技術"だ。これまでの勘や経験だけに頼ることなく"法廷戦略"を立案する。そして、思いつきで話すのではなく"プレゼンテーションの技術"を駆使する。そうすれば、あなたは新しい法廷の扉を開けることができる。

1-2
悲劇に遭遇する

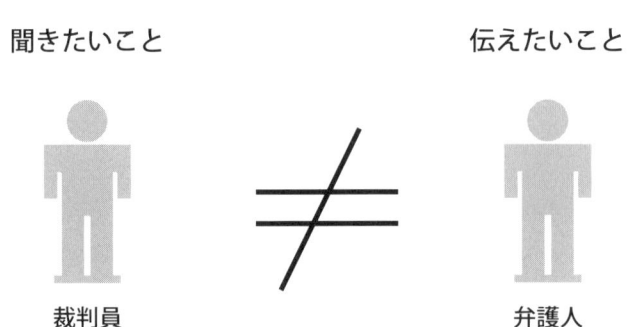

■裁判員と弁護人のすれ違い

　法廷で立ち往生し裁判に負けてしまった原因は、どこにあったのだろうか。これまでの法廷活動を振り返ってみよう。

　たとえば、あなたは、被告人の自白調書の任意性を争っていたとする。被告人の供述調書の変遷と取調べ状況を録画したDVDを丹念に分析し、その関連性を突き止めた。そして、法廷では捜査官証言の矛盾を明らかにした。その結果、あなたは、自白の任意性に疑いがあることを証明し、自白調書の証拠排除を勝ち取った。ところが、予想に反して裁判員は被害者の証言に興味をもち、しかも被害者に補充尋問までしている。これは、裁判員の関心は自白調書ではなく、被害者供述にあったことを意味している。この裁判の行方は火を見るよりも明らかだ。

　あなたには「言いたいこと」があった。しかし、裁判員にも「聞きたいこと」があった。そして、あなたの「言いたいこと」と、裁判員の「聞きたいこと」は、すれ違っていた。これが悲劇の原因のひとつだ。

■退屈な繰り返し

　たとえば、検察官が冒頭陳述で、被害者と被告人との関係を説明し始めたとしよう。そして、両者が３年前に知り合ってから事件に至るまでのストーリーを詳細に語った。あなたは、それに対抗し、冒頭陳述で、被害者と被告人が３年前に知り合ったところから、事件発生までのストーリーを語った。

　そして、被告人質問でも、あなたは被告人に「いつ被害者と知り合いましたか」と尋ね、被告人は「３年前です」と答えた。そして、事件に至るまでのストーリーをこと細かく尋ねた。さらに、弁論でも、あなたは殺意がなかったことの理由として、３年前に知り合ってから事件発生まで、被告人と被害者が良好な関係にあったことを順を追って説明した。

　これで、裁判員にとってみれば、被害者と被告人の関係を４度も聞かされることになる。退屈な短編小説を何度も聞かされるようなものだ。それに、どのストーリーも大差がないように聞こえる。大差がなければ、裁判員は最初に聞いた検察官のストーリーを信用する。これも悲劇の原因のひとつだ。

■主役の座を奪われた弁護人

　あなたは、何かの研修を受けたとき、法廷でビジュアルを使うのは効果的だと聞きかじり、弁論の準備段階で、マニュアルと格闘しながら何枚かのビジュアル・スライドを作った。目立つように鮮やかな色彩を使い、興味を引くためにアニメーションを駆使し、裁判らしさを醸し出すために背景には正義の女神の天秤のイラストをあしらった。

　弁論で、あなたが徹夜までして作ったビジュアル・スライドを披露すると、年配の裁判員は、次々に繰り出されるアニメーションに目を見張った。どうやらビジュアルの動きに感動しているようだ。一方、ビジネス・パーソンの裁判員は、天秤のイラストが傾いていることに気づき、公平なはずの裁判なのに最初から傾いているのはおかしい、と憤懣やるかたない様子。いずれも、あなたの話の中身よりスライド自体に興味津々だ。

　これでは弁論の主役はビジュアル・スライドになってしまう。そして、あなたはといえば、それを説明する解説者に成り下がってしまっている。結局、裁判員には弁論の内容は伝わらず、あなたは裁判に勝つことができなかった。これも悲劇の原因のひとつだ。

1-3
悲劇に遭遇しないために

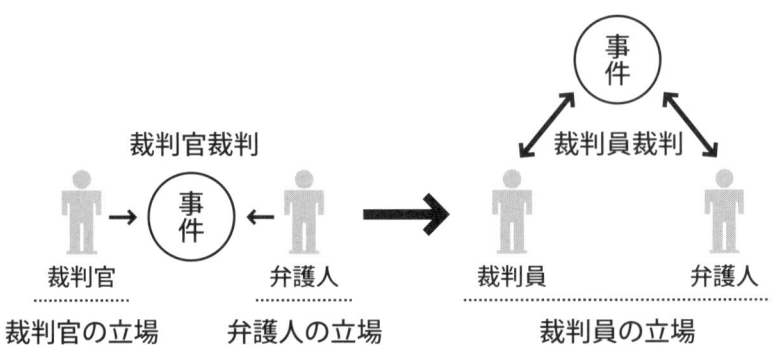

■ 裁判員を分析する

　なぜ、このような悲劇が起こるのか。それは、あなたの冒頭陳述や弁論の聴き手である裁判員を分析しなかったことが原因だ。あなたは露ほども裁判員を分析すべきなどとは、思いもしなかっただろう。しかし、事実認定者である裁判員を分析せずして、裁判に勝つことは難しい。

　あなたは、事前に自分の言いたいことをまとめた。自白調書の任意性に、裁判員も関心があるものだと、何の根拠もなく思い込んでしまった。そして、法廷で裁判員を観察することもなく、事前に準備した内容をやって見せた。

　実のところ、裁判員は被害者供述に関心があることを、何らかの形でメッセージを発していたはずだ。しかし、あなたはそれに気づかなかった。裁判員が熱心に被害者に補充尋問をしているときに、やっと、どうやら裁判員は被害者証言を信用しているらしいことに気づいた。だからといって、今さらどうすればいいのかわからず、軌道修正することができなかった。

■裁判員の立場に立つ

　あなたは裁判員に被告人は殺意がなかったと説得するために、被告人と被害者が3年前に知り合ってから事件までずっと良好な関係にあったと言いたかった。もし、あなたが裁判員の立場に立てば、何度も同じようなストーリーを語ることはなかっただろう。

　あなたは、冒頭陳述、被告人質問、弁論がどのような手続で、どのような違いがあり、裁判全体の中でどのような位置づけを有しているのかがよくわかっている。しかし、初めて法廷という場に足を踏み入れ、裁判席に座る裁判員から見れば、どれも弁護人が話をするシーンとしか映らない。そして、どのシーンでも裁判員は聞き飽きたセリフを聞かされる。

　あなたは、これまで裁判官の立場に立って、裁判を考えたことがあるだろうか。きっと、「考えたこともないし、その必要もなかった」と言うかもしれない。しかし、これからは、一般市民である裁判員の立場に立って、裁判員は何を聞きたいか、何に興味をもっているか、考えることだ。そうすれば、あなたが法廷で何を語るべきか、自ずとわかる。

■新しい枠組み

　あなたは、弁護人であると同時に、裁判員の立場で物事を考えなければならない。それには、これまでおこなってきた刑事裁判における弁護活動を、ゼロ・ベースで考え直すことが必要だ。

　あなたは、これまで弁護人としての経験、その経験に育まれた弁護人としての勘、それらをもとに、裁判員裁判を戦おうとしている。この勘と経験は、同じ枠組みの中、つまり、裁判官裁判であれば有効に機能するだろう。しかし、裁判員裁判という新しい枠組みの中では、新しい考え方を持ち込まなければならない。それは、"法廷戦略の立案"の手法だ。

　それに、裁判官裁判では、あなたは考えつくすべてを、書類に書き、それを一方的に読み上げ、そして、裁判官の判断に委ねてきた。それで、あなたは自分の仕事を全うすることができた。しかし、裁判員裁判では、裁判員を説得しなければならない。そのためには、何を語るか、どう語るか、計算し尽くさなければならない。これからは、冒頭陳述、被告人質問、弁論などのあらゆる場面に"プレゼンテーションの技術"を持ち込むことだ。

1-4
勝利のピラミッドで勝つ

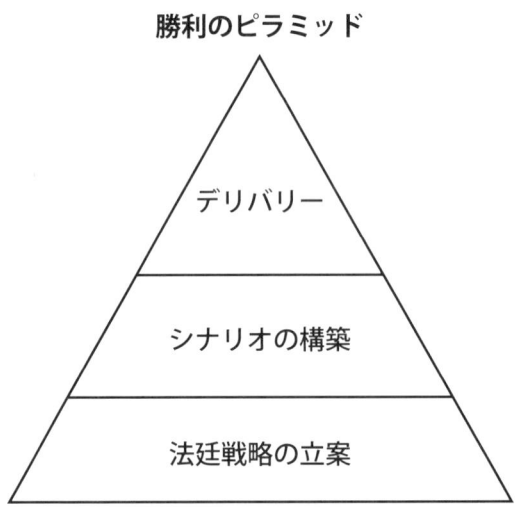

■勝つための方程式

　あなたが法廷で悲劇に遭遇する前に、"戦略的法廷プレゼンテーションの理論と技術"をマスターしよう。あなたが裁判に勝つためには、勝利のピラミッドを組み立てることだ。このピラミッドは3層構造になっている。

　ピラミッドの最下層は、"法廷戦略の立案"、下から2番目の層は、"シナリオの構築"、そして、一番上の層は"デリバリー"だ。つまり、いきなり法廷に立って話し始めるのではなく、まず、勝つための法廷戦略を立案する。そして、それに基づいて、何を、どのような順番で裁判員に伝達するか、シナリオを検討する。最後に、その法廷戦略とシナリオに基づいて、裁判員を前に、弁護人の主張をデリバリー、つまり、伝達する。

　あなたは、いきなり法廷に立って冒頭陳述を始めてはいけない。裁判全体と各手続で何を語るか、シナリオを組み立てることだ。だからといって、いきなりシナリオを組み立ててはいけない。法廷戦略を立案することから始めなければならない。

■ 基礎を固める

　何事でもそうだが、基礎が最も重要だ。基礎がしっかりしていれば、より高くより堅牢な建物を建てることができる。それは、あなたの弁護活動でも同じことがいえる。法廷戦略の立案という基礎工事に手抜きをすると、あなたの主張は法廷でいとも簡単に崩壊する。

　多くの弁護人に、「プレゼンテーションとは？」と質問すると、「身振り手振りよろしく話をすることだ」という答えが返ってくる。そのため、いかに書き上げた原稿を丸暗記するか、いかにアナウンサーのように立て板に水のごとく流暢に話すか、いかに効果的なボディ・ラングエッジを使うか、いかにインパクトのあるビジュアルを作って見せるか、これらに血道を上げる。プレゼンテーションのソフトを練習し、膨大な時間を使ってスライドを作る。

　しかし、それらはプレゼンテーションの最終局面の些細な事柄にしかすぎない。あたなが法廷に立って、裁判員を目の前にして話すことは、氷山の一角だ。評議の席で、裁判員が弁護人の主張に賛同するかどうかは、ピラミッドの土台である法廷戦略の立案にかかっている。

■ 戦略的に思考する

　あなたには法廷に臨むに際して、達成したい目標がなければならない。たとえば、無罪を勝ち取りたい、情状酌量で執行猶予の判決を得たいなど、獲得すべき判決の内容を決めることだ。それも、"あらかじめ"でなければならない。事前に目標を定めることが重要だ。

　「裁判が終わってみれば、結果的に執行猶予を獲得できた」では、人事を尽くさず天命を待つようなものだ。運に左右されるなら、弁護人としてのあなたの存在価値はない。もちろん、行き当たりばったりでは目標は達成できない。では、どうすればいいか。それは、戦略的に思考することだ。つまり、法廷戦略を立てる。ただ、"法廷戦略を立案する"といっても、決して難しいことではない。この本の指示どおりに忠実に実行すればいい。

　それに、あなたがこれまで培ってきた勘や経験を捨て去ることもない。勘と経験を左手に、そして、もう一方の右手に、戦略的に思考する手法をもてばいい。これで鬼に金棒だ。目標達成の確率は飛躍的に高まる。この法廷戦略の立案については、第2章で詳しく解説しよう。

1-5
法廷戦略立案力をマスターする

裁判資源の集中投下

法廷戦略＝"選択"と"集中"

法廷戦略オプションの選択

■選択と集中

　法廷戦略を立てるために、裁判の準備段階で、必要な情報を収集・分析し、最適な裁判全体の目標を設定する。そして、その目標を達成するために、複数の戦略オプションを抽出し、戦略ステートメントを作成する。

　さらに、事実認定者である裁判員の傾向や審理の行方を分析し、最も勝つ確率の高い戦略ステートメントをひとつだけ"選択"する。そして、それに基づいて冒頭手続、冒頭陳述、証人尋問、被告人質問、弁論の獲得目標を設定し、それぞれに戦術シナリオを組み立てる。つまり、選択した戦略ステートメントに基づく各手続の目標を獲得するために、もてるすべての裁判資源を"投下"する。そうすれば、自ずと裁判全体の目標が達成できる。これで、あなたは裁判に勝てる。

　戦略とは、ひと言でいうならば、"選択と集中"だ。多くの選択肢を抽出し、その中から最適なものを選び出す。この仕事をすれば、あなたは、勝つ確率を最大限に高めて、公判に臨むことができる。

■力任せの裁判

　従来の裁判官裁判では、選択と集中を前提とした"法廷戦略"が検討されたことはない。証拠を収集・分析し、少しでも有利に働く可能性のある主張や証拠があれば、とりあえず、それらのすべてを裁判官にぶつけた。選択することもなければ、1つに集中することもなかった。

　むしろ、あなたは、そうしなければ弁護過誤になりかねないと心配していたにちがいない。このように、ありとあらゆる主張と証拠をぶつけられた裁判官は、その高いプロ意識から、根気強く分厚い書証と弁論要旨を読み込んだ。そして、弁護人が何を言いたいのかを巧みに整理・理解し、判決を導いた。

　裁判官裁判で、あなたに求められていたものは、法的知識と証拠分析力であり、そして、なにもかもすべてを伝えるだけの"パワー"だった。いわば、力任せの裁判と言っても過言ではない。確かに、それらの能力は、今後も必要となるだろう。しかし、裁判に裁判員が加わることによって、もうひとつの新しい能力が求められる。それは、"選択力"だ。

■選択力

　裁判員裁判であなたに求められる新しい能力は、選択する能力だ。裁判員は、職業として法廷に座っているわけではない。裁判員に裁判官と同様のプロ意識を求めることはできない。もし、あなたが、これまでと同じようにすべての主張と証拠をぶつけていけばどうなるだろうか。きっと、裁判員は混乱の極に立たされるだろう。そして、意味不明の主張を却下する。

　たとえば、非常に責任感が強く、真面目な裁判員がいたとしよう。その裁判員は、辛抱強くあらゆる主張と証拠を理解するよう努めてくれるだろう。しかし、多くの情報を与えられた裁判員は、あなたの意図しない部分に興味をもつかもしれない。そして、自分勝手な解釈をするかもしれない。そうなると、またぞろ裁判員裁判の悲劇が起こる。あなたは、判決を聞いて"こんなはずでは……"と地団駄を踏むことになるだろう。

　そうならないためにも、法的知識や証拠分析力に加えて、"何を伝えるべきか"、"何を伝えるべきでないか"、選択する能力が必要だ。そして、あなたが伝えるべきことに、すべてのパワーを注がなければならない。すべてを得ようとすると、すべてを失ってしまう。戦略の基本的考え方だ。

1-6
法廷のリスクをマネジメントする

```
発生率        法廷のリスクをマネジメントする

 高         発生時対策        リスク予防策
                           発生時対策

 低          対策なし         発生時対策
                           リスク予防策

             小              大          影響度
```

■**選択するリスク**

　あなたは、きっと、複数の戦略オプションから選択した戦略ステートメントが、「結果的に"的はずれ"になるのでは……」と危惧するかもしれない。あなたの心配は痛いほどわかる。

　たとえば、あなたは、殺意と正当防衛の両方を争う余地があるにもかかわらず、殺意は争わないことにしたとしよう。そして、正当防衛で戦うという戦略を選択した。もし、正当防衛が認められなかったときに、あなたは、「どうして殺意を争わなかったのだ」と責められるかもしれない。殺意を争っていれば、無罪にはならなくても、傷害で執行猶予にはなっていたかもしれない。

　「殺意と正当防衛の両方を主張しておけば、裁判員はいずれかの主張に関心を示したかもしれない」と言うかもしれない。もっともな意見だ。このように、選択すると、あなたはリスクを抱えることになる。では、選択しないリスクはどうだろうか。下手な鉄砲では数を撃っても当たらない。

■選択しないリスク

では、逆に、選択しないで何もかも主張すると、どうなるだろうか。たとえば、あなたは、被告人に殺意がないこと、正当防衛であること、さらに、一縷の望みを託して過剰防衛までも主張してみた。

あなたは、まず正当防衛を主張するために、被害者から受けた暴力について詳細を説明する。しかし、あなたがそれを力説すればするほど、裁判員は「そんなに酷い暴力を受けていたのなら、被告人は被害者を殺すしかないと思っただろう」と考える。と同時に、あなたは被告人に殺意は無かったと主張する。被害者からの暴力を強調しながら、「殺すつもりはなかった」というあなたの主張に、裁判員は矛盾を感じ混乱する。さらに、あなたは「たしかに被告人の行為は行き過ぎていたかもしれませんが……」と、裁判員の混乱に追い討ちをかける。

きっと、あなたは、多くの情報を与えれば、裁判員の理解が促進され、弁護人の主張に合意する可能性が高まるだろうと考える。しかし、それは大きな間違いだ。人は多くの情報を与えられれば与えられるほど混乱する。それは、裁判員にも同じことがいえる。

■リスクをマネジメントする

選択することも、選択しないことも、いずれの場合もリスクが存在する。しかし、選択しないリスクのほうが大きいことは確かだ。限られた裁判の時間資源の中で、すべての主張を正しく深く理解させることは不可能に近い。人が相手の主張を却下するのは、"その内容が十分に理解できない"ことが原因だ。

選択することのリスクは、的はずれということだろう。それを回避するのが、法廷戦略の立案だ。つまり、戦略的に思考することによって、的はずれというリスクをヘッジするわけだ。

あなたは、これまで裁判の準備をするときに、リスクについて思いを馳せたことがあるだろうか。何事にもリスクはある。重要なことはリスク対策だ。法廷戦略の考え方に、法廷リスク・マネジメントがある。リスクを"影響度"と"発生率"の軸で分析し、そして、それぞれに対して、リスク予防策と発生時対策を検討する。たとえば、リスクの発生率が高く、影響度が大きければ、あらかじめリスクを予防する策と発生したときの対策を決めておく。発生率が低く、影響度が小さければ、そのリスクを無視してもいい。

1-7
シナリオを構築する

説得のプロセス

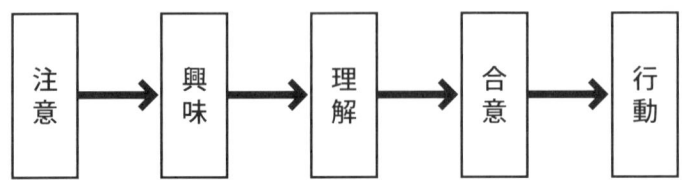

■法廷戦略がベース

　法廷戦略が立案できれば、ピラミッドの第2層へと進む。つまり、"シナリオの構築"だ。シナリオの構築方法については、第3章で詳説するが、ここでは概略を理解しておこう。

　もちろん、法廷のシナリオは法廷戦略をベースに作らなければならない。それはそれ、これはこれとバラバラに考えてはいけない。シナリオとは、法廷戦略に基づいて、裁判員に伝える内容や順序を整理することだ。何から始め、何を話し、何で締めくくるか、そのプロセスを組み立てる。

　たぶん、あなたの頭の中には言いたいことがいっぱい詰まっているはずだ。しかし、それをそのまま思いつくままに吐き出すと、裁判員は理解不能に陥る。そして、それが続くと、あなたの話を聞くことを放棄し、そのうちに「もうやめろ！」と怒り出す。もちろん、声には出さないが。それでは、あなたが裁判に勝てるはずもない。それを避けるためには、裁判員が聞きたいことを、裁判員の聞きたい順序で伝える。そんなシナリオを作ることだ。

■裁判員とのすれ違い

　多くの弁護人は、自分の言いたいことを、言いたい順番で話そうとする。そして、自分の言いたいことがすべて言えれば、「うまくいった！」と満足する。あなたは満足しても、果たして裁判員は満足するだろうか。

　裁判員の聞きたいことと、あなたが言いたいことが、一致するとは限らない。あなたは、冒頭陳述で犯行時に何が起こったか言いたい。しかし、裁判員は犯行後の被告人の行動に興味をもっている。これでは、あなたがいくら熱弁をふるっても、裁判員はそっぽを向くだけだ。

　それに、自分の言いたい順番と、裁判員が聞きたい順番が、一致するとは限らない。たとえば、あなたは事件を時系列に、過去から現在までを、1つのストーリーとして語りたい。しかし、裁判員は過去のことよりも、犯行後、被告人がどのような行動をしたのか、まず、それを知りたい。過去のことは、その後で聞きたいと思っているかもしれない。これでは、裁判員が聞きたいことに、何ひとつ満足に答えることはできない。

■伝える内容と伝える順序

　"言えば伝わる"と思うと失敗する。そう思うのは単なる話し手の傲慢だ。理解できないのは相手のせいだと思うのは、単なる話し手のわがままだ。法廷におけるプレゼンテーションでは、裁判員の立場に立って、"伝える内容"と"伝える順番"を吟味しなければならない。

　法廷で裁判員に伝えるべき内容は、"事実"と"意見"と"感情"だ。この3つをバランスよく伝える。そして、伝えるべき順序は、"注意→興味→理解→合意→行動"のステップを踏むことだ。多くの弁護人は、詳細なストーリーを持ち出し、冒頭陳述ですべてを語ろうとする。つまり、注意喚起から合意獲得まで、一気呵成に達成しようと試みるわけだ。しかし、多くの場合、それは失敗に終わる。なぜか。それは、"多くの情報を与えれば与えるほど聴き手は混乱する"というプレゼンテーションの基本セオリーを無視しているからだ。

　あなたは、伝える内容と伝える順序のセオリーに基づいて忠実にシナリオを作ることだ。何事にも基本セオリーがある。セオリーを無視すると、成功の確率はおそろしく低い。たまたま成功したとしても、それは宝くじに当たるようなものだ。あなたは、宝くじの確率で弁護活動をするわけにはいかない。

1-8
伝える内容を吟味する

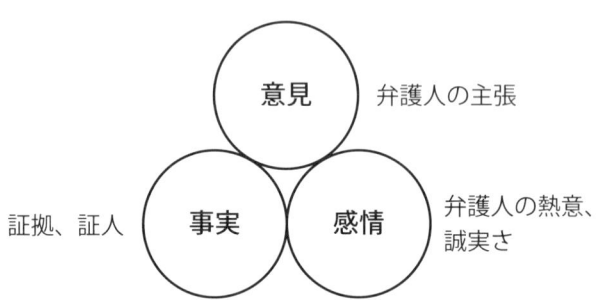

裁判員に伝える内容

■ "事実"を伝える

　たとえば、弁護人のあなたは、「被告人には情状酌量の余地があり、執行猶予が妥当である」と考えているとしよう。

　そこで、あなたは執行猶予を勝ち取るために、犯行に至るまで被告人は何をしていたか、犯行時に何が起こったか、また、犯行後、被告人はどのような行動をしたか、証拠や事実関係を示しながら詳細に説明する。さらに、被告人の経歴や家族構成、育った環境、あるいは、携わってきた仕事などについても言及する。つまり、あなたは、犯行に関わる多くの"事実"と、被告人にまつわる多くの事実を説明する。事実を示すことによって、裁判員は「被告人には情状酌量の余地があり、執行猶予が妥当である」と考えるだろうと期待する。

　果たして裁判員は、あなたと同じ考えを持ってくれるだろうか。残念ながら、事実だけを淡々と示されるだけでは、裁判員は「だから何？」という疑問をもつだけだ。事実を示すだけで、裁判員を説得することは難しい。

■ "意見"を伝える

　事実を示すだけでは、裁判員があなたと同じ考えをもつとは限らない。その事実の解釈、つまり"意見"を述べなければ、裁判員は、それが何を意味しているのか理解できない。

　あなたと同じ価値観をもつ職業裁判官が相手なら、事実を伝えるだけで事足りた。たとえば、「被告人はまだ20歳です」という事実を言えば、それだけで有利な情状になる可能性が高かった。裁判官とあなたの間では、"若い"という事実が、被告人に有利な情状になるという同じ価値観を共有していたからだ。ところが、一般人である裁判員は、ひょっとすると、「若い被告人なら長期間刑務所に入っても、出所してからまだまだ先の人生は長い」と考える。そして、その価値観で量刑を判断してしまうかもしれない。

　裁判員にこのような判断を下させないために、あなたは事実を解釈し、意見を述べる。たとえば、「20歳という年齢なら、考え方が柔軟で今までの自分を改めることも容易であるし、仕事もみつけやすいから人生をやり直すことができる。長期間服役すると社会復帰が難しくなる」という意見を述べなければならない。事実には意見を述べ、意見には事実を示すことだ。

■ "感情"を伝える

　では、事実と意見を伝えるだけで、裁判員を説得することができるだろうか。「なるほど、そうだ」と賛同し、あなたの主張を受け入れるだろうか。残念ながら、その答えは限りなく「ノー」に近い。

　たとえ事実を示して意見を述べたとしても、やる気のない態度で、ぼそぼそ話したり、横柄な態度で上からものを言ったりすれば、きっと裁判員はあなたの主張に賛同することはない。熱意、誠実さ、信頼感など、あなたの肯定的な気持ちや感情を伝えることだ。そうでなければ、裁判に勝つことは難しい。あなたが、被告人の反省を本物であると信じ、被告人の更生を心から願っているという気持ちがあり、それらを伝えたいという熱意があれば、裁判員の心を動かすことができる。

　いや、そんなことは自ずと伝わっていくものだと考えているなら、法廷に埋められた地雷を踏んでしまう。自らの感情を意識的に伝える努力が必要だ。裁判員は裁判員席で、あなたがどれだけ熱意をもって弁護活動に携わっているか、それを注意深く観察している。

1-9
注意を喚起し興味をもたせる

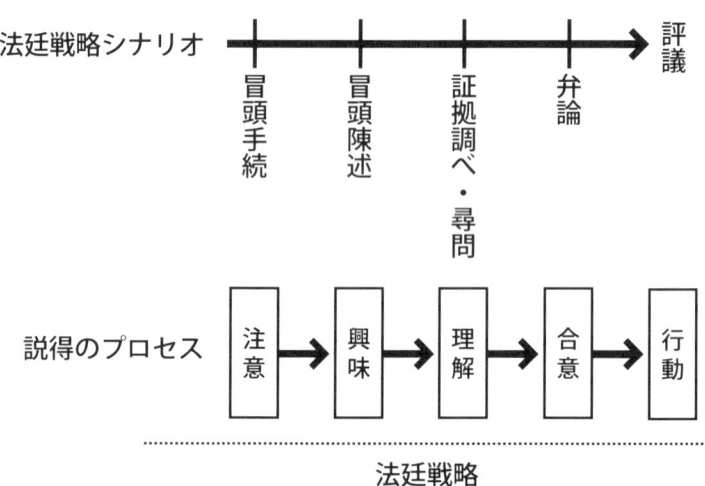

■いきなり"ドン"

　多くの弁護人は、冒頭陳述でいきなり話し始める。たとえば、「被告人は犯行当日の午前10時頃……」などと。それは、「位置について」も「ヨーイ」もなく、いきなり"ドン"とピストルを鳴らすようなものだ。

　いきなりというのは、精神衛生上よろしくない。ひょっとすると、裁判員はあなたが冒頭陳述を始めたときも、まだ、検察官の冒頭陳述の内容を反芻しているかもしれない。あるいは、検察官の話に疲れ切って裁判員席から逃げ出したいと思っているかもしれない。それなのに、多くの弁護人はいきなり話し始め、裁判員に理解を求めようとする。

　果たして、あなたの目論見どおりに冒頭陳述は成功するだろうか。きっと、前半を聞き逃した裁判員は、たとえ途中でリカバリーしたとしても、何の話が進行しているのかわからない。そうなると、この裁判員は、あなたの冒頭陳述を理解する努力を放棄する。

■ 注意を喚起する

　もし、あなたが冒頭陳述に耳を傾けてもらいたいと思うなら、伝える順序を間違えてはいけない。まず、裁判員の"注意"を喚起することだ。注意を喚起してあなたの話に集中させる。

　裁判長に「弁護人、冒頭陳述をどうぞ」と言われ、法廷の真ん中まで進み出る。しかし、いきなり話し始めてはいけない。話し始める前に、裁判員の様子を観察する。もしかすると、裁判員は、検察官が配った配布資料を熱心に読んでいるかもしれない。あるいは、無心に書き物をしているかもしれない。あなたは、法廷の中央まで進み出て、少しの間沈黙し、裁判員全員とアイコンタクトをする。慌てる必要はない。全員があなたに集中するまで待つ。

　そして、「裁判官、裁判員のみなさん」と、エネルギー溢れる声で挨拶をする。そうすれば、裁判員はあなたに注意を向ける。ろくに挨拶もせずに、「ええっと、被告人は3年前に……」といきなり話し始める弁護人がいる。大切なことは、裁判員の注意を喚起してから話し始めることだ。

■ 興味をもたせる

　注意を喚起したら、次に、被告人の冒頭陳述を聞いてみようと"興味"をもたせることだ。興味をもたせることができれば、裁判員は意欲的にあなたの冒頭陳述を理解しようと努力する。

　興味をもたせるには、たとえば、この弁護人の話は、これまでの疑問を解消してくれるかもしれない、この事件の異なった解釈を示してくれるかもしれない、本当のところ何が真実か、示してくれるかもしれないなどと、裁判員に思わせることだ。そうすれば、証拠調べで弁護人がどんなことをするのか、どんな話をするのか、ぜひ見てみたい、聞いてみたいと思わせることができる。そうなれば、裁判員は、これからの審理に興味津々だ。裁判員に興味をもたせることに成功すれば、あとは楽勝だ。裁判員はあなたの話にのめり込んでいく。

　冒頭陳述は、飛行機が大空に向かって離陸するようなものだ。注意喚起から興味までスムーズに離陸すると、裁判員はパイロットである弁護人に信頼を寄せる。もし、ぎくしゃくしたり、離陸に失敗したりすると、あなたの信頼性は一挙に失墜する。一度失った信頼は、最後まで取り戻せないかもしれない。何事も最初が肝心だ。慎重にコトを進めよう。

1-10
理解させ合意させる

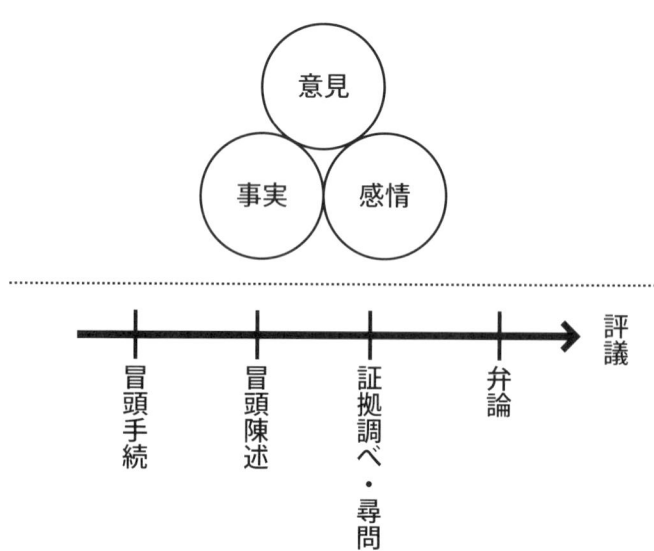

■理解させる

　裁判員の注意を喚起し興味をもたせることができれば、裁判員は積極的にあなたの話を理解しようとする。

　しかし、自分のペースで一方的に話してはいけない。裁判員の理解度に合わせて話を展開する。もし、裁判員が戸惑っていれば、再度立ち戻って説明を繰り返す。首を傾げているようなら、丁寧に説明する。それに、話す内容を予告することも、あなたの期待を裏切らない。たとえば、主尋問では、「これから被告人が被害者の部屋に入ったときの状況について尋ねます」と、質問のテーマを予告する。そして、ひとつのテーマが終わったら、「ここまで部屋に入ったときの状況について質問をしました。ここからは被害者ともみ合いになった状況について尋ねます」と、全体をまとめ、次のテーマを予告する。

　このように、裁判員が迷子にならないよう、話の全体像を示すことも、裁判員の理解を促進する方法だ。いずれにせよ、裁判員から目を離してはいけない。

■合意させ行動させる

　注意を喚起し興味をもたせて話をすれば、裁判員はあなたの主張を理解する。では、裁判員に理解させるだけでいいのだろうか。よくある話だが、「なるほど弁護人の言い分はよくわかった。けれどもねえ……」と反論されることもある。これでは、これまでの努力が水の泡だ。

　もちろん、裁判員はあからさまに反論を口に出さない。それだけに、あなたは判決を聞いて驚くことになる。単に理解されるだけでは、プレゼンテーションに成功したとはいえない。あなたは、"裁判員の理解＝裁判の勝利"と短絡的に考えていないだろうか。事件の真相をわかりやすく解説することだけに拘泥していないだろうか。法律用語をわかりやすく説明することだけに汲々としていないだろうか。裁判員は一般人だ。理詰めで考える人もいれば、感覚的に判断する人もいるし、情で動く人もいる。いくら頭で理解しても、それだけで裁判員があなたの意図した行動をとるとは限らない。

　裁判員に理解させ、そして、「弁護人の言うとおりだ」と合意させなければならない。合意を獲得できれば、今度は、評議の席で裁判員はあなたの弁護人になる。

■裁判プロセスと伝える順序

　この伝える順序は、あなたが冒頭陳述や弁論といった個別の手続において、ひとまとまりの話をするプロセスである。と同時に、冒頭陳述から評議までの裁判全体のプロセスでもある。

　たとえば、冒頭陳述で裁判員の注意を喚起し、興味をもたせる。反対尋問、主尋問を通して理解を確実なものとさせ、最終弁論で合意へと導く。そして、評議の席で裁判員に弁護人の意図した行動をとらせる。このプロセスを緻密に組み立て実行すれば、あなたは、裁判に勝つ確率を高めることができる。つまり、この一連のプロセスを用いて審理をナビゲートするわけだ。そうすれば、裁判員をあなたの目的地に連れて行くことができる。

　このように、法廷戦略をベースに裁判全体と各手続の中で、"注意→興味→理解→合意→行動"のプロセスを動かすことだ。そして、それぞれのプロセスでは、"事実、意見、感情"のバランスをとりながら、裁判員に自らの主張を伝える。このプレゼンテーションのセオリーは、あなたに勝利の再現性を約束してくれる。ゆめゆめ自分勝手な思いつきで審理を進めてはいけない。

1-11
デリバリー力を身につける

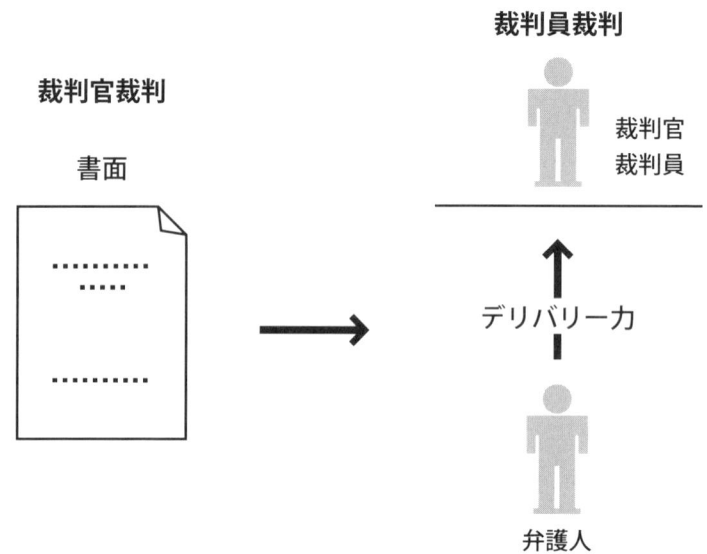

■ 伝達する行為

　あなたは、これまでピラミッドの3つの層のうち、"法廷戦略の立案"と"シナリオの構築"に関する考え方を獲得した。それでは、いよいよ、最上層の"デリバリー"へと進めよう。デリバリーとは、実際に裁判員を目の前にして伝える行為のことだ。

　あなたが、どんな素晴らしい法廷戦略とシナリオを用意しても、このデリバリーに失敗すれば、すべてが水の泡となる。ところが、デリバリーには、あなたを陥れるたくさんの罠がある。たとえば、緊張して早口になる、話の内容を忘れてしまう、次の言葉が出てこない、頭の中が真っ白になる。もし、デリバリーに失敗すると、あなたの弁護人としての信頼は地に落ちてしまう。自信あふれる態度で、裁判員に強い目線を送り、エネルギーに満ちた声で話をする。

　そうすれば、裁判員はあなたの言葉を頼もしく思い、真実が語られていると確信し、そして、自信をもってあなたの主張に賛同する。

■これまでの書面裁判

　これまでの裁判は書面裁判だ。証拠は供述調書、捜査報告書、鑑定書、実況見分調書などの書証が中心であり、証人尋問や被告人質問は速記録としていったん書面化されたうえで論告、弁論、そして、判決に引用される。冒頭陳述や論告、弁論もすべて書面として提出される。

　このような書面を中心とした裁判では、あなた自身が裁判官に目線を合わせて、語りかけることはない。法廷で書面を朗読するだけでいい。幸か不幸か誰もその朗読を聞いて内容を理解しようとする人はいない。また、あなた自身も耳で理解してもらおうなどと期待もしないだろう。法廷での朗読は実質的には無意味な作業であり、簡略化されることすらある。裁判官は裁判官室に山と積まれた書類を読み込んで、判決を検討する。

　また、尋問についても同様に、裁判官裁判の下では、弁護人であるあなたには、なによりも文章能力と調書（速記録）に文章として残すことを前提とした尋問技術が求められてきた。しかし、このようなやり方は裁判員裁判では通用しない。あなたはまったく新しいやり方に対応し、その中で勝利しなければならない。

■裁判員裁判による変化

　しかし、裁判員裁判では、法律専門家でなく、かつ、時間も限られている裁判員が、評議室で丹念に納得のいくまで書面を読んでくれることはない。かといって、法廷で延々と続く朗読を理解してくれることもない。弁護人は、どのようにこの問題を解決することができるだろうか。

　それに、証拠の中心は法廷での証人尋問になり、裁判員は法廷で証言を聞いた瞬間に心証を決めてしまう。当然のこととして、冒頭陳述、論告、弁論も変わる。あなたが徹夜して書き上げた分厚い弁論要旨を、丁寧に読んでくれる裁判員はいない。たとえ法廷ですべてを朗読しようとしても、最後まで集中して聴いてくれる裁判員はいないはずだ。

　あなたは、裁判員に伝えるべき内容のすべてを、法廷で伝えきらなければならない。それも、口頭で伝えるというはなはだ頼りない方法でだ。これからは、あなたの立ち上がった姿が、語りかける顔の表情が、発する声のすべてが、意味のある弁護活動として動き始める。裁判員裁判では、自らの主張を裁判員に口頭で伝達し、説得するためのデリバリー力が求められる。

1-12
言語と非言語で伝える

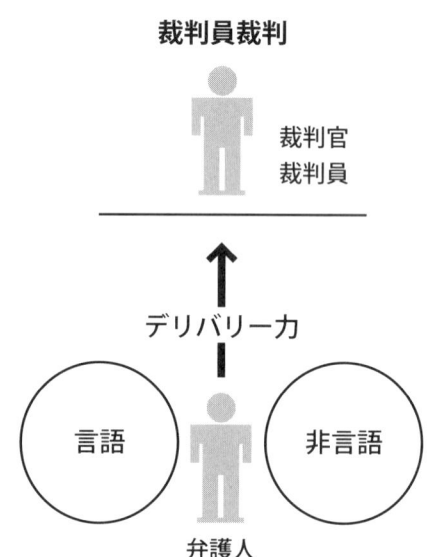

■言語と非言語

　デリバリー力の重要性を理解したところで、次に伝える方法について考えてみよう。あなたが裁判員の前に立って、ある事件の概要について説明する。そのときに、あなたはどのような方法を用いて、その内容を伝えるだろうか。

　もちろん、口頭や文字で表した言葉を使って伝える。あるいは、絵や図で示したり、実物や写真を見せたりする。身振り手振りを使ったり、目線で伝えたりする。さらには、顔の表情や姿勢、話のスピードなど、多くの方法を用いて伝える。あるいは、語気を強めたり、囁いたりして、裁判員の注意を引こうとすることもあるだろう。

　これらの伝達方法を分類してみよう。1つ目は言葉、つまり"言語"を用いて伝える方法。そして、2つ目は言葉以外の方法、たとえば、身振り手振りや目線、絵や図など"非言語"を使って伝える方法。つまり、あなたは、法廷で言語と非言語という2つの方法を使ってデリバリーするわけだ。

■ 裁判員が理解できる言語を使う

　口頭で伝えることが中心となる裁判員裁判でも、言語を使って伝えることはやはり重要だ。たとえ、書面ではなく、口頭主義になったとしても、伝達手段として言語を使うことに変わりはない。

　しかし、裁判員裁判では、これまでにもまして、あなたが使う言語に注意することが必要だ。法律専門用語を使うと、裁判員にはチンプンカンプンだ。ひょっとすると、「未必の故意」が「秘密の恋」に聞こえているかもしれない。そうなると、あなたが何を話しているかまったく理解できない。それに、あなたが日常用語だと思っている「推認」、「認定」などの用語、「すなわち」といった接続詞も、法律家は独自の意味合いを含めて使っている。ひょっとすると、裁判員は、弁護人が難しい言葉を使って煙に巻こうとしているのではないかとうがった見方をするかもしれない。注意が必要だ。

　あなたは、自分が使っている言語でなく、裁判員が日常的に使っている、あるいは、理解できる言語を使って話をしなければならない。

■ 言語と非言語を一致させる

　言語以上に重要なのが非言語だ。たとえば、あなたが、「被告人は無罪です」と言いながら、裁判員とは目線も合わさず、おどおどした態度で、消え入りそうな小さな声で話したとしよう。さて、裁判員はあなたの話を信用するだろうか。あなたの主張に同意するだろうか。

　残念ながら、あなたが言語でいくら無罪だと言っても、非言語ではその主張に自信がないことを表している。裁判員にしてみれば、「弁護人は口ではそういっているが、本当のところはわからない」と受け取る。つまり、言語で伝えるメッセージと非言語で伝えるメッセージが異なっていれば、裁判員はあなたの非言語を信用する。あなたが、本当に無罪だというメッセージを届けたければ、裁判員に目線を合わせ、堂々とした態度で、それを言わなければならない。つまり、"言語と非言語を一致させる"ことだ。

　あなたが信頼できる弁護人であることを証明し、そして、裁判に勝利を収めるためには、言語と非言語を自在にコントロールしなければならない。だからといって、決して難しいことではない。時間を割いてトレーニングを受ければ、誰にでもできることだ。デリバリーについては第4章で詳しく解説しよう。

1-13
ビジュアル・プレゼンテーションを学ぶ

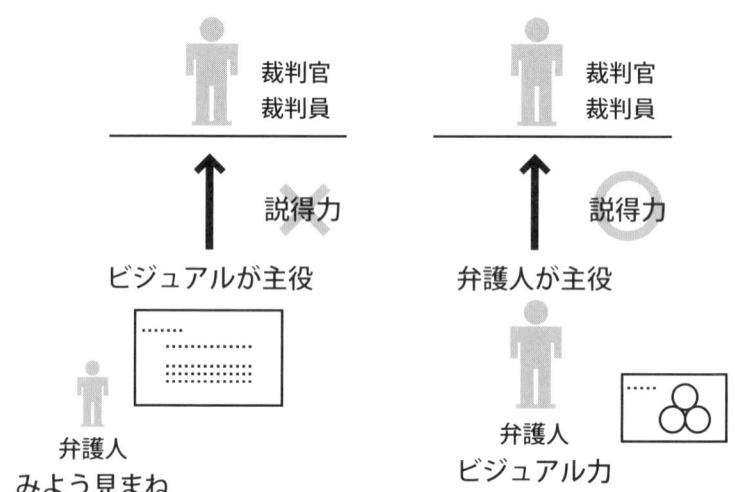

■ビジュアルの悲劇

　一般人の裁判員に、複雑な法律上の概念を説明することは至難の業だ。しかも、それを短時間のうちに口頭で理解させようとすると、これはもう、不可能に近い。

　そこで、いきおいビジュアルを使った冒頭陳述や弁論をおこなう。確かに、視覚に訴えると、裁判員の理解を助けることができる。ところが、その便利なツールは、悲劇の引き金にもなる。「ここぞっ」と思ってボタンを押しても映像が映らない。コードが足に絡まりパソコンが机から落下する、リモコン・マウスが電池切れで反応しない、ホワイト・ボードに書こうとするとインクがかすれてうまく書けない、フリップをめくると糊が強すぎて下の紙まで一緒に剥がれたなど。このような、悲劇的な失敗は、いつなんどき、あなたの身に降りかかってくるかわからない。

　安易にビジュアルを使ってプレゼンテーションをおこなおうとすれば、あなたはこのような悲劇に遭遇する。

■ツールに振り回される

　もし、あなたが裁判の準備をおこなうとき、パソコンを取り出し、プレゼンテーション・ソフトを立ち上げ、テンプレートに文字を打ち込むとしよう。この段階であなたの冒頭陳述や弁論は失敗したようなものだ。

　ビジュアル・ツールは、あくまでもデリバリーを助けるツールにすぎない。ツールを使う作業から裁判の準備を始めると、あなたはツールに振り回される。それに、ビジュアル・ツールはドラッグのようなものだから、一度でも手を染めると、そこから這い出るのは難しい。その結果、ビジュアル作成が準備の目的になってしまう。その結果、ハイな気持ちになって、膨大な時間を費やし、膨大な枚数のスライドを作る。そうなると、裁判員にとって、あなたの冒頭陳述や弁論は、スライドしか印象に残らない。

　プレゼンテーション・ソフトを立ち上げる前に、勝つためのピラミッドに沿って、法廷戦略を立案し、シナリオを構築しなければならない。そして、シナリオに基づいて、どの部分をビジュアルとして見せるか、検討することだ。そうすれば、あなたはビジュアル・ツールに振り回されることはない。

■ビジュアル・プレゼンテーションを学ぶ

　あなたが悲劇に巻き込まれることなく、効果的にビジュアルを使うためには、"ビジュアル・プレゼンテーションの技術"を学習することだ。正しく学び、正しく使えば、あなたのプレゼンテーションの強力な武器になる。

　何も考えずに、他人のものを見よう見まねでやってはいけない。もし、その忠告を無視すると、必ずといっていいぐらい、あなたは失敗する。なぜか。それは他人のものも見よう見まねだからだ。常に、何も考えずに素人の見よう見まねが繰り返されると、必ず悪い方向にいってしまう。世の常だ。あるいは、やってみなければわからないとばかり、トライ・アンド・エラーでビジュアル・プレゼンテーションをおこなうと、裁判員はあなたの弁論にブーイングだ。

　いかにビジュアル・スライドを作るか、いかに操作するか、いかに説明するか、ビジュアル・プレゼンテーションの技術をマスターしよう。そうすると、あなたはビジュアル・プレゼンテーションの達人になれる。このビジュアル・プレゼンテーションの技術については、第5章で詳説する。

第2章
法廷戦略の立案

　第1章では、裁判員裁判で勝つために、あなたが身につけなければならない「法廷戦略立案力」と「法廷プレゼンテーション力」について考えてみた。
　この章では、どのように「法廷戦略」を立案するか、具体例を示しながら検討してみよう。すべての基本になるのが、この法廷戦略だ。あなたが、法廷でいくら素晴らしいプレゼンテーションをしたとしても、この戦略が間違っていれば、すべてが水泡に帰す。
　あなたは、法廷戦略と言えば、なにやら小難しいものだと思っているかもしれない。しかし、いくつかのステップを踏んでいけば、難なく目的を達成する。

2-1
法廷戦略を立案する

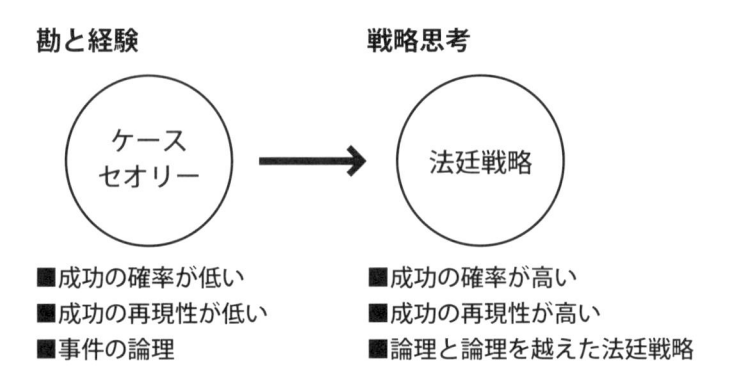

```
  勘と経験              戦略思考

  ┌─────┐            ┌─────┐
  │ケース│            │法廷 │
  │セオリー│  ───▶    │戦略 │
  └─────┘            └─────┘

■成功の確率が低い      ■成功の確率が高い
■成功の再現性が低い    ■成功の再現性が高い
■事件の論理            ■論理と論理を越えた法廷戦略
```

■**法廷戦略の立案**

　では、勝利のピラミッドの最下層、つまり、土台となる"法廷戦略"について考えてみよう。弁護人であるあなたには目標がある。たとえば、無罪を勝ち取るとか、執行猶予判決を獲得するとか、あるいは死刑を回避するなどだ。

　目標があるなら、行き当たりばったりでは、それを達成することはできない。直感に頼る手法も、経験に照らし合わせる方法も、猪突猛進のやり方も、残念ながら目標を達成する確率は低い。特に、裁判員裁判では、これまでの経験はまったく当てにならない。では、どうするか。それは、法廷戦略を立てること。そして、その戦略に基づいて、裁判官と裁判員にプレゼンテーションをおこなうことだ。

　だからといって、身振り手振りの練習から始めたり、冒頭陳述の原稿を書き始めたり、ビジュアル・スライド作りと格闘したりしてはいけない。あなたは、きっと、間違った方向に進んでしまう。まず、法廷戦略を立案しなければならない。

■勘と経験に基づくケース・セオリー

　あなたは、法廷弁護技術において、いかにケース・セオリーが重要か、十分に認識しているはずだ。ケース・セオリーを組み立て、それに基づいて予定主張を決定し、冒頭陳述の内容を組み立てる。そして、法廷に立つ。

　では、あなたは裁判の勝敗を左右する重要なケース・セオリーを、どのような方法で導き出すだろうか。何らかの確固とした科学的な手法があるのだろうか。あなたは、ひょっとすると事件記録を睨みながら、勘と経験に頼ろうとするのかもしれない。あるいは、考えに考え抜いたとしても、最後は「えいやっ」と力任せで決めるのかもしれない。これで、あなたは自信をもってどうどうと法廷に立つことができるだろうか。

　しかし、勘と経験と勢いが生み出すケース・セオリーだけでは、裁判に勝つ確率は恐ろしく低い。力任せのケース・セオリーを使って、たまたま出会い頭に成功することもあるだろう。しかし、その方法は成功の再現性がない。それに、判決後にケース・セオリーを評価し検証することもできない。

■論理と論理を超えた法廷戦略

　これまでの勘と経験と勢いだけに頼るのではなく、法廷戦略を科学的に立案し、それに基づいて法廷戦略のシナリオを構築する。そして、冒頭陳述から始まる一連の弁護活動をおこなう。裁判員裁判においては、それが、弁護人であるあなたに課せられた仕事だ。

　ケース・セオリーは、文字どおり"事件の論理"である。事件を論理的に解釈したものだ。しかし、その論理を裁判員に訴えることで、裁判に勝てる保証があるのだろうか。裁判員に論理を示せば、弁護人の主張に賛同するだろうか。「理屈はわかるがねえ……」と、異なった土俵で反論されるかもしれない。裁判は人間がやるものだ。人間的側面は無視できない。

　職業裁判官とあなたは、法律や判例という共通の言語とロジックをもち、物事を判断する。しかし、裁判員とは共通の言語もロジックもない。裁判員には、法律の知識もない。ケース・セオリーを振り回すだけで、裁判に勝つことができるだろうか。論理と論理を超えた要素も取り込んだ戦略でなければ、一般の裁判員を説得することは難しい。

2-2
法廷戦略のグランド・デザインを描く

法廷戦略立案プロセス

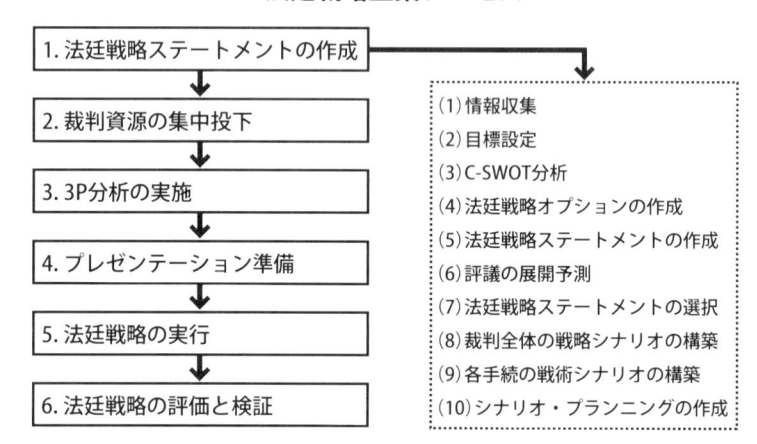

```
1. 法廷戦略ステートメントの作成  ──┐
        ↓                          │
2. 裁判資源の集中投下              │
        ↓                          │
3. 3P分析の実施                    │
        ↓                          ▼
4. プレゼンテーション準備      (1) 情報収集
        ↓                      (2) 目標設定
5. 法廷戦略の実行              (3) C-SWOT分析
        ↓                      (4) 法廷戦略オプションの作成
6. 法廷戦略の評価と検証        (5) 法廷戦略ステートメントの作成
                               (6) 評議の展開予測
                               (7) 法廷戦略ステートメントの選択
                               (8) 裁判全体の戦略シナリオの構築
                               (9) 各手続の戦術シナリオの構築
                              (10) シナリオ・プランニングの作成
```

■**法廷戦略のプロセス**

　では、ここから法廷戦略を立案していこう。プロセスを踏んで進める。何事もそうだが、手順がなければ、失敗の可能性は大だ。プロセスがなければ、ひょっとすると、重要な部分を見落とすかもしれない。大切な箇所を忘れるかもしれない。あるいは、無駄な作業を繰り返すかもしれない。

　法廷戦略は次の6つのプロセスで立案する。①法廷戦略ステートメントの作成、②裁判資源の集中投下、③3P分析の実施、④プレゼンテーション準備、⑤法廷戦略の実行、⑥法廷戦略の評価と検証。1つ目の"法廷戦略ステートメント"とは、裁判に勝つための"グランド・デザイン"だ。これが弁護活動の究極的な拠り所となる。冒頭陳述でも、尋問でも、弁論でも、この法廷戦略ステートメントを金科玉条とする。

　もし、この拠り所がなければ、あなたは法廷で右往左往することになるだろう。検察官のちょっとした発言や証人の些細な言動に、あなたは振り回される。

■法廷戦略ステートメントの作成

　次に、この法廷戦略ステートメントを、いかに作成するか考えてみよう。次のステップを踏んで進める。

　①情報収集、②目標設定、③C-SWOT分析、④法廷戦略オプションの作成、⑤法廷戦略ステートメントの作成、⑥評議の展開予測、⑦法廷戦略ステートメントの選択、⑧裁判全体の戦略シナリオの構築、⑨各手続の戦術シナリオの構築、⑩シナリオ・プランニングの作成。面倒臭いとは思わないでいただきたい。人類を月面に送り込むステップに比べたら単純なものだ。もし、あなたが裁判に勝ちたいと思うなら、面倒臭いなどと言っていられないはずだ。漏れなく準備をおこない、この法廷戦略立案プロセスのステップを確実に前に進める。そうすれば、あなたは裁判の勝利に着実に近づいていく。

　では、ここからは、各地の法曹三者模擬裁判で取り上げられた「山本純子事件」の事案を引き合いに出し、身体的なイメージを湧かせながら、ケース・スタディに取り組んでみよう。ケースを通して学べば、あなたは容易に法廷戦略の立案をマスターすることができる。

■山本純子事件の概要

> 　被告人（山本純子）が、愛人関係にあった被害者（池田吾郎）の背部および右胸部を文化包丁（刃体の長さ約15.5センチ）で2度にわたって刺して殺害したとして、殺人罪で起訴された事案である。
> 　被告人は、事件の約4年前に、被告人が勤めていたスナックで被害者と知り合い、まもなく愛人関係となった。被害者には、妻と2人の子どもがいた。
> 　被告人は、被害者から毎月30万円から100万円の援助を受けて生活していたが、事件前頃は、被害者の会社の経営不振から援助額が少なくなっていた。被告人はバカラ賭博にのめり込んでおり、約3500万円の借金を抱えていたが、被害者にはこのことを隠していた。また、被告人には、被害者とは別に結婚を考えている交際相手がいたが、このことも被害者には隠していた。
> 　被告人と被害者はたびたびケンカしており、被告人は、酔った被害者から暴力を振るわれることもあった。被害者は、妻や、被告人の友人の酒井久美にも暴力を振るったことがあり、傷害等の前科を複数有しているほか、暴力団に所属していた経歴もあった。
> 　被告人は、事件当日、被告人宅で被害者とケンカになり、被害者から激しい暴行を受け、菜箸で目を刺すぞなどと脅された。その後、被告人は、台所にあった包丁で男性の背中を刺し、さらに、もう一度男性の右胸部を刺している。事件後、被告人は、包丁の血を拭いたり、血で汚れた着衣を洗濯機で洗うなどしていた。また、被告人は、友人の酒井久美に電話をかけ、犯行を打ち明けた。被告人は、マンションに来た酒井に借金返済を依頼し、返済のための現金を手渡すなどした後、110番通報した。
> 　殺意の有無、正当防衛（過剰防衛）の成否などが主な争点となりうる事案である。

2-3
情報を収集する

```
            ┌─ 内部要因情報
            │  被告人や被害者などの人的属性、犯行態様、
            │  犯行に至る経緯や犯行後の状況など、事件
情報収集 ───┤  属性を含む当該事件における個別具体的な
            │  要因
            │
            └─ 外部要因情報
               弁護人や被告人には制御不可能な要因。た
               とえば、裁判官、裁判員、検察官、世間一
               般の価値観、風潮、報道など。さらには、
               法廷の構造や設備など
```

■ "内部要因情報" と "外部要因情報"

　法廷戦略ステートメントを作成する最初のステップは "情報収集" だ。あなたが裁判で勝つためには、必要十分な情報を収集し、それらを網羅的に分析する。

　もし、あなたが裁判に負けるとするなら、重要な情報が漏れていたり、見落としていたり、まったく考慮に入れていなかったりすることが主な原因だ。あなたが集めるべき情報には、"内部要因情報" と "外部要因情報" がある。内部要因情報とは、被告人や被害者などの人的属性、犯行態様、犯行に至る経緯や犯行後の状況など、事件属性を含む当該事件における個別具体的な要因。外部要因情報とは、弁護人や被告人には制御不可能な要因。たとえば、裁判員・裁判官、検察官、世間一般の価値観、風潮、報道など。さらには、法廷の構造や設備などもその範疇に入る。

　あなたは、この2種類の情報を網羅的に集める。では、まず、内部要因情報の収集について考えよう。

■ 内部要因情報

　まず、あなたがすでに入手している情報を確認する。起訴された段階で、勾留状、起訴状、被告人との接見メモ、家族など関係者から事情聴取したメモや新聞記事など、すでにあなたの手元には多くの情報がある。

　その中でも、被告人は最も重要な内部要因情報源だ。被告人との接見から、いかに勝つための情報を引き出すか、あなたの力量が問われるところだ。戦略立案の過程で、いくつもの情報が不足していることに気がつくかもしれない。そのときは、迷わず、被告人に接見する。それに、弁護人独自の証拠収集活動も忘れてはならない。現場に赴き事実情報や肌感覚の情報を入手する。そこで書面だけではわからない多くの情報を得る。関係者からの情報や専門家の見解を入手しなければならない場合もある。もちろん、弁護士法23条の２照会による証拠収集も活用できる。あなたは、あらゆる機会をとらえて情報を収集することだ。

　情報は裁判の行方を左右する。積極的に証拠収集活動をおこなえばおこなうほど、裁判に勝つ確率を高めることができる。

■ 証拠開示

　公判前整理手続の段階では、検察官の証明予定事実が明らかにされる。また、検察官請求証拠も開示される。

　公判前整理手続で重要なことは、少しでも多くの内部要因情報を手に入れること、類型証拠開示と主張関連証拠開示で考えられる限りの証拠を集めること。まず、あなたが必ず開示を求めておかなければならない類型証拠を確認しておこう。被告人（刑訴法316条の15第１項第７号）、証人予定者（検察官が供述調書を取調べ請求している関係者）の供述調書（同項第５号ロ）のすべて、そして、被告人の取調べ状況に関する証拠（同項第８号）も手に入れる。すでにあなたの手元にある検察官請求証拠をよく読めば、その背景にいくつもの証拠があることに気づく。

　そして、主張関連証拠もねらい定めて開示を請求しなければならない。"主張関連証拠を開示させるために主張する"という意識で予定主張を書くことだ。情報の質と量が裁判の行方を左右すると肝に銘じておく。情報収集を面倒臭いと思ってはいけない。もし、あなたが手抜きをすると、法廷で立ち往生するかもしれない。弁護人にとって情報は命だ。

2-4
裁判官と裁判員の情報を収集する

裁判官

- □ 裁判官の評価、評判
- □ 人物像
- □ 思考パターン
- □ 判断傾向
- □ 過去の裁判例

裁判員

- □ デモグラフィック分析（年齢、性別、地域など）
- □ 質問に対する応答（話し方、言葉づかいなど）
- □ 外見、服装、体型など
- □ 目線、表情、身振り手振り、姿勢など
- □ 声の大きさ、話のスピード、抑揚など

■ "裁判官"の情報を集める

　次に、外部要因情報。外部要因情報で重要なものは、まず、"裁判官"の情報だ。法廷であなたの前に登場する裁判官は事実認定者であり、あなたのプレゼンテーションの聴き手である。聴き手が誰であるかを知らずして、何を語れるのだろうか。

　もし、面倒臭いという理由で裁判官に関する情報収集を怠るのは、目隠しをして入廷するようなものだ。裁判官に関する情報を収集することは容易なはずだ。誰が裁判官かは、起訴された段階で判明する。いつも接する裁判官であれば、あなたはすでに多くの情報をもっている。たとえ、そうでなくても、他の弁護士に当該裁判官の評価を尋ねることもできるし、過去の裁判例を調べることもできる。

　あらゆる手を尽くして、裁判官の情報を入手することだ。そして、集めた情報に基づいて、担当裁判官がどのような人物で、どのような思考パターンをもっているか、どのような判断をする傾向にあるか、綿密に分析する。

■ "裁判員"の情報を集める

　裁判官とともに裁判員に関する情報も収集しなければならない。あなたは、現在の裁判員制度の選任手続では、裁判員の情報を収集することは不可能だと言うかもしれない。

　しかし、裁判員がどんな人物で、何を基準に判断するか、それらを知らずしてプレゼンテーションをすることは、法廷の壁に向かって弁論するようなものだ。そんなあさっての方向を向いた弁護人の話を聞いて、裁判員はあなたに有利な評決をするだろうか。答えは「ノー」だ。あなたは、選任手続で裁判員と初めて向き合う。しかし、裁判員のプロフィールを入手することもできなければ、言葉を交わす機会も与えられない。両手両足を縛られた状態だ。しかし、簡単にギブアップしてはいけない。あなたの目と耳は自由に使える。

　たとえば、あなたは裁判員の行動を目で観察することもできれば、裁判員が話す言葉を耳で聴くこともできる。さらに、裁判長に認めさせれば、裁判長を通して一定の質問を投げかけることもできる。選任手続は裁判員に関する情報の宝庫だと考えたほうがいい。

■ 裁判員の"非言語情報"を知る

　裁判員の非言語は多くの情報を伝えてくれる。選任手続で、裁判員の一挙手一投足に注目する。年齢、性別、服装、入室・退室時の態度、声の大きさ、話すスピード、口調、裁判官との会話、目線、姿勢など、わずかな時間であっても、あなたは膨大な量の情報を得ることができる。

　審理が始まってからも、裁判員を観察し続けることを忘れてはいけない。裁判員は熱心にメモをとったり、うなずいたり、首をひねったり、あくびを噛み殺したりなど、多くの非言語情報を発信している。検察官の冒頭陳述の時間だからといって、相弁護人が担当する反対尋問の時間だからといって、あなたは法廷で休憩していてはいけない。

　裁判員を見て、誰の、どの言葉に対して、どのように反応するのか、あるいは反応しないのか、裁判員が送るサインを注意深く観察する。そして、手持ち情報を常に最新のものに更新する。そうすれば、法廷戦略を柔軟に再構築しながら弁護活動を進めることができる。

2-5
外部要因情報を集める

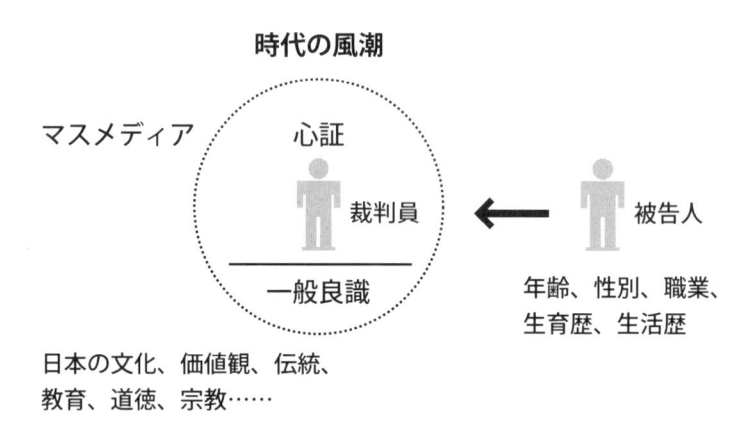

```
                    時代の風潮
      マスメディア   ┌─心証──┐
                    │  👤    │
                    │  裁判員 │ ←──  👤  被告人
                    │────────│
                    │ 一般良識│         年齢、性別、職業、
                    └────────┘         生育歴、生活歴

      日本の文化、価値観、伝統、
      教育、道徳、宗教……
```

■法廷の情報を集める

　さらに、法廷に関する情報も入手する。審理は何号法廷でおこなわれるか知っておいたほうがいい。たとえば、法廷の大きさ、傍聴人席の数、設備や備品。また、被告人はどこから入室し、どこに座るのか、裁判官・裁判員が座る位置はどこか。さらに、あなたはどこに座り、歩き、立つことができるのか。

　場所の情報を分析すると、あなたが弁護人席にしがみついていることが、いかに無策であるか発見するだろう。裁判員の席に座ってみることも一考に値する。裁判員が法壇の上から、どんな法廷の風景を見ているかわかる。もし、被告人に犯行状況を再現させたければ、どこで実演させれば裁判員に一番わかりやすいか考える。

　ビジュアル・ツールも事前にリハーサルをする。プレゼンテーションに失敗する最大の原因は、ビジュアル・ツールだから、場所や設備なども要チェック。あなたが普段見慣れている法廷を、プレゼンテーションという観点から見直すことだ。

■裁判官・裁判員に影響を与えるもの

　裁判員・裁判官は、新聞やテレビの報道に惑わされることなく、証拠のみに基づいて判断する。あなたは、それを信じてやまない。あなたの期待どおりかもしれない、いや、そうでないかもしれない。

　そもそも、一般人の常識、良識を裁判に取り入れることが、裁判員制度の理念だ。だとすれば、あなたは、常識とは何か、良識とは何か、これらを熟知する必要がある。もし、あなたがこれらに無関心であれば、何を基準に裁判員が事実を認定するか、まったく理解できない。裁判員は、市井の中で現実に生活している一人の人間だ。その人たちがもつ常識や良識は天賦のものではなく、生活している社会の中で醸成されている。社会と無関係には成立しえない。

　したがって、あなたには、それらの形成に影響を及ぼすものについて深い洞察が必要だ。日本の文化、価値観、伝統、教育、道徳、宗教などをはじめとして、時代の風潮、マスコミ報道など、さまざまな要素に分析的でなければならない。日頃から、法律や判例の世界に閉じこもっているのではなく、幅広い見識をもつよう心がけることだ。

■世間の見方

　あなたが受任した事件やそれに類する事件で、どのような報道がなされたか、その情報を入手しておくことだ。理想論はともかくとして、報道が裁判員の心証形成に少なからず影響を与えることは避けられない。そもそも裁判は、不完全な人間が営むものだ。それを忘れてはいけない。

　人権意識の高いあなたは、きっと、ワイドショー的報道番組に、義憤を募らせているかもしれない。しかし、多くの一般人が、そのような報道を期待しているからこそ、番組は成り立つ。裁判員裁判で大切なことは、"あなた"の人権感覚ではなく、"世間"のそれだ。裁判というものに、被告人という立場に、あるいは、被告人や被害者の年齢、性別、職業、生育歴、生活歴などに対して、世間はどのような心証をもち、どのように評価しているか。これらも、裁判員の事実認定の判断に大きなインパクトを与える。

　あなたは、世間に大きく目を見開き、その声に耳を澄まさなければならない。手元の書類に釘付けになって、自分の世界に入り込んではいけない。

2-6
目標を設定する

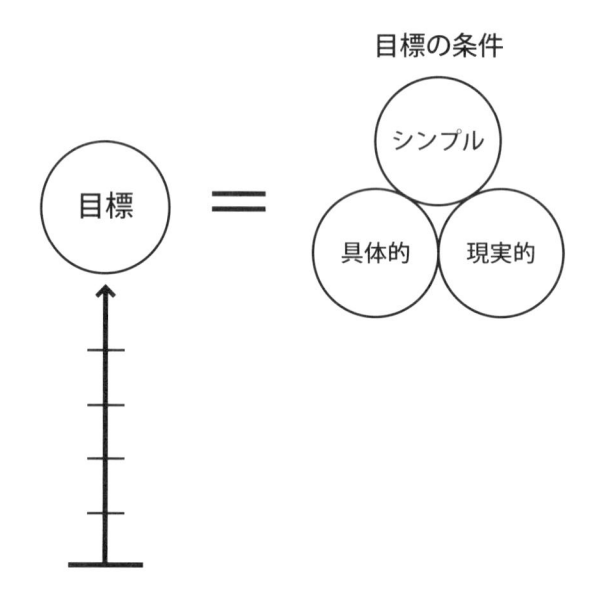

目標の条件

目標 ＝ シンプル／具体的／現実的

■ **目標設定の条件**

さて、これで、法廷戦略シナリオを立案するために必要な情報を収集したことになる。次に、集めた情報を概観しながら、裁判で"達成すべき目標"を設定する。

たとえば、あなたは、"山本純子"に接見し、「被害者から殺されそうになったので、思わず包丁で刺してしまった」と聞いた。そこで、あなたは、被告人からの情報を基に、"殺意はなかったから傷害致死にとどまる"、そして、"正当防衛により無罪"という目標を設定するかもしれない。あるいは、被害者が手にしていた武器は菜箸だったのに対し、被告人が手にしていた武器は包丁だったから、"過剰防衛を主張して執行猶予判決を勝ち取る"という目標を設定するかもしれない。

ここでも、単に勘と経験で感覚的に目標を設定してはいけない。あなたが立てる目標は、次の3つの条件をクリアしていなければならない。"①シンプルであること"、"②具体的であること"、"③現実的であること"。

■シンプルで具体的な目標

　目標はシンプルでなければならない。たとえば、"できる限り無罪を狙うが、最悪でも執行猶予を獲得する"、"裁判員が被告人に同情的であれば、無罪判決を目指す"などの条件つきで目標を設定してはならない。

　そもそも"できる限り"や"最悪でも"というのでは、目標とはいえない。"無罪を獲得する"、"執行猶予を獲得する"などのようにシンプルな目標を設定する。次に、目標は具体的でなければならない。たとえば、「情状酌量で減刑してもらう」だけでは、目標としては曖昧だ。これでは、裁判が終わった段階で、あなたの目標が達成できたのかどうかわからない。「酌量減軽で懲役5年」あるいは「酌量減軽で検察官求刑の半分の刑期」などと、具体的な目標でなければならない。あいまいな目標で、最初から逃げを打つようではいけない。

　具体的であれば、獲得すべきことは明確だ。それに、審理途中で弁護活動を検証することもできる。また、複数の弁護士で共同して弁護に携わっている場合、目標に対しての意思統一を図ることができる。さらに、裁判が終わったときに、あなたの成果を評価することができる。

■現実的な目標

　さらに、目標は現実的でなければならない。非常に悲観的な目標を設定し、達成できずに落胆するか。非常に楽観的な目標を設定し、達成できたと驚喜するか。目標設定は容易ではない。

　いずれの目標であっても正しい目標を設定したとはいいがたい。目標は現実的で達成可能なものでなければならない。たとえば、あなたは証拠を精査した結果から、無罪は困難だと考えたとしよう。にもかかわらず、被告人が頑なに無罪を主張している。そんなとき、どうすればいいだろうか。弁護人としては、ひとまず無罪を仮の獲得目標とする。この段階で、被告人と対立するとか、説得しようとか思わないことだ。

　そして、次のプロセスである情報分析、戦略オプションの抽出、戦略ステートメントの作成、評議の展開予測などへと戦略立案の作業を進める。その結果、無罪という目標が非現実的だと考えるのであれば、被告人にそれを説得する。この段階であれば、あなたは被告人を説得する材料を十分もっているはずだ。目標が高すぎても低すぎても、その後の戦略立案は間違ったものになる。

2-7
チャレンジングな目標を設定する

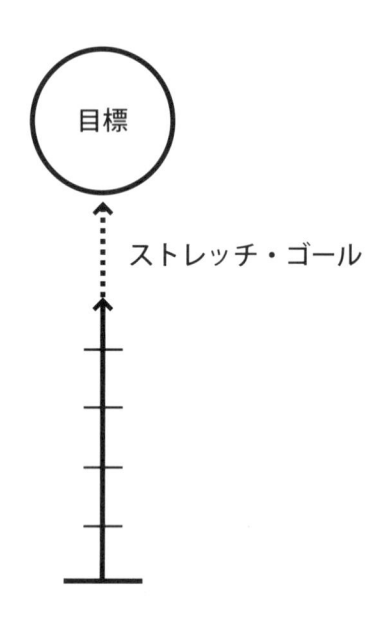

■**仮説としての目標**

　さて、こうして、あなたはシンプルで、具体的で、現実的な目標を設定した。この段階での目標は、あなたが勝ち取るべき"仮の目標"にすぎない。

　目標が仮である理由は、その後の戦略立案の作業を進める中で、あるいは、実際の審理が進行する中で、目標の再検討が必要になるかもしれないからだ。目標は達成してはじめて目標となり、それまでは、常に仮の目標だ。目標を設定する際に、考えておくべきことが、もう1つある。それは、チャレンジングな120％の目標を立てること。人は、どうしても、達成しやすい低い目標を立てる。それは、失敗したときの落胆を無意識のうちに避けたいからだ。

　チャレンジングな目標設定は、あなたに強いモチベーションを与え、大きく成長させることだろう。検察側の勝率データを見て萎縮してはいけない。あなたのチャレンジが、現在の刑事裁判を少しずつでも理想の形に近づけるだろう。

■山本純子からの聞き取り内容

では、山本純子事件で、実際に目標を考えてみよう。接見した際の被告人本人の言い分は次のようなものだ。

　――被告人は、被害者の愛人だったが、日頃から被害者に暴力を振るわれていた。事件の日はとくに暴力がひどく、いつまでも暴力が続いた。怖かったのは、菜箸を目のあたりに突きつけられて、顔を刺されそうになったことだ。菜箸の先端は、鋭いものではない。

　しかし、被害者は以前に暴力団に所属していて、そのときに人の頬を菜箸で刺したことがあると言っていたので、自分も刺されるのではないかと思った。なんとか菜箸を取り上げて流し台に放り投げて助かったと思ったら、今度は、被害者が屈んで足下のほうに近づいてきた。私は、とっさに台所にあった包丁をつかんで、屈んでいる被害者の背中を上から刺してしまった。

　ところが、被害者はその包丁を自分で抜いて右手に持って、さらに被告人の方に向かってきた。被告人は、とても恐ろしくなって、被害者から包丁を取り上げて、今度は被害者の胸に包丁を刺してしまった。とっさのことで、被害者を殺そうなどということまで思っていなかった。――

■山本純子事件での仮目標設定

　さて、この被告人の言い分を聞いて、あなたならどのような仮目標を設定し、法廷戦略を立てるだろうか。

　被告人は、殺そうとは思わなかったと述べている。よって、殺意について争いたい。しかし、2度も包丁で身体の枢要部を刺していることからすれば、現実的には殺意について争うことは難しい。とくに、この事件では、被害者から日常的に暴力を振るわれていたという事情は、正当防衛の主張、あるいは、情状を主張できる強みとなる。しかし、被害者の暴力を強調すればするほど、殺害する動機もあったと判断される可能性が高い。

　そこで、本書としては、被告人の同意を得て殺意は争わないこととする。そして、正当防衛に関しては、菜箸と包丁という凶器の違い、被害者が途中でいったん暴力を中断していたという事情、これらから現実的な目標としては、過剰防衛で執行猶予というところだ。しかし、チャレンジングな目標として、"正当防衛で無罪を獲得する"を、獲得すべき目標とする。

2-8
"C-SWOT分析"をおこなう

目標：正当防衛で無罪 凡例 C：Court S：Strength W：Weakness O：Opportunity T：Threat	外部要因	
	機会（O）	脅威（T）
内部要因 / 強み（S）		
内部要因 / 弱み（W）		

■ **情報分析の目的と方法**

　仮目標の設定ができれば、収集した情報を詳細に分析する。分析の目的は、目標達成の法廷戦略オプションを抽出すること。オプションとは"選択肢"という意味だ。

　ひとつの戦略しか考えずに、その戦略のみにしがみついて弁護活動を進めることは、危険きわまりない。もし、途中で戦略が機能しないことが判明したとしても、連日開廷される状況では、あなたはそのまま突き進むしかない。複数の選択肢を抽出し、それぞれを比較検討しながらベストを決定しておくことだ。

　情報は情報として存在するだけでは、何の価値も生み出さない。分析という作業を通して、情報はあなたの強力な味方になる。では、情報を分析するとは、具体的に何をすればよいのだろうか。分析するとは、単に情報を眺めていることではない。情報を分類し、情報と情報をつなぎ合わせて、新しい価値を生み出すこと。この目的を達成するために、"C-SWOT分析マトリックス"という情報の器を用意する。

■内部要因情報の分類

　分析作業の第一歩は情報を分類すること。では、情報を分類してみよう。まず、あなたが収集した内部要因情報を、弁護側のS（強み）とW（弱み）に分類する。S（強み）とはあなたの立てた目標にとって有利に働く情報、逆にW（弱み）とは不利に働く情報のことだ。ここで重要なことは、あなたが立てた目標に対して有利な情報か、不利な情報か、判断しながら進めることだ。

　たとえば、山本純子事件では、S（強み）として、"被告人が被害者から殴られ負傷していること"、"事件以前から被告人が被害者からDV被害を受けていたこと"、"被害者に暴力事犯の前科があること"、"被告人が女性であること"などが考えられる。これらの情報を、C-SWOT分析マトリックスのS（強み）の欄に書き込む。

　また、W（弱み）として、"包丁で2回刺していること"、"通報が遅いこと"、"被告人が被害者の愛人であったこと"、"捜査段階では殺意を認める供述をしていたこと"、"事件後に友人の酒井久美を呼び出し、お金を渡して借金返済を依頼していること"などがあり、それらをW（弱み）の欄に書き込む。これで、被告人の強みと弱みを明らかにすることができた。

■外部要因情報の分類

　次に、あなたが収集した外部要因情報を、弁護側にとってのO（機会）とT（脅威）に分類する。O（機会）とは、あなたの立てた目標にとって追い風となる外部事情、逆にT（脅威）とは向かい風となる外部事情のことだ。

　たとえば、O（機会）として、"元暴力団員（被害者）に対する偏見"、"DVが社会問題化されていること"、"女性は弱くて守るべき存在という現実的な社会常識"、"DV被害者への同情心"などがあり、それらをO（機会）の欄に書き込む。また、T（脅威）としては、"金ヅル、愛人、水商売（被告人）への偏見"、"賭博・借金（被告人）への嫌悪感"、"犯罪一般への恐怖心"、"死者への同情"、"被告人は自分を守るためにウソをつくという一般常識"などがあり、それらをT（脅威）の欄に書き込む。これで、この事件をとりまく外部環境を明らかにすることができた。

　このようにして、S（強み）、W（弱み）、O（機会）、T（脅威）の欄に抜け漏れなく書き込んでいく。このように、収集した情報を分類すれば、この事件の概要が浮かび上がってくる。実際に書き込んだC-SWOT分析マトリックスを次のページに示しておく。

2-9
法廷戦略オプションを作成する

目標：正当防衛で無罪		外部要因	
凡例 C：Court S：Strength W：Weakness O：Opportunity T：Threat		機会（O）	脅威（T）
		・元暴力団構成員への偏見 ・DVの社会問題化 ・女性は弱く守るべきとの社会常識	・金ヅル、愛人、水商売（被告人）への偏見 ・賭博、借金への偏見 ・犯罪一般への恐怖感 ・死者への同情 ・被告人は自らを守るためにウソをつくだろうという一般常識 ・警察に対する社会一般の信頼 ・真実は一貫するとの一般常識
内部要因	強み（S） ・計画性なし ・被害者から殴られ負傷している ・事件以前からDV被害を受けていた ・自首 ・被害者の属性（粗暴癖、酒乱、元暴力団、暴行・傷害の前科） ・被告人は女性	SO活用型 戦略オプション	ST対抗型 戦略オプション
	弱み（W） ・通報が遅い ・罪証隠滅行為 ・借金返済を依頼 ・攻撃態様（2回刺している、1度は背中） ・被告人の属性（水商売、愛人、金ヅル、他に男がいる、賭博、借金） ・捜査段階の自白 ・被害感情大	WO転化型 戦略オプション	WT克服型 戦略オプション

■ 4つの法廷戦略オプション

　情報をC-SWOT分析マトリックスに分類して埋め込んだら、次は、法廷戦略オプションを抽出する。縦と横が交差する4つの枠が法廷戦略オプションとなる。

　S（強み）とO（機会）が交差するボックスは、弁護人の強みを生かし機会を利用しながら目標達成をめざすシナリオ。これを"SO活用型戦略"と呼ぶ。W（弱み）とO（機会）が交差するボックスは、機会を生かしながら弁護人の弱みを強みに転化し目標達成をめざすシナリオ。これを"WO転化型戦略"と呼ぶ。さらに、S（強み）とT（脅威）が交差するボックスは、強みを使い脅威に対抗しながら目標達成をめざすシナリオ。これを"ST対抗型戦略"と呼ぶ。W（弱み）とT（脅威）が交差するボックスは、弱みと脅威を克服しながら目標達成をめざすシナリオ。これを"WT克服型戦略"と呼ぶ。

■ 情報のもつ力を評価する

　では、分析した情報をもとに、どのように戦略オプションを作ればいいのだろうか。ここからは、左ページのC-SWOT分析マトリックスを参照しながら、注意深く読み進めよう。

　あなたは、書き込んだ各情報の中からS、W、O、Tの分類ごとに、情報のもつ価値（影響力）を評価する。そして、裁判において、最も影響が大きいと考えられる情報を１つ選び出す。たとえば、SO活用型戦略のボックスであれば、S（強み）から１つ、O（機会）から１つの情報を選択する。この２つの情報を組み合わせて、戦略オプションを作る。ちなみに、この"WT克服型戦略"は、WとTという２つのマイナス要因で、発想の異なったオプションを創出するシナリオだ。非常にチャレンジングな戦略だが、逆転勝利の醍醐味がある。

　同じ種類に分類されている複数の情報のうち、どの情報の影響力が最も大きいか迷うことがあるかもしれない。そのような場合には、無理に１つに絞り込む必要はない。たとえば、W（弱み）のうち、"２回刺していること"と"捜査段階の自白"のどちらの影響力が強いか判断に迷うなら、両方を取り上げる。この作業をおこなうと、各ボックスに２つの情報が選択される。ここでは、できるだけ制約を設けず、自由に発想することが大切だ。

■ 複数の戦略オプション

　複数の価値ある情報を取り上げると、各ボックスに作成される戦略オプションは１つでなくなる。

　たとえば、WO転化型戦略のボックスには、"２回刺していること"というW（弱み）を使った戦略オプションと、"捜査段階の自白"というW（弱み）を使った戦略オプションの２つができあがる。もちろんO（機会）からも２つの情報を選択していれば、２×２で４つのWO転化型戦略オプションができあがる。このように１つのボックスの中に複数の戦略オプションができることになるが、複数になって構わない。むしろ、この段階では、１つのボックスに複数の戦略オプションを作成し、できるだけ多くの選択肢を作っておくほうが望ましい。

　C-SWOT分析の作業をおこなう段階で、１種類の戦略で満足してはいけない。できるだけ多種多様な戦略オプションを作ることだ。そうすれば、あなたは事件を多角的に見ることができる。そして、たとえ公判が始まってからイレギュラーな事態が起こったとしても、対処が可能となる。

2-10
山本純子事件の戦略オプション

目標：正当防衛で無罪 凡例 C : Court S : Strength W : Weakness O : Opportunity T : Threat			外部要因	
			機会（O）	脅威（T）
			・元暴力団構成員への偏見 ・DVの社会問題化 ・女性は弱く守るべきとの社会常識	・金ヅル、愛人、水商売（被告人）への偏見 ・賭博、借金への偏見 ・犯罪一般への恐怖感 ・死者への同情 ・被告人は自らを守るためにウソをつくだろうという一般常識 ・警察に対する社会一般の信頼 ・真実は一貫するとの一般常識
内部要因	強み（S）	・計画性なし ・被害者から殴られ負傷している ・事件以前からDV被害を受けていた ・自首 ・被害者の属性（粗暴癖、酒乱、元暴力団、暴行、傷害の前科） ・被告人は女性	[SO活用型戦略] 「粗暴で、酒乱で、元暴力団構成員で、前科のある男から、日頃から暴力を受けていた女性」が、これまでにない暴行を受けたため、身を守るために刺した。	[ST対抗型戦略] 供述は変遷しているけれども、それは被害者から今までにない激しい暴行を受けたため、捜査段階においては、冷静に振り返って供述することができなかった。
	弱み（W）	・通報が遅い ・罪証隠滅行為 ・借金返済を依頼 ・攻撃態様（2回刺している、1度は背中） ・被告人の属性（水商売、愛人、金ヅル、他に男がいる、賭博、借金） ・捜査段階の自白 ・被害感情大	[WO転化型戦略] 被告人が2回も深く刺してしまったのは、DV被害を受けていた女性だったからだ。	[WT克服型戦略] 賭博や愛人というだらしない生活をしていたことに嫌になった被告人が、自ら立ち直るために、被害者を刺した。 人一人を死亡させた責任の重さに耐えきれず、冷静に対応できず虚偽自白をしてしまった。

■ S（強み）を生かした戦略

では、山本純子事件をC-SWOT分析する。まず、"SO活用型戦略"。DV傾向の男性に対する一般的非難が強いことを、弁護人のO（機会）と捉える。そして、被告人がDV被害者であるというS（強み）を生かせば、"「粗暴かつ酒乱で元暴力団構成員であり、また前科のある男から、日常的に暴力を受けていた女性」が、これまでにない暴行を受けたため、身を守るために刺した"という戦略オプションになる。

次に、"ST対抗型戦略"。同じように、被告人がDV被害者であるというS（強み）を使って、"被告人は罪を免れるためにウソをつくという一般常識"のT（脅威）に対抗するのであれば、"供述は変遷しているが、それは被害者から今までにない激しい暴行を受けたため、捜査段階においては冷静に振り返って供述することができなかったから"という戦略オプションを作成することができる。

■ W（弱み）を利用した戦略オプション

次に、W（弱み）に手当てする"WO転化型戦略"。被告人が、被害者を2回も刺しているW（弱み）が、裁判においてインパクトが大きいと予測する。そこで、"DVが社会問題となっている"というO（機会）を利用する。そうすると、たとえば、"被告人が2回も深く刺してしまったのは、被告人がDV被害を受けていた女性だったからだ"という戦略オプションができる。

次に、"WT克服型戦略"。被告人が愛人であったこと、賭博で借金があったことなどのW（弱み）に、裁判員が引きずられてしまうことも十分考えられる。そこで、被告人のW（弱み）に対して、社会的偏見というT（脅威）をぶつけてみる。しかし、この事件が殺人事件である故、"賭博や愛人というだらしない生活をしていたことが嫌になった被告人が、自ら立ち直るために被害者を刺してしまった"という戦略オプションが抽出できる。

このように、ネガティブな要素同士を掛け合わせて、ポジティブな戦略を組み立てる。かなり奇抜だが、逆転の発想だ。あなたの常識からあり得ないと思うかもしれない。しかし、一般人である裁判員には理解されることもある。

■ 多くの戦略オプションをもつメリット

このように、要素と要素を掛け合わせて、各ボックスに多くの戦略オプションを書き出す。具体的にどのような戦略オプションが考えられたか、左ページのC-SWOT分析マトリックスに例示してあるので、参考にしてみよう。内部要因と外部要因とのかけ合わせという観点から読み込んでみると、法廷戦略オプションの立て方が容易に理解できるはずだ。

山本純子事件において、どの弁護人も、"被害者から暴力を受けたことから、被告人が刺した"という事実を主張するだろう。しかし、C-SWOT分析を使えば、同じ事実であっても、どの角度から切り取り、どの部分を強調するか、あるいは、どのように見せるのか、多種多様な戦略を導き出すことができる。例示した戦略オプション以外の"グッド・アイデア"もあるだろう。ぜひ、あなたもC-SWOT分析にトライしてみよう。

このように多くの戦略オプションを検討し作成しておけば、あなたは精神的な余裕をもって法廷に臨むことができる。もちろん、突発的に不利な状況に陥っても、あなたは難なくリカバリーすることができる。戦略は目の前の現実に柔軟に対応できなければならない。

2-11
法廷戦略ステートメントを作成する

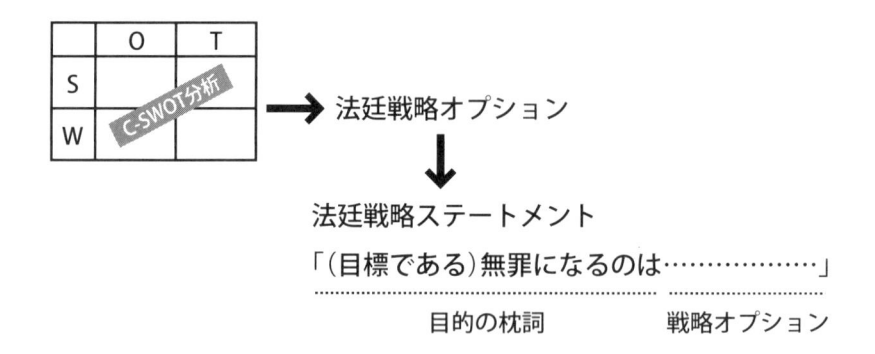

```
    O  T
 S ╲C-SWOT分析  →  法廷戦略オプション
 W ╲              ↓
              法廷戦略ステートメント
              「(目標である)無罪になるのは………」
               ‾‾‾‾‾‾‾‾‾‾‾‾  ‾‾‾‾‾‾‾‾‾‾‾‾
                 目的の枕詞      戦略オプション
```

■ 法廷戦略ステートメント

　C-SWOT分析の手法を用いて4種類の法廷戦略オプションを作成した後、"法廷戦略ステートメント"を記述する。つまり、それぞれ4つのボックスに埋め込んだ戦略オプションを、文章に書き落として明確にするわけだ。

　この際、忘れてはならないのは、あなたが設定した仮目標だ。仮目標と戦略オプションを睨みながら、戦略ステートメントを記述する。具体的には、戦略ステートメントは、たとえば、「(目標である)無罪になるのは……」とか、「(目標である)執行猶予判決を獲得するには、……」などの枕詞から文章を書き始める。そして、法廷戦略ステートメントは、必ず"ワンセンテンス"、つまり1つの文章で表現する。

　もし、枕詞が文章の内容にそぐわないなら、その戦略は目標を達成しない。もし、一文で表現できないなら、その戦略は複雑すぎて裁判官や裁判員には理解されない。目標と戦略オプションの間で行きつ戻りつしながら、戦略ステートメントを書く。

■すべてを収斂させる

あなたが作成した法廷戦略ステートメントは、裁判における弁護人の掲げる事件の"結論"となる。あなたは、その結論を裁判全過程を通して金科玉条のごとく念頭に置き、すべての活動をそれに収斂させる。

たとえば、冒頭陳述の結論は、"正当防衛で無罪である。粗暴な被害者から激しい暴行を受けたため、身を守るために刺したからである。この法廷でそれを証明する"であり、被告人質問においても、被告人や証人とのやりとりを通して、この結論に導く。そして、弁論においても、"この法廷において、粗暴な被害者から激しい暴行を受けたため、身を守るために刺したことを証明した。よって、被告人は正当防衛により無罪である"と、この結論に帰結させる。

つまり、この戦略ステートメントを折に触れて訴求し、裁判員の頭の中にリフレインさせるわけだ。もし、それに成功すれば、あなたは裁判に勝てる。

■法廷戦略ステートメント例

山本純子事件で作成したC-SWOT分析から導き出した戦略オプションを、法廷戦略ステートメントに書き出すと、次のようになる。

法廷戦略	法廷戦略ステートメント
SO活用型戦略	正当防衛で無罪になるのは、粗暴な被害者から激しい暴行を受けたため、身を守るために刺したからだ。
ST対抗型戦略	正当防衛で無罪になるのは、激しい暴行を受けた混乱の中で作成した供述調書よりも、法廷での被告人の供述のほうが信用できるからだ。
WO転化型戦略	正当防衛で無罪になるのは、2回も刺してしまうほどに激しい暴行を受けていたからだ。
WT克服型戦略	正当防衛で無罪になるのは、これまでのだらしない生活を乗り越えようとして、被害者を刺したからだ。

さて、これで4つの法廷戦略ステートメントを作成することができた。この中から最も勝つ確率の高いものを選択する。では、何を基準に選べばいいか、考えてみよう。

2-12
評議の展開を予測する

裁判長の評議進行

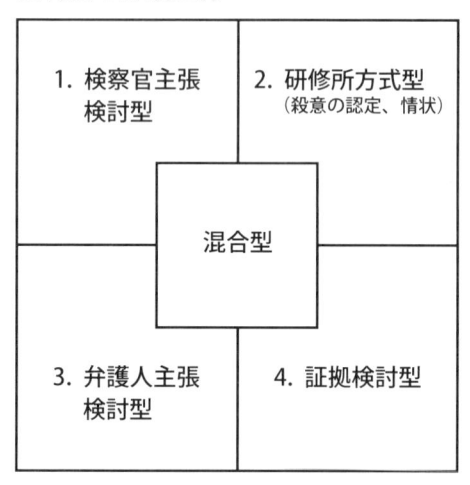

```
┌─────────────────┬─────────────────┐
│ 1. 検察官主張    │ 2. 研修所方式型  │
│    検討型        │ (殺意の認定、情状)│
│         ┌───────┴───────┐         │
│         │    混合型      │         │
│         └───────┬───────┘         │
│ 3. 弁護人主張    │ 4. 証拠検討型    │
│    検討型        │                 │
└─────────────────┴─────────────────┘
```

■**検討すべき3つの項目**

　今、あなたの手元には4つ以上の法廷戦略ステートメントがある。これらすべてのステートメントを法廷で裁判員・裁判官に投げかけるわけにはいかない。そこで、勝てる1つのステートメントを選択し、裁判資源を集中的に投下する。

　そのためには、評議がどのように展開するか予測しなければならない。評議の進行を予測する上で、検討すべきことは3つ。1つ目は、"裁判長の評議進行パターン"、2つ目は、"裁判員の判断構造、そして、3つ目は、"評議のキー・パーソン"。

　裁判長がどのように評議を進行させるか。それを予測しないのは、リスクの高いギャンブルに賭けるようなものだ。多くの論点が飛び交う評議で、先制点を取ればその後の進行を制することができる。なぜか。それは裁判員は先行論点に整合する結論を選ぼうとするからだ。また、当該事件について裁判員は、どのような思考構造で判断するか、だれが評議でリーダーシップをとるか、これらを予測する。

■裁判長の評議進行パターン

　裁判長の評議進行は、次の4つのパターンが考えられる。1つ目は、"検察官主張検討型"、2つ目は、"研修所方式型（殺意の認定、情状）"、3つ目は、"弁護人主張検討型"、そして、4つ目は、"証拠検討型"。ほとんどの事件は、この4つのパターンのいずれか、あるいは、それらを組み合わせた混合型で評議が展開する。この中から裁判長の評議進行パターンを予測する。

　多くの事件では、検察側の立証構造をベースにして、その主張・立証に合理的な疑いがあるかどうか検証する検察官主張検討型が採用される。検察官が立証責任を負っているという原則からすれば当然だ。たとえば、状況証拠型の事件の場合、検察官は主要事実を認定するための間接事実を列挙し、それぞれの間接事実を認定するため証拠の信用性について訴求する。

　その検察官主張を受けて、評議の場で、裁判長は間接事実が認定できるか、間接事実の根拠となる証拠が信用できるか吟味する。そして、合理的な疑いが残らないかどうか検討する。その場合、間接事実を検討していく順序は、検察官の主張した順序を踏襲する。

■検察官の立証構造

　したがって、このパターンになる事件では、まず、検察官の主張する事実と立証構造を把握しなければならない。

　証明予定事実と証拠関係カードを手にすれば、検察官の主張事実と立証構造を知ることができる。もし、よく分からないのであれば、公判前整理手続で求釈明という手段を用いて検察官に尋ねる。ここで注意すべき点は、検察官もまた、主張事実と立証構造を戦略的に考えていることだ。検察官の主張を平面的に捉えるのではなく、それぞれの主張の強弱、記載順序にも注意を払い、検察官がどのように審理を進めようとしているのか、読み取らなければならない。あなたが戦略的であるためには、検察側の戦略も十分に理解している必要がある。

　山本純子事件でも、"被告人が述べているとおりの喧嘩はあったが、正当防衛にはならないし殺意があった"という検察官もいる。他方、"そんな喧嘩はそもそもなかった"と主張する検察官もいる。公判前整理手続で、検察官の主張事実と立証構造を明確にすれば、あなたは、裁判長の評議進行予測が可能となる。

2-13
裁判長の評議進行を予測する

評議の展開予測

■検察官の主張する事実と立証構造に基づく展開	1. 検察官主張検討型	2. 研修所方式型（殺意の認定、情状）	■客観的事実の認識を検討するというパターンで評議が展開
	混合型		
■弁護人が積極的に主張している事実が認定できるかどうか検討する展開	3. 弁護人主張検討型	4. 証拠検討型	■特定の証拠の信用性の検討が評議の中心となる展開

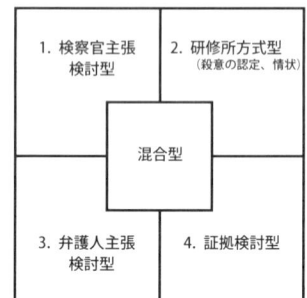

■**研修所方式**

　司法研修所で教えている判断方式（"司法研修所方式型" と呼ぶ）に従って、評議が進んでいく類型の事件もある。

　たとえば、殺意の有無が争点になる事案では、創傷の部位・程度、凶器の形状・使用方法、攻撃態様などの客観的事実を確定する。そのうえで、客観的事実の認識を検討するというパターンで評議が進むことが予測できる。また、正当防衛が問題となる事案であれば、刑法理論に従って、構成要件該当性を検討した後に、正当防衛の各要件が、急迫不正の侵害の有無、防衛されようとした自己または他人の権利は何か、防衛の意思の有無、行為の相当性という順番に検討されていくことになる。

　情状が検討される場合には、当事者が主張する有利な情状事実、不利な事情事実といった量刑要素を網羅的に拾い上げる。そして、それらの事実を認めることができるのか、認めるとすればそれらの要素を量刑にどの程度反映させるか、議論する。

■ **弁護人主張検討型**

　これまで、複数の法廷戦略ステートメントから勝つ確率の高いものを選択するために、評議の進行予測を検察官主張検討型と研修所方式型の２種類を検討した。そして、検討結果に基づいて、裁判長の評議進行パターンを推測してきた。ここでは、さらに異なったパターンについても考えてみよう。

　検察官主張検討型とは逆に、弁護人が積極的に主張している事実が認定できるかどうか検討していく"弁護人主張検討型"もある。たとえば、弁護人が積極的な事実、たとえば、アリバイを主張するようなケースでは、弁護人の主張するアリバイ事実が、証拠によって認められるかどうか検討されていく。また、正当防衛が主張されるような事案では、弁護側が主張する正当防衛状況が存在していたかどうか検討されていく。

　また、弁護側が、被告人に有利に働く状況証拠を主張する場合もある。その場合、多くの弁護人は、単純に並列的に状況証拠を列挙する。しかし、評議の進行を予測しながら、どのような順序で提示するか、綿密に検討する必要がある。何をだけでなく、どのように提示するかも結果を左右する。

■ **証拠検討型**

　では、４つの評議進行パターンの最後、証拠検討型について考えてみよう。それは、特定の証拠の信用性の検討が評議の中心となる類型の事件だ。

　たとえば、直接的な証拠は目撃者供述のみであり、その信用性がもっぱら問題となるようなケースであれば、まさに、その信用性から議論が始まる。また、責任能力が争われているような事件で、結果を異にする複数の精神鑑定が存在しているような場合であれば、どちらの鑑定がより信頼できるかということが議論の中心となる。このように証拠の信用性の検討を軸に評議が進行するパターンもある。

　事件の争点や証拠から、あなたの担当している事件が、どのような評議進行パターンになるのか、あるいは、どのようなパターンの組み合わせになるのか予測しなければならない。そうでなければ、どの法廷戦略ステートメントが最も勝つ確率が高いか、決めることができないはずだ。法廷戦略を立案するプロセスでは、常に選択基準をもって決定しなければならない。なんとなくなどと感覚的であったり、エイヤとばかり精神論で物事を決めてはいけない。

2-14
裁判員の判断構造を予測する

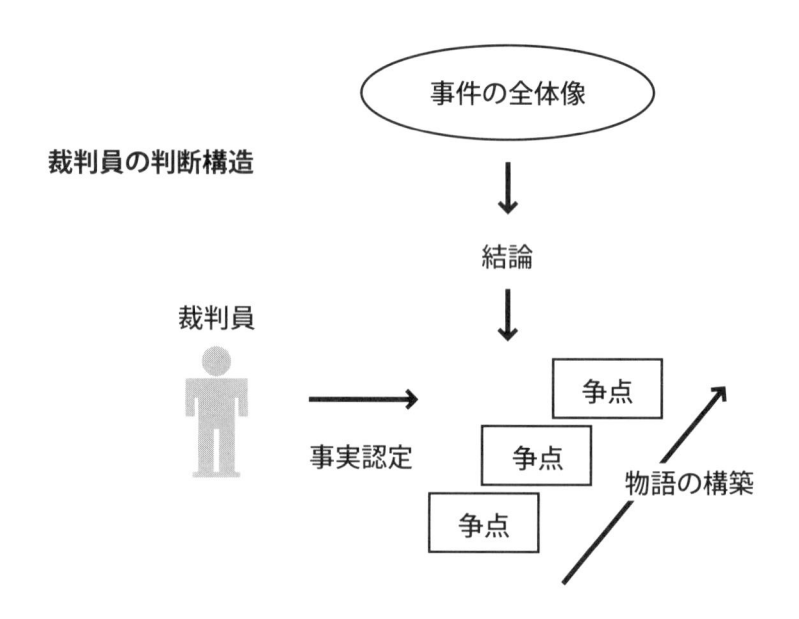

裁判員の判断構造

```
                    事件の全体像
                         ↓
                        結論
                         ↓
   裁判員              ┌────┐
    👤     →          │争点│
          事実認定  ┌──┤    │  ↗
                   │争点│────┘  物語の構築
               ┌──┤    │
               │争点│────┘
               └────┘
```

■裁判員の関心事を予測する

　次に、裁判員がどのような判断構造をもっているか、考えてみよう。裁判員が何に関心をもち、どのような情報を重視し、何を基準に判断するか。

　裁判員は、審理の中で多くのものに触れる。書証・物証、証人、被告人、弁護人、検察官、裁判官、傍聴人、法廷そのものなどだ。事件の性格を丹念に見直し、裁判員は何に関心を示すか自問自答してみよう。物証に関心を示すかもしれない、証人の証言を重視するかも知れない、あるいは、被告人の動機に興味をもつかもしれない。あるいは、凄惨な現場写真や被害者遺族の意見陳述に注意を払うかもしれない。

　あらかじめ、裁判員の関心事を予測しておこう。そして、評議の展開を多角的に精査し、どの法廷戦略ステートメントが最も勝つ確率が高いか検討する。もし、裁判員の関心事をまったく意に介さず法廷に臨むのは、相手がだれだか知らずにデートに誘うようなものだ。

■関心事を予測しない失敗

　たとえば、あなたが山本純子事件で、DVを受けていたという被告人のS（強み）を活かそうと単純に考え、SO活用型戦略を採用し被害者の暴力を中心に訴えかけたとしよう。

　ところが、裁判員は、「捜査段階で自白しているにもかかわらず、なぜ、公判では否認しているのか、どちらが信用できるのか」に関心を示したとする。そうなると、評議でも供述の信用性ばかりが話題になるだろう。そして、どの事実について議論していても、最終的には、「でも、被告人も一度は認めていたのだから、やっぱり……」という結論に帰結してしまう。そうなれば、SO活用型戦略は何の効力も発揮しない。もし、自らの主張のみに拘泥せず、裁判員の関心事をあらかじめ予測していれば、捜査段階の自白というW（弱み）を捉えて、WO対抗型戦略かWT克服型戦略を採用していたはずだ。

　裁判員の関心事を無視すると、戦略の誤りという悲惨な状況に陥る。あなたは、裁判員が審理の中で何に夢中になるのか、予測しなければ、どの戦略が最も効果的か判断できないはずだ。

■裁判員の判断過程

　これまでの裁判では、争点ごとに事実認定をおこない、争点ごとの結論を積み上げて、事件全体の結論を導き出していた。

　しかし、裁判員は逆の思考をする。裁判員は、まず、事件の全体像を決めて結論を出す。そして、その結論に合わせて、１つの物語を構築していく。裁判員は、たとえ争点ごとに議論をしていても、最終的には、自分の中で構築した物語に適合するように、各争点について事実認定をおこなう。よほど決定的な違いでも見つけない限り、裁判員はいったん構築した物語を根本的に修正することはないだろう。あなたは、法廷で裁判員の判断過程とランデブーしなければならない。

　それに、裁判員は被告人に対する人格的評価や保安処分的な観点から、量刑を検討する可能性が高い。ナイフを持って歩いていた被告人が、刑務所から出てきてその辺りをうろうろされたのではたまらない、というのが素直な感情だろう。前科がないこと、被害弁償をしていることは、普通の人なら当たり前だと思う。有利な情状にならないだろう。裁判員は、裁判官、検察官、あるいは、弁護人であるあなたとも異なった感覚で事件を見る。

2-15
評議のキーパーソンを特定する

キーパーソンは誰か？

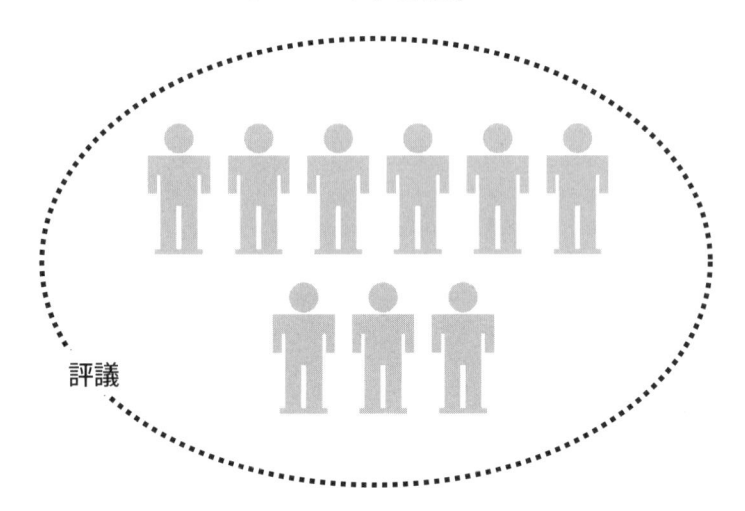

評議

■キーパーソンは誰か

　あなたは、評議のキーパーソンを予測しなければならない。キーパーソンは強いリーダーシップを発揮し、意識的にも無意識的にも他に影響力を行使する。

　では、裁判において、3名の裁判官と6名の裁判員、9名の中の誰がキーパーソンか。評議の"展開"という意味では、原則として評議を整理する裁判長（と裁判官）だ。裁判長は評議を進行する。裁判長は法律専門家であり、裁判が本業だ。裁判長が進行する評議において、裁判員は自らの価値観に基づいて意見を述べる。もちろん、どのように意見を組み立てるかは、裁判員が自らおこなうことだ。議論の進行方法は、最終的な結論に影響を与える。

　初めて裁判所に来て、法廷にいるだけで緊張している裁判員と、日々仕事として裁判に携わっている裁判官が出会い、一緒に議論をする。裁判員にとっては、少なくとも、その議論の進行方法に異議を唱えることは不可能に近い。

■対等な議論は難しい

　裁判で被告人を裁くチームは、法律知識のない一般市民と裁判のプロである裁判官が、まったく異質で圧倒的な力の差がある関係で構成される集合体だ。あなたは、そのような集合体における議論とその結果を、現行の裁判員制度においては、素直に受け入れなければならない。

　きっと、裁判官は自分の判断が正義であると確信し、プライドをかけて自分の正義と反する結論に強く抵抗するだろう。それに、不安を抱えた裁判員は、裁判官を頼りにしても不思議はない。もし、議論の得意な裁判員がいて、裁判官に強硬に反対意見を述べたとする。たとえ反対する裁判員が1人いたとしても、結論が変わることは極めて希だろう。6人の裁判員のうち2人が裁判官と同意見なら、他の4人が裁判官の意見に反対しても、5対4で決定する。最終的に評決は多数決だ。

　あなたは、それでは市民の司法参加の理念に反する、と怒りを顕わにするかもしれない。しかし、現実を直視して、裁判長、裁判官がどのように評議をリードしていくか、見極めることだ。現状をふまえて法廷戦略を立てなければ、あなたの理想的な戦略は画に描いた餅になる。

■裁判員がキーパーソンの場合

　現実的には、好むと好まざるに関わらず、裁判長、裁判官が評議のキーパーソンになるだろう。しかし、量刑が評議の中心となる事案では、裁判員がキーパーソンとなることもある。

　これまで、全国で実施された裁判員模擬裁判において、事実認定では裁判官が評議をリードしようとする傾向が見られた。しかし、量刑に関しては、その傾向はあまり見られない。実際の裁判でも、これまでの判例とかけ離れた量刑になりそうであれば、裁判長、裁判官は評議をコントロールしようとする可能性がある。しかし、よほど極端な量刑でない限り、多数派の裁判員が議論の主導権を握ることが十分にありうる。

　このように量刑のみが問題となるような事案では、裁判員の意見も重要な要素として考慮することが必要だ。そこで、あなたは、裁判員がどのように量刑を判断するのか、どのような量刑要素を重視するのか、どのような量刑資料がいつ示されるのか、注意を払わなければならない。もし、あなたが被告人の強みと弱みのみに目を奪われて、外部要因である裁判員を無視すれば、きっと、あなたは後悔する。

2-16
法廷戦略ステートメントを選択する

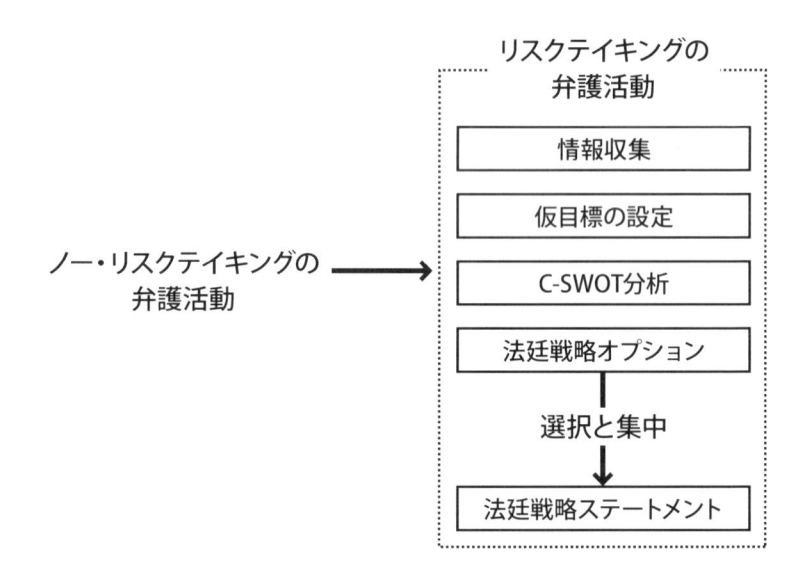

```
                            ┌─────────────────────────┐
                            │    リスクテイキングの    │
                            │       弁護活動          │
                            │   ┌─────────────────┐   │
                            │   │    情報収集     │   │
                            │   └─────────────────┘   │
                            │   ┌─────────────────┐   │
                            │   │  仮目標の設定   │   │
                            │   └─────────────────┘   │
  ノー・リスクテイキングの  │   ┌─────────────────┐   │
      弁護活動         ────→│   │   C-SWOT分析    │   │
                            │   └─────────────────┘   │
                            │   ┌─────────────────┐   │
                            │   │法廷戦略オプション│   │
                            │   └─────────────────┘   │
                            │       選択と集中        │
                            │           ↓             │
                            │ ┌───────────────────┐   │
                            │ │法廷戦略ステートメント│  │
                            │ └───────────────────┘   │
                            └─────────────────────────┘
```

■**ノーリスクの弁護活動**

　評議の展開を予測した後、次に、あらかじめ作成した4種類の法廷戦略ステートメントをテーブルの上に並べる。そして、最も勝つ確率の高いものを選択する。

　戦略とは、そもそも"選択と集中"という意味だ。選択とは、複数の法廷戦略ステートメントから1つを選ぶこと。もし、あれもこれもと欲張ったり、あるいは、途中で浮気をしたりすると、それはもうすでに戦略ではない。これまで、多くの弁護人は法廷ですべてを語ろうとしてきた。すべてを投げかけ、どれかに引っかかれば良しとした。裁判官は、投げかけられたすべてを精査し取捨選択し、そして、決定した。いわば、弁護人はノーリスクで弁護活動をしてきたわけだ。

　しかしながら、裁判員裁判において、すべてを投げかけると、すべてを失う。選択し集中するリスクは、弁護人が負わなければならない。リスクを取れば、リターンが取れる、つまり、裁判の勝利を獲得できるわけだ。

■選択の基準

　では、戦略の基本に沿って、どのように法廷戦略ステートメントを選択すべきか、考えてみよう。法廷戦略ステートメントは1種類だけ選ぶ。戦略は選択の集中だから、焦点を分散してはいけない。

　選択するためには、獲得すべき目標を念頭に置きながら、あなたの話の聴き手であり、事実認定者である裁判員・裁判官による意思決定の過程、すなわち、評議の展開を検討する。評議が、どのように進んでいくのかを見据えることなく、法廷戦略ステートメントを決定することはできない。たとえば、あなたの担当している事件は、多くの間接事実を順番に検討したうえで、主要事実を認定する評議になるかもしれない。あるいは、殺意（故意）について議論し、その後、正当防衛（違法性阻却事由）の議論をするかもしれないし、そうではないかもしれない。

　あるいは、いきなり、裁判長が「結論はどうですか？」と裁判員に尋ねたうえで、自由に発言させる評議の進め方もある。あなたは、評議の展開を予測して、勝てる法廷戦略ステートメントを選択する。

■評議の展開を無視した失敗

　ある模擬裁判における検察側の失敗例をあげよう。これは評議の展開を予測しなかったことが原因で起こった失敗例だ。事案は、情状のみが争いとなった殺人事件であった。

　被害者の意見陳述があり、それを受けて検察官は論告の人部分において、被害者の遺族感情を切々と裁判員に訴えかけた。これに対して、弁護人は弁論において数多くの情状要素を列挙して主張した。さて、評議で裁判長は、「さて、この事件で被告人に有利な情状、不利な情状としては、どのようなものが考えられますか。みなさん、挙げていってください」と切り出した。この時点で、弁護側の勝利は決まったも同然だ。

　このような評議の進め方では、被害者遺族の感情は、多くの量刑要素の中に埋もれる運命となった。検察官の論告は、法廷では素晴らしかったが、評議では何の効果も発揮しなかった。どんなパフォーマンスも、評議の展開からズレていれば目標は達成しない。それは、戦略的プレゼンテーションではない。あなたも同じ轍を踏まないようにしよう。

2-17
裁判員の判断構造と関心事を知る

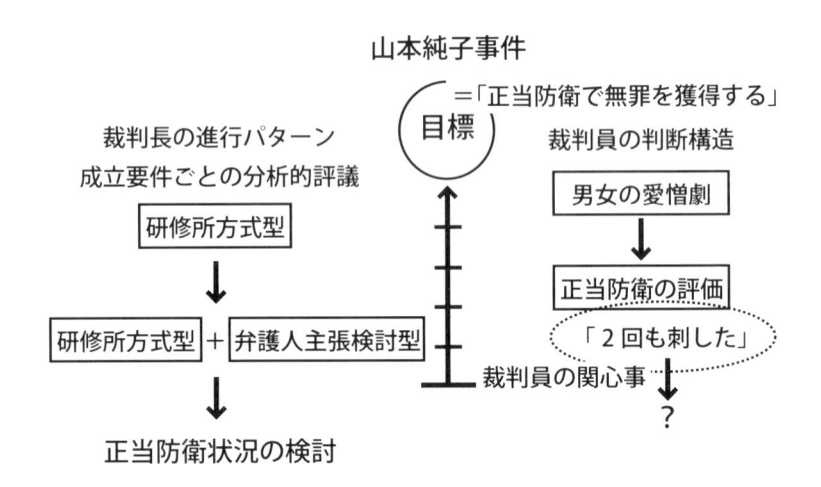

```
                          山本純子事件
                           ╱‾‾‾╲ =「正当防衛で無罪を獲得する」
         裁判長の進行パターン   │目標│
         成立要件ごとの分析的評議 ╲___╱  裁判員の判断構造
           ┌──────────┐    ↑      ┌──────────┐
           │ 研修所方式型 │    │      │ 男女の愛憎劇 │
           └──────────┘    │      └──────────┘
                 ↓          │            ↓
    ┌──────────┐ ┌──────────┐ │      ┌──────────┐
    │ 研修所方式型 │+│弁護人主張検討型│ │      │ 正当防衛の評価 │
    └──────────┘ └──────────┘ │      └──────────┘
                 ↓          │      ┌ - - - - - - - ┐
                            │      ¦「2回も刺した」 ¦
         正当防衛状況の検討    │      └ - - - - - - - ┘
                            ↑           ↓
                        裁判員の関心事    ?
```

■裁判長の進行予測

　さて、これまで法廷戦略ステートメントを選択し決定するための考え方を学んだ。設定した目標を念頭に置きながら、評議の展開を予測し、勝つ確率の高い戦略ステートメントを選択する。では、この考え方を"山本純子事件"に適用してみよう。

　山本純子事件では、"正当防衛で無罪"が、あなたの獲得すべき目標だ。この場合、審理でも評議でも、正当防衛の成否が問題となる。評議では、前述の4つの裁判長の評議進行パターンのうち、基本的には"研修所方式型"をとる可能性が高い。つまり、弁護人は殺意を争わないというものの、一応は、殺人罪の実行行為性、殺意の有無を検討し、証拠上も認定できることを確認する。

　そして、次に、正当防衛の成否の検討に進み、成立要件を順番に検討する。ここからは、評議の進行は"弁護人主張検討型"と組み合わされながら、弁護人の主張する正当防衛状況が検討される進行になるだろう。

■正当防衛の検討順序

　正当防衛の成立要件の検討順序は、まず、被害者による暴行行為について判断する。そして、暴行行為が認定できれば、それが急迫不正の侵害といえるのかどうかを検討する。

　次に、被告人に防衛意思があったのかどうかを認定する。さらに、被告人の行為がやむをえないものであったのか、相当といえるのか、検討される。正当防衛の成立要件として、最初に議論される被害者による暴行行為については、検察官は正当防衛になるほどの事実はなかったという主張だから、被害者による暴行事実の存在とその態様、程度、回数等を弁護側が主張する。そして、その主張する事実が認められるか否かについて議論される。

　そのうえで、その暴行行為が急迫不正の侵害と言えるかどうかを評価し、被告人の防衛意思、被告人の行為と被害者の行為との比較がなされることになるだろう。正当防衛は、成立要件ごとに、一つ一つその要件を認めることができるのか、検討されていくわけだ。山本純子事件の評議についても、このようなプロセスで進行することになるだろう。

■裁判員の判断構造

　このような成立要件ごとの分析的評議になったとき、裁判員は、このプロセスで考えることを受容できるだろうか。

　ひょっとすると、裁判員は、この事件を単なる男女の愛憎劇として捉えるかもしれない。そうなると、裁判員は、正当防衛の判断については、裁判官が教える成立要件ごとの分析的な検討になじむことができないかもしれない。その代わりに、被告人と被害者の行為を全体的に捉えて、正当防衛と評価すべきかどうか考える。そして、自ら結論を決めたうえで、それに適合するように各成立要件を認定していく可能性がある。

　では、裁判員は事件中の何に最も注意を払うだろうか。裁判員は、自分の中で物語を作り頭の中で映像を思い浮かべる。そこで、正当防衛と判断すると、それと矛盾する場面が出てくることに気づく。2回も刺してしまっている点だ。正当防衛だと言っているのに、どうして2回も刺す必要があったのか。とどめを刺そうとしたのではないか、と疑問をもつ。裁判員は被告人が"2回も刺した"ことに強い関心を示すと予測できる。

2-18
山本純子事件WO転化型戦略ステートメント

C-SWOT分析

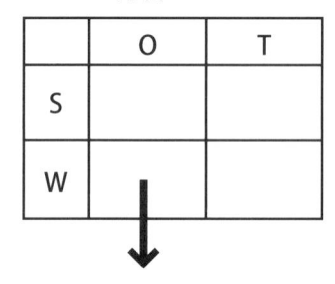

	O	T
S		
W		

↓

WO転化型戦略ステートメント

"正当防衛で無罪になるのは、2回も深く刺して
しまうほどに激しい暴行を受けていたからだ"

■裁判員と裁判官とのずれ

　正当防衛の成否という事実認定と法的評価が問題となる本件では、裁判長と裁判官が評議をリードすると予測できる。

　もっとも、裁判長がいくら正当防衛の要件を説明しても、裁判員は分析的検討を受け入れない可能性が高い。なぜなら、裁判員にとっては、男女間のもつれ、愛憎劇というイメージしやすいところから結論を決めてしまうからだ。裁判員は、評議が始まるときには、被告人と被害者の男女関係に一定のイメージができあがり、事件を理解してしまっている。それなのに、細かな成立要件ごとの議論を積み上げるというのは、およそ理解しがたい作業になるだろう。ひょっとすると、裁判員によって、評議は退屈なものになってしまうかもしれない。

　こうした裁判員の判断過程からすれば、裁判長が評議のキーパーソンにはなるだろうが、裁判長の意図と、裁判員のイメージがずれた場合には、そのリードもかなり困難だと容易に予測できる。

■評議の進行予測

　このような考え方に基づいて、山本純子事件の評議の展開を予測する。裁判長が評議をリードすることからすれば、正当防衛の成立要件が順番に検討されていくことになる。そして、被害者による暴行については、被告人のケガの診断書もあり、おそらく認定されるだろう。

　ここから先の議論は、被害者の暴行が急迫不正の侵害といえるかどうか話し合いが始まり、正当防衛の成立要件の検討に進む。この段階では、裁判員は、全体として正当防衛かどうか内心で結論を出したうえで、各成立要件を議論し始める。そうすると、裁判員は、被害者による暴行と被告人の攻撃態様を比較し、結論を出そうとする。ここで、おそらく、裁判員は、被告人が2回も刺したという事実に引っかかって、正当防衛にならないという結論を出す可能性が高い。これでは、あなたの努力も海の藻くずとなってしまう。

　2回も身体の枢要部を刺したというW（弱み）は、裁判員以上に、裁判官に正当防衛への抵抗感をもたせる。つまり、2回も刺したというW（弱み）は、正当防衛の成否の判断に与える影響は極めて大きいわけだ。

■弁護人の選択

　被告人が2回も刺したというW（弱み）のインパクトが大きいとすれば、W（弱み）への対応が必須である。そこで、あなたは、このW（弱み）を逆に利用することを考えることだ。

　なぜ、2回も刺してしまったのか、"殺意"以外の納得できる理由を検討する。ここで、"DVが社会問題化しており、女性に対する暴力には厳しい視線が浴びせられる"というO（機会）を利用する。"2回も刺さなければ逃げられないと感じるほどの激しい暴行を、被害者から受けていたからだ"というストーリーを描き、裁判員への説得を試みる。

　そして、被害者からの暴行が、それほど激しいものだということになれば、過剰防衛ではなく、正当防衛を狙うこともできる。このようにして、WO転化型戦略ステートメント、"正当防衛で無罪になるのは、2回も深く刺してしまうぐらい激しい暴行を受けていたからだ"を選択する。このように、裁判員の判断構造を考えながら、評議の展開を予測する。そして、この思考の中から最も勝つ確率の高い戦略を選ぶことだ。

2-19
山本純子事件WT克服型戦略ステートメント

C-SWOT分析

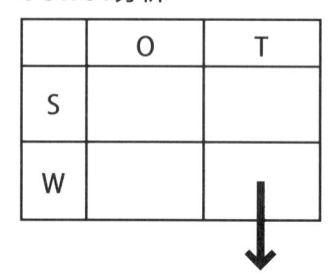

	O	T
S		
W		

↓

WT克服型戦略ステートメント

"正当防衛で無罪になるのは、これまでのだらしない生活を乗り越えようとして被害者を刺したからだ"

■勘と経験によるミスチョイス

　こうした分析的な選択をしなければ、多くの弁護人は直感的にSO活用型戦略ステートメントを選択したくなる。

　"正当防衛で無罪である理由は、粗暴な被害者から激しい暴行を受けたため、身を守るために刺したからだ"というSO活用型戦略ステートメントは、確かに素直であるし飛びつきたくなる。しかし、この戦略ステートメントに従って議論すると、裁判員は「いくらDV被害にあったからといって、殺さなくてもよかったのではないか」と、DV被害を日常的に受けていた被告人の心情に共感できないかもしれない。それに、S（強み）やO（機会）の解釈が大きく振れてしまう可能性もある。そして、結局は、裁判長が、被告人の行為の客観的態様を捉えて、身体の枢要部を2回も刺すのは正当防衛の限度を超えていると、決着させてしまいかねない。

　勘と経験だけで戦略ステートメントを選択してしまうと、こんなミスチョイスをしてしまう危険性がある。

■ 他の選択肢

　また、W（弱み）とT（脅威）が交差する戦略オプションは、普通ならば撤退すべき戦略だろう。きっと、あなたは、あまりにも不利な状況であり、検討に値しないと思うかもしれない。

　しかし、裁判員が、被告人と被害者の愛憎劇として事件を理解しようとするなら、WT克服型戦略ステートメント、"正当防衛で無罪になるのは、これまでのだらしない生活を乗り越えようとして被害者を刺したからだ"を選択することもありえるだろう。しかし、今回は、評議のキーパーソンは裁判長であり、成立要件ごとに検討する方法で評議が進んでいくと予測すると、このWT克服型戦略ステートメントは採用し難い。しかし、このWT克服型戦略は、一発逆転の可能性を秘めている。あなたが危機的な状況に陥ったとき、救世主になるかもしれない。

　あなたは、1つの法廷戦略ステートメントを選択すると、他を捨てざるをえない。しかし、それは決して無駄ではない。審理が進む中で様々な事態が起こりうる。新たな証人が見つかる、証拠の中に見落としていた事実が見つかるなど。そうした変化に対応するために、ボツになった戦略ステートメントをカバンの中にしまっておくことだ。それは、あなたの保険になる。

■ 法廷戦略の神髄

　このようにして、あなたは評議の展開を予測して、複数の法廷戦略ステートメントから、勝つ可能性の高いものを選択する。これが法廷戦略の神髄だ。

　もし、あなたが勘と経験に頼って、いわゆるケース・セオリーを導き出していたなら、このような幅広い思考回路をもつことができただろうか。もし、あなたがひらめきに頼って見つけ出したケース・セオリーに飛びついて、裁判員の前で冒頭陳述を始めるなら、「こんなはずでは……」と、きっと後悔する。直感的に1つのケース・セオリーだけを導き出し、それにすがることはギャンブルのようなものだ。あなたは、運を天に任せるような弁護活動で、被告人の権利を守ることができるだろうか。何事もそうだが、最も稚拙な方法は、1つのやり方を見つけ出し、そのやり方で突っ走ることだ。

　あなたは、どこかの国のかつての軍隊の轍を踏んではいけない。ありとあらゆる可能性を抽出し、その可能性を評価し、最適なものを選択する。戦略的に思考すれば、あなたは有能な弁護士と評されるだろう。

2-20
評議をコントロールする

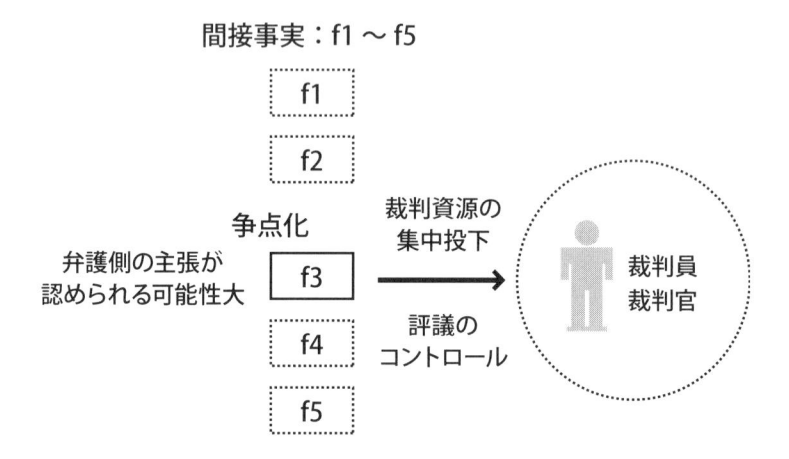

間接事実：f1 〜 f5

```
        [ f1 ]
        [ f2 ]
         争点化      裁判資源の
  弁護側の主張が      集中投下
  認められる可能性大  [ f3 ]  ────→  (裁判員
                    評議の           裁判官)
                  コントロール
        [ f4 ]
        [ f5 ]
```

■ 弁護人による評議のコントロール

　ここまで、評議がどのように展開されるか、いくつかのパターンに分けて考えてきた。そして、それが所与のものであるとの前提で、法廷戦略ステートメントを選択した。

　しかし、弁護側がより積極的に評議をコントロールすることも検討に値する。争点を設定することは、弁護人の特権だ。さらに、その争点判断のために必要な事実は何か、重要な証人・証言は何かについても、弁護側で規定することを狙わなければならない。弁護側にとって、目標達成に向かって何が確実にアドバンテージになるか、これを入念に検討すべきだ。そして、そのアドバンテージが審理における核心部分であると裁判官・裁判員に感じさせること。

　つまり、あなたの意図する場所に土俵を作り、その土俵上で議論をさせるわけだ。もし、それが実現すれば、あなたは評議室にいなくても、評議の主宰者として、その場を支配することができる。

■状況証拠型事件

　ここで、間接事実で主要事実から認定する状況証拠型の事件を考えてみよう。f1、f2、f3、f4、f5の5つの間接事実があり、いずれも争いがあるとする。裁判官と裁判員は、この5つの間接事実についてそれぞれ事実認定し、その結果を総合的に考慮して、主要事実が認定できるかどうか判断する。あなたは、評議の展開をそのように予測したとしよう。

　そして、5つの間接事実のうち、あなたは、f3の事実については確実に弁護側の主張が認められるだろうが、他の事実についてはどうなるかわからないと予測した。このような場合、5つの間接事実を対等な争点として議論するとどうなるか。もし、5つの間接事実のうち4つについて、検察側の主張が認められてしまうと、間接事実の8割が有罪の方向を示していることになる。これでは、あなたの主張は認められない可能性が大だ。

　あるいは、この5つの間接事実に対するウェイトの置き方を、裁判官や裁判員に委ねてしまうと、せっかく認められたf3事実が軽く扱われる。これでは、有利な要素をもっていても、全体として不利な状況に陥ってしまう。

■勝つためのコントロール

　では、どうすればいいか。それは、裁判員にf3事実のみが争点であり、これだけを判断すれば主要事実を判断することができる、つまり、裁判の結論が決まると考えさせることだ。

　そのためには、f3以外の事実については、あえて争点化しない。もし、それではリスクが大きすぎると考えるなら、審理に占めるf3事実に関わる証拠調べに時間を費やして、攻防のスポットライトをf3事実に当てることだ。弁護側冒頭陳述でも弁論でも、f3事実こそが、この裁判で核心的な争点であり、裁判員として判断すべき中心的事実であると語ることだ。

　審理の間中、裁判員にf3事実について悩ませれば、評議にににおいても、f3事実についての議論ばかりが盛り上がるだろう。そして、f3事実さえ認められれば、あとの間接事実は、たとえ検察側に有利な事実が認められたとしても、裁判員は、些細な問題にすぎないとか、別の解釈も可能だなどと、何らかの理由をつけて横に押しやってくれるだろう。弁護人であるあなたは、弁護活動の最終結果を手放しで評議の議論に委ねてはいけない。積極的にコントロールするぐらいの気概が必要だ。

2-21
Wの原則：検察官の戦略を予測する

	O	T
S		
W		

検察側のC-SWOT分析

VS

	O	T
S		
W		

弁護側のC-SWOT分析

■**検察官の戦略**

　あなたは、法廷戦略ステートメントを選択するために、あらかじめ検察官の立証構造を把握すべきだと考えているはずだ。ここでは、検察官の戦略について考えてみよう。あなたは、検察官の戦略に勝たなければならない。

　検察官は、たとえば、2度も身体の枢要部を刺しているという強い攻撃態様を強調してくるかもしれないし、被害者遺族の処罰感情を強調するかもしれない。あるいは、被告人が被害者から金をもらって生活していた愛人で、賭博にも手を出していたという悪性格を強調するかもしれない。こうした検察官の戦略に対して、あなたはどのように対応すべきだろうか。2つの選択肢がある。1つ目は、検察官の戦略に真正面から対峙し、弁護人の戦略をぶつける方法。2つ目は、真正面で対峙することを避け、変則的な戦略をぶつける方法。

　あなたは、戦略ステートメントを選択する段階で、いずれの方法を採用するか決める。その際、検察官はどのような戦略を立てるか予測しておく必要がある。

■**検察官の戦略に対抗する**

ここでは、C-SWOT分析を使いながら検察官の戦略を予測してみよう。検察側の戦略を予測できるかどうかは、情報収集の段階で、どれだけ検察側を分析しているかにかかっている。

公判前整理手続で、証明予定事実を十分に検討し、徹底的に求釈明を活用する。得られた情報を分析して、検察官が当該事案で何を訴求しようとしているか予測する。もし、検察官が戦略的であれば、自らのSO活用型戦略を組み立てるだろう。検察側のS（強み）は、裏を返せば弁護側のW（弱み）であり、検察側のO（機会）は弁護側のT（脅威）である。もし、検察側の戦略に真正面からぶつかりたければ、あなたは、WT克服型戦略を採用する。

あるいは、検察側が弁護側のW（弱み）を強く訴求することが予想されるなら、WO転化型戦略を、検察側が弁護側のT（脅威）に訴えるのであれば、ST対抗型戦略を採用する。この場合、弁護側のW（弱み）やT（脅威）が、さほど重要でないことを裁判員に合意させることが大切だ。法廷では、検察官の戦略と弁護人の戦略がバトルする。あなたは、検察官の戦略の上をいかなければならない。

■**検察官の戦略に対抗しない**

あなたは、逆に、検察官が訴求しようとする事実に、正面から対抗したくないと考えているとしよう。もし、そうなら、検察側のSO活用型戦略に対しては、検察側のS（強み）＝弁護側のW（弱み）を組み入れた戦略を採用しないことだ。

では、どうするべきか。それは、検察側が弁護側のW（弱み）を訴求しても、あえてそれに対抗せずに、弁護側としてはSO活用型戦略、あるいは、ST対抗型戦略を採用するわけだ。そうすると検察側は弁護側のW（弱み）を訴求し、弁護側は弁護側のS（強み）を訴求することとなる。つまり、検察官の主張と、弁護側の主張は噛み合わないことになる。

この場合には、弁護側が訴求しているS（強み）こそが、この裁判の結論を決めるために重要な事実であるということを、裁判員に合意してもらうことが重要となる。ここに裁判資源を集中的に投下することだ。つまり、戦略を実行するプレゼンテーションの力が問われるわけだ。そうすれば、あなたは高い確率で裁判に勝てる。あなたが、いくら検察官に勝てる戦略を立てても、それが机上の空論であれば、裁判に負けてしまう。

2-22
Wの原則：弁護側のW（弱み）とS（強み）

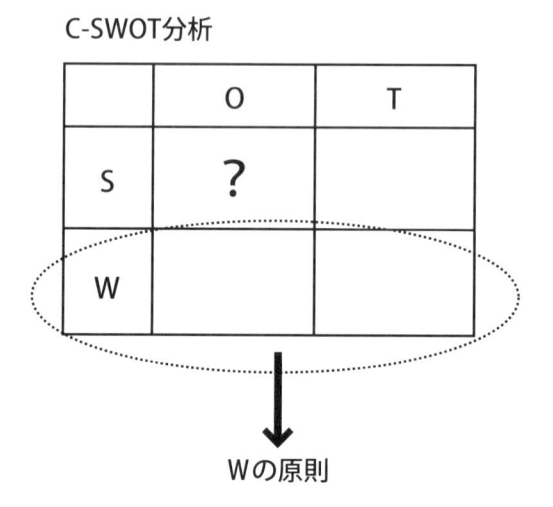

C-SWOT分析

	O	T
S	?	
W		

↓
Wの原則

■弁護側にS（強み）はあるか

　では、検察官の戦略に真正面からぶつかるべきか、それとも、異なった観点からぶつかるべきか。悩ましい問題だ。

　あなたが、これまで経験した刑事裁判を思い返してみてほしい。それらの事件には、どんなS（強み）があっただろうか。もちろん、いくつものS（強み）があったはずだが、果たしてそれらは、勝利に向かう戦略の強力なエンジンとなるS（強み）だっただろうか。刑事裁判で、あなたの戦略の推進力となるほどのS（強み）に巡り会うことは、むしろ極めて稀なことだ。刑事裁判では、原則として、S（強み）を捉えたSO活用型やST対抗型の戦略ステートメントは実効に乏しい。W（弱み）を捉えたWO転化型、あるいは、WT克服型の戦略ステートメントを選択することが多くなるだろう。きっと、その方が賢明だ。

　検察側は、多くの場合、弁護側のW（弱み）を攻撃して来るであろうから、あなたの戦略は、検察側の戦略と正面から向き合うことになるだろう。

■山本純子事件のS（強み）

では、具体的な事例で考えてみよう。例示した山本純子事件のC-SWOT分析マトリックス（54ページ）をもう一度見てもらいたい。それを参照しながら、Wの原則を学んでみよう。

S（強み）として分類されている内部要因は、事件記録の中から拾い上げられた被告人に有利な要素だ。しかし、それらは本当にS（強み）といえるだろうか。極めて弱いS（強み）にすぎない。たとえば、"事件以前からDV被害を受けていた"という事実は確かに強みだ。しかし、この強みには、"DVを受けていたからといって、相手を殺すことはない"、"被害者のDVから逃げればよかったのに"、"生活のための金をもらっていたのだから、少しぐらい我慢すべきだ"などと、裁判員の一般的な感覚から言えば、いくらでも反論することができる。反論されるようなS（強み）であれば、弁護士生命を賭けるものではない。

あなたが、この"事件以前からDV被害を受けていた"というS（強み）は、あなたの戦略エンジンにはなりえないだろう。そして、S（強み）に分類されている他の情報も、同じようなものでしかない。

■弁護側のS（強み）を訴求する

基本的には、Wの原則に基づいて、W（弱み）に対処する。しかし、それに対処できない事案の場合、他の戦略ステートメントを選択する。あなたはすでに複数の戦略オプションをもっているから心配はいらない。

たとえば、被害者遺族の感情がとても厳しいというW（弱み）があり、そのW（弱み）にどうしても対処できないような事案であれば、正面からW（弱み）に対処することはしない。被害者遺族の感情にいくら反論を加えたところで、余計に遺族感情にスポットライトを当てることになるからだ。そこで、"被告人にとって有利に斟酌すべき情状事実がいくつもある"というS（強み）を活かした戦略オプションを選択する。それにより、議論の複線化を図り、"情状事実として考えるべき点は多数あり、被害者感情はその1つの要素にすぎない"と、裁判員の考えを、あなたの意図した方向へ導くほうが賢明だ。

このように、W（弱み）への対処が極めて困難な事案では、例外的に、S（強み）を取り入れた戦略ステートメントを選択する。もし、あなたが事件から短絡的なケースセオリーを導き出していれば、きっとお手上げ状態になっているだろう。

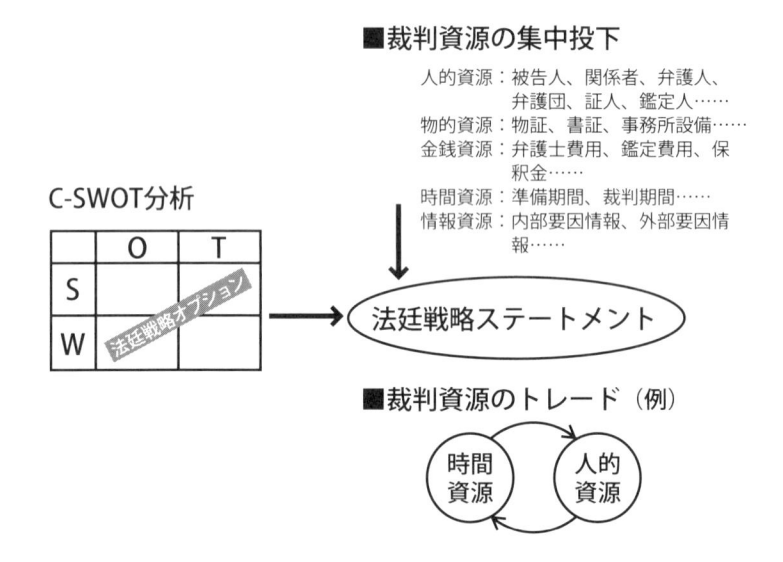

2-23
裁判資源を集中的に投下する

■裁判資源の集中投下

人的資源：被告人、関係者、弁護人、弁護団、証人、鑑定人……
物的資源：物証、書証、事務所設備……
金銭資源：弁護士費用、鑑定費用、保釈金……
時間資源：準備期間、裁判期間……
情報資源：内部要因情報、外部要因情報……

C-SWOT分析

	O	T
S		
W		

法廷戦略オプション → 法廷戦略ステートメント

■裁判資源のトレード（例）

時間資源 ⇄ 人的資源

■裁判資源

　最も勝つ確率の高い法廷戦略ステートメントを選択した後、それに向けて裁判資源を集中的に投下する。

　あなたが有している裁判資源とは、被告人、関係者、弁護人、弁護団、鑑定人などの"人的資源"、物証、書証、事務所設備などの"物的資源"、弁護士費用、鑑定費用、保釈金などの"金銭資源"、準備期間、裁判期間などの"時間資源"、さらに、これまで情報収集活動で入手した"情報資源"という意味だ。まず、あなたは、これらの資源を最大限に確保することを考える。裁判資源の中でも、弁護人の人数は非常に大きな要素だ。あなたが国選弁護人なら、受任後すぐに、弁護人の複数選任の申立てを忘れないこと。時間資源も重要だ。公判期日が決まったら、公判準備のために、十分な時間を確保する。

　あなたが満足できる弁護活動をおこなうには、必要十分な裁判資源を確保することだ。圧倒的な裁判資源で裁判を勝利に導く"位攻め"という作戦もある。

■裁判資源の集中投下

　あなたが必要十分な裁判資源を確保したら、その裁判資源は選択した戦略ステートメントに、集中的に投下しなければならない。戦略は、"選択と集中"だ。間違っても、他の戦略ステートメントに浮気をして、貴重な判断資源を割いてはならない。勝てる裁判も勝てなくなってしまう。

　あなたが有している資源は限られている。あれもこれもと投下していたのでは、自ら死地に赴くようなものだ。資源を分散すればするほど、局地戦での戦力が低下する。歴史上の多くの戦いが、それを証明している。たとえば、あなたが裁判の準備に割り当てた時間資源が、延べ24時間あるとしよう。その時間を8時間ずつ3つの戦略ステートメントに割り振ると、どの戦略も準備不足になる。薄っぺらな戦略を数多く用意しても、それらは戦力にはならない。

　あなたは、きっと「1つを選択するのは危険ではないか」と疑問をもつかもしれない。しかし、心配はいらない。法廷戦略の考え方には、リスクをマネジメントし適切な対応策を実行するためのシナリオ・プランニングという考え方がある。第3章で詳説しよう。

■裁判資源のトレード

　法廷戦略ステートメントを選択する段階で、「国選弁護人1人では、この戦略は無理だろう」とか、「準備の時間がないから、この戦略は採用できない」など、いきなりネガティブな思考をすることがある。多くの人は、物事を悲観的に考え、大事なものを取り逃がしてしまう。

　しかし、このように否定的に考えると、勝てる裁判も負けてしまうだろう。戦略ステートメントを選択する段階では、裁判資源の不足を考慮しないことだ。資源は他の資源でトレードできるからだ。たとえば、弁護人の人数が不足しているなら、準備の時間を確保する。逆に、準備の時間が不足しているなら、裁判所に弁護人の追加選任を求める。これは、人的資源と時間資源をトレードする例だ。また、情報が不足していれば、情報を買うという方法もある。つまり、情報資源と金銭資源をトレードするわけだ。

　しかし、決定的に裁判に必要な資源が不足している場合は、プロセスを逆に戻して、再度、C-SWOT分析や目標設定に戻って、検討し直せばいい。法廷戦略は常に千変万化、柔軟でなければならない。

2-24
プレゼンテーションの戦略を立てる

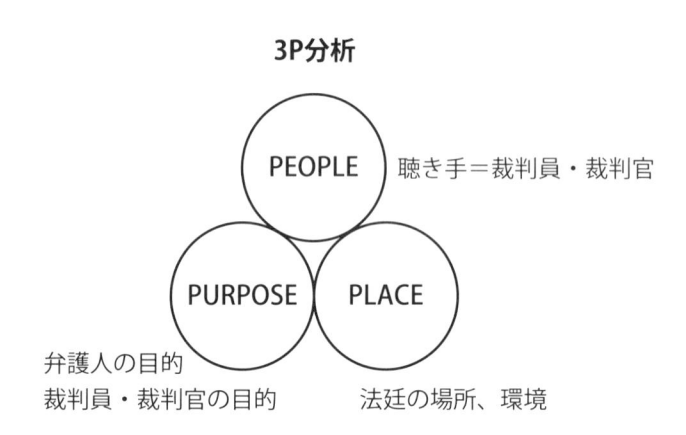

3P分析

- PEOPLE　聴き手＝裁判員・裁判官
- PURPOSE　弁護人の目的／裁判員・裁判官の目的
- PLACE　法廷の場所、環境

■3P分析

　あなたは、これまでに、情報収集、目標設定、C-SWOT分析、法廷戦略オプションの作成、法廷戦略ステートメントの作成、評議の展開予測、法廷戦略ステートメントの選択をおこない、裁判資源を集中的に投下することに決めた。

　いよいよ、あなたは法廷に立ち、法廷戦略ステートメントに基づいて、冒頭陳述、尋問、弁論のプレゼンテーションをおこなう。たとえ必勝の戦略を立てたとしても、冒頭陳述であなたの主張が裁判員に理解されなければ、あるいは、弁論で裁判員を説得できなければ、あなたの戦略は無用の長物だ。あなたのプレゼンテーションは戦略的でなければならない。戦略的であるためには、あらかじめ"3P分析"をおこなうことだ。

　"3P"とは、"People（聴き手）"、"Purpose（目的と目標）"、"Place（場所と環境）"だ。この3つのPを分析すれば、あなたは、冒頭陳述で何を話せばいいか、弁論でどのように語れば裁判員を説得できるか、自ずとわかる。

■聴き手分析（People）

　最初のP、聴き手分析について考えてみよう。ここで言う聴き手とは裁判員と裁判官だ。事実認定者である裁判員・裁判官を知らずして冒頭陳述を始めるのは、見知らぬ人に結婚を申し込むようなものだ。一生を棒に振ってしまうかもしれない。何はともあれ、裁判員・裁判官を分析しておこう。

　一般的傾向として、年齢の高い人は保守的で現実的だ。逆に年齢の低い人は革新的で理想主義者だ。社会的立場の高い人は見識ある意見に賛同し、低い人は情緒的な意見に影響されやすい。組織に属している人と自営業を営んでいる人では、価値観や行動様式は異なる。もし、あなたが保守的な価値観をもった裁判員に、斬新な考え方を述べても受け入れられる可能性は低い。逆に、理想主義で正義感の強い裁判員に古い考え方を押しつけても、あなたの主張は受け入れられない。相手に合わせた切り口で、訴求しなければならない。

　この聴き手分析は、審理が開始された後も、裁判員観察を通して、姿勢、態度、目線、身体の動き、補充質問の内容などを分析し仮説を検証し続けることだ。そして、法廷戦略の微調整を繰り返しながら、勝利へと向かう。

■目的と目標分析（Purpose）

　２つ目のP、目的と目標について考えてみよう。もし、これを分析し明確にしておかなければ、あなたはゴールが定まらないマラソンを走るようなものだ。きっと審理の途中で道に迷ってしまうだろう。

　あなたは、裁判員の前で冒頭陳述をおこなう。では、その"目的"は何か。それは、弁護人の主張に対して、裁判員の注意を喚起し興味をもたせることだ。それでは、冒頭陳述の"目標"は何か。目標とは、冒頭陳述が終わった段階で、あなたが獲得しているものだ。それは、裁判員に弁護人の主張をもっと詳しく知りたいと感じさせること。主尋問の目的は、弁護人の主張の正当性を明らかにすることで、目標は、弁護人の主張を理解させること。反対尋問は、主尋問を弾劾することが目的で、目標は検察官の主張や証拠に疑問を抱かせること。

　最終弁論は裁判員の合意獲得が目的で、目標は、たとえば、裁判員に「それは無罪だ」と、弁護人の主張に合意させること。合意させることができれば、裁判員は評議の席で、あなたの意図した行動をとる。裁判全体と各手続の目的・目標を明確に定めることだ。そうでないと、あなたの弁護活動は行き当たりばったりだ。

2-25
法廷の場所と環境を分析する

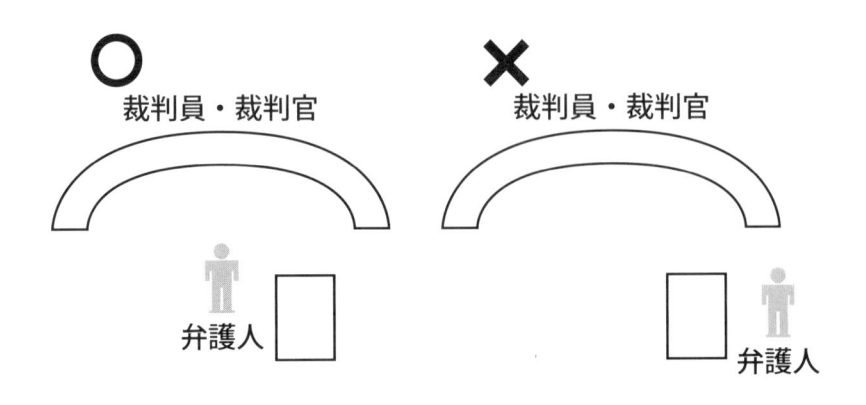

■ **場所と環境分析（Place）**

　3つ目のP、場所と環境について考えてみよう。ここで、あなたに冒頭陳述や弁論のリスクをイメージしていただきたい。何のイメージも湧かないというのであれば、プレゼンテーション戦略の欠如を意味している。

　一般に、プレゼンテーションに失敗する最大の原因は、聴き手が集中を欠いてしまうこと。これに尽きる。聴き手が集中できるかどうか、それは場所と環境に大きく左右される。プレゼンテーションの場所が広くて落ち着かない、狭くて息苦しい、スライドがよく見えない、暑苦しい、寒々しい、照明が暗い、まぶしい、騒音がうるさい、などなど。あなたがプレゼンテーションに成功したいと思うなら、聴き手が集中できる場所と環境を用意することだ。

　ここで、あなたは、「法廷という場所や環境を変えることはできない」と言うだろう。そのとおりだ。しかし、与えられた場所と環境を最大限有利に活用することはできる。

■法廷の場所と環境

　法廷の机や椅子を動かして、自由にレイアウトを変更することはできない。果たしてそうだろうか。自分の立ち位置を変えれば、同じ法廷でもレイアウトは違ってくるはずだ。

　多くの弁護人は、裁判長に促され、弁護人席で椅子を引いてその場に立つ。そして、テーブルに手をついて、メモを見ながらうつむき加減でボソボソと話をする。よくある光景だ。果たして、裁判員はあなたの話を集中して聴いてくれるだろうか。果たして、裁判員はあなたに熱意を感じるだろうか。裁判員を説得したいと思うなら、堂々と正面に立ち、あなたの信じるところを裁判員に語りかけるべきだ。裁判員・裁判官に近づいて語りかける。証人の横に立ち質問をする。あなたは自由自在に法廷を歩き回り、立ち位置を変え、そのときどきで最も効果的な法廷のレイアウトに変更する。

　ただ、計算して動かなければ、あなたは単なる檻の中の熊になる。人前でウロウロされると、あなたは邪魔なだけだ。法廷におけるあなたの縄張りは、弁護人席のまわり1平方メートルだけではない。

■ビジュアル機器

　あなたは説得力のあるプレゼンテーションをおこなうために、ビジュアル機器を使いたいと考えているとしよう。それは非常に賢明な選択だ。

　ただ、法廷に備え付けられたビジュアル・ツールを使用する場合も、直前にテストをして動作確認をした方がいい。あなたは、「それは裁判所の書記官がおこなうことだ」と言うかもしれない。しかし、最終弁論で「ここぞっ！」という場面でトラブルが発生すれば、あなたがいくら書記官を非難しても、被害を蒙るのはあなただ。もし、ホワイト・ボードやフリップ・チャート、あるいは、ポスターなどを持ち込む場合は、さらなる注意が必要だ。ビジュアル・ツールを安易に考えると、見えない、見にくい、分からないなど、裁判員にストレスをかけてしまう。それに、弁論の途中で立ち往生してしまうかもしれない。どこに設置し、どのように見せるか、緻密に計算しなければならない。

　もし、あなたが、何のストレスも与えずに裁判員とランデブーしたいなら、あるいは、プレゼンテーションの最中にコメディアンを演じたくなければ、場所と環境の分析は必須だ。

第3章
法廷戦略シナリオと各手続の戦術シナリオ

　これまで、第1章では法廷戦略の考え方について、第2章では、勝利のピラミッドの1層目、法廷戦略立案の方法について考えてきた。この章では、勝利のピラミッドの2層目、シナリオの構築について考えてみよう。

　あなたが法廷に向けて準備すべきシナリオは2つある。それは、"法廷戦略シナリオ"と"各手続の戦術シナリオ"だ。

　法廷戦略シナリオとは、弁護人の最終目標を達成するために、審理全体を通して、いつ、何を、どのように伝達するかを定義づけるものだ。各手続のつながりを意識しながら、それぞれの位置づけ、すなわち獲得目標を設定する。

　各手続の戦術シナリオとは、各手続の獲得目標を達成するために、何をどのようなプロセスで伝達するかを定義づけるものだ。例えば、冒頭陳述や弁論で述べる項目やその順序を決定する。

　では、シナリオ構築の理論を見ていこう。

3-1
なぜ法廷戦略シナリオか

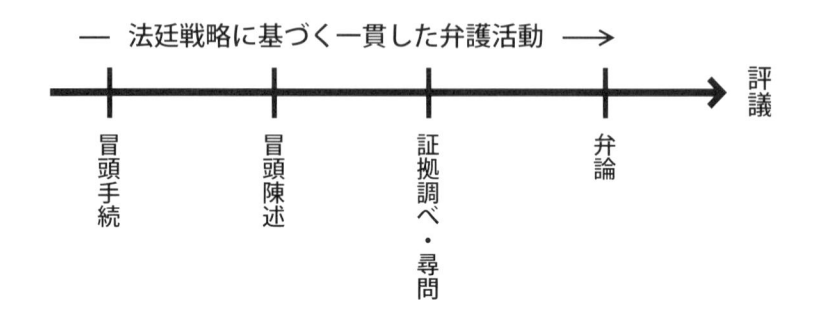

法廷戦略シナリオ

― 法廷戦略に基づく一貫した弁護活動 →

冒頭手続 → 冒頭陳述 → 証拠調べ・尋問 → 弁論 → 評議

■裁判官と裁判員

　これまでの裁判では、冒頭陳述をおこなう必要性はなかったし、尋問では求める答えが出るまで、ひたすら質問することに集中できた。論点を網羅した弁論要旨を作成すれば、弁護人としての役割を果たすことができた。

　裁判官は、あなたの発言の法的意味を即座に理解してくれたし、意図が見えない尋問にも我慢強くつき合ってくれた。それに、100頁もある弁論要旨も読み込んでくれた。しかし、裁判員は違う。冒頭手続のあなたのちょっとした発言から、予測もしない印象を抱いてしまうかもしれない。冒頭陳述で道先案内をしておかないと、あなたの意図どおりの視点から証拠を見ることもない。尋問では、いつまで質問が続くのかがわからなければ、集中して聞いてはくれない。

　せっかくの緻密な弁論の朗読は、裁判員の睡眠薬となってしまう。このような最悪の状況に陥らないために、法廷戦略シナリオを構築する。

■連日的開廷の裁判員裁判

　これまでの刑事裁判では、審理の"スケジュール"を決めることがなく、期日ごとに次回期日を決定していた。

　尋問時間の制限は緩やかで、証人の追加も当たり前のように認められていた。検察官請求の重要証人の証言が崩れると、検察官は主張や時には訴因までも変更し、証拠構造全体を組み直した。それは、裁判官による裁判だからこそ許されていたことだ。なぜなら、裁判官は裁判のプロであり、証拠構造を頭の中で整理しなおすことも容易にできる。なによりも、裁判官は当事者の主張にとらわれず証拠から認定できる事実を探求していた。

　しかし、裁判員裁判は異なる。裁判員は裁判のプロではない。公判前整理手続において当事者の主張と証拠は整理され、厳密すぎるほどの公判スケジュールが決められ、連日的に開廷される。そして、両者の主張を評価し、どちらに軍配を上げるか決める評議がおこなわれる（弁護人の主張立証を前提としても、検察官は合理的な疑いを超えてその主張を証拠によって証明できているかが議論される）。つまり、あなたの弁護活動が、そのまま評価対象になるわけだ。

■1つのシナリオに基づく弁護活動

　したがって、あなたの弁護活動は一貫したものでなければならない。まさに一気呵成に進んでいく審理において、あなたの主張がぶれたり、ぶれたと感じられるようでは裁判員からの信頼は望むべくもない。ひいては、被告人の権利や利益を護ることなどできない。

　さらに、弁護活動が一貫しているだけではなく、あなたの各手続での発言は、前後の発言と有機的に結びついていなければ、十分な説得力をもたない。あなたの法廷活動は、1つの"法廷戦略シナリオ"として裁判官や裁判員に伝わらなければならない。各手続の獲得目標を設定し、その達成を確認しながら次のステップに進む。このとき初めて、あなたの活動が大きなうねりとなって裁判官・裁判員を包み込んでいく。

　一貫したシナリオに基づく弁護活動をおこなえば、あなたの法廷戦略ステートメントは確実に裁判員の心に響く。このとき、あなたは確実に勝利に近づく。法廷戦略シナリオの構築は、勝利のための必須条件だ。

3-2
法廷戦略シナリオ構築の考え方

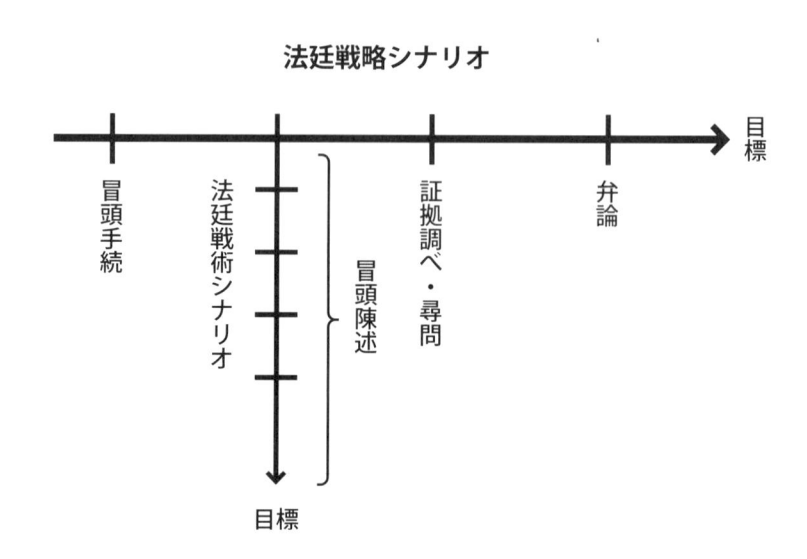

法廷戦略シナリオ

```
冒頭手続 ── 法廷戦術シナリオ ──┬── 証拠調べ・尋問 ── 弁論 ──→ 目標
                          │
                       冒頭陳述
                          ↓
                         目標
```

■ 説得のプロセス

　もし、無罪判決が、最終目標であれば、評議の場で裁判員に「無罪だ！」と発言させなければならない。そのためには、あなたの望む"行動"をとらせることだ。

　たとえ、法廷で裁判員がうなずいても、評議で賛成票を投じなければ、元の木阿弥だ。行動させるためには、「確かに弁護人の言うとおりだ」と、あなたの主張に"合意"させる必要がある。あなたの主張が疑われたままでは、賛成票は得られない。そして、合意を得るには、「なるほど。そういうことか」とあなたの主張を"理解"させなければならない。理解させるためには、「弁護人の主張をもっと知りたい」と"興味"をもたせる必要がある。

　そして、興味をもたせるには、まず最初に「弁護人の主張は何か」と、裁判員の"注意"を喚起し耳を傾けさせる必要がある。あなたは、この説得のプロセスを使って、裁判員に意図した行動を取らせることだ。

■説得プロセスと公判プロセス

　あなたが勝利するには、法廷でこの説得プロセスを踏襲することだ。裁判員の注意を喚起し、興味をもたせ、理解させ、合意させ、行動させる。この説得プロセスは公判のプロセスだ。

　公判手続から評議に至るまでの一般的な進行は、冒頭手続、冒頭陳述、書証・物証の取調、証人尋問、弁論、評議となる。この公判のプロセスは、まさに説得のプロセスそのものだ。冒頭手続で裁判員・裁判官の注意を喚起する。冒頭陳述では弁護人の主張に興味をもたせる。反対尋問・主尋問では、主張の根拠を理解させる。弁論で弁護人の主張に合意させる。そして、評議の場で、裁判員に弁護人の意図した行動をとらせる。

　もちろん、事案によって各手続における獲得目標の内容は変わる。もし、アリバイを主張する事案であれば、冒頭手続でアリバイに注意喚起し、興味をもたせ、さらに冒頭陳述で興味を強め、書証の取調べで理解させ、合意を得る。弁論では合意を強める、という法廷戦略シナリオも有効だ。いずれにせよ、いきなり冒頭陳述で裁判員の共感を得ようなどと考えてはいけない。せいては事をし損じるだ。

■各ステップの獲得目標

　このように公判のプロセス、すなわち法廷戦略シナリオは、説得のプロセスに沿って組み立てる。そして、公判プロセスの各ステップに獲得目標を設定する。そうすれば、あなたは法廷で何をすればいいか自ずとわかる。

　たとえば、冒頭陳述の獲得目標は、裁判員に「正当防衛なら、その理由を知りたい」と興味をもたせること。被告人質問では、相当な（過剰でない）防衛行為だったと理解させること。弁論では、「正当防衛の主張に合意する」などと。もちろん、各手続の獲得目標は、選択した法廷戦略ステートメントに結合していなければならない。そうでなければ、あなたのプレゼンテーションは支離滅裂だと受け取られ、裁判員・裁判官に、あなたの主張は"理解不能"という烙印を押されてしまう。

　つまり、それぞれの各手続の目標を１つずつ獲得すれば、自ずと裁判全体の目標を達成できるわけだ。このように、法廷戦略シナリオは、裁判員・裁判官をあなたの法廷戦略ステートメントへとナビゲートしてくれる。これが法廷戦略シナリオの基本的な考え方だ。

3-3
スタンダード・シナリオの構築

法廷戦略立案プロセス	山本純子事件
法廷戦略オプション	WO転化型戦略オプション
法廷戦略ステートメント	"被告人が2回も深く刺してしまったのは、DV被害を受けていた女性であり、被害者を殺さない限り、反対に殺されると思ったからだ"
法廷戦略シナリオ	1. 冒頭手続：被告人が弱者であり正当防衛であることに注意を喚起する 2. 冒頭陳述：DV被害に興味をもたせる 3. 証拠調べ・被告人質問：DV被害の具体的事実を理解させる 4. 弁論：正当防衛が成立することに同意させる
‖	
スタンダード・シナリオ	公判プロセス全体についての見通しをもった上で、最も現実的で、最も勝てる確率が高いと思われる法廷戦略シナリオ

■基本のシナリオ

　1つの事案に、1つの法廷戦略シナリオでは心許ない。法廷には不測の事態が起こりうるからだ。あなたは、複数の法廷戦略シナリオを用意する必要がある。

　しかし、何事も基本が大切だ。基本となるシナリオを構築せずに、変則的な事態に対応することは不可能だ。そこで、まず、法廷戦略シナリオの基本となるスタンダード・シナリオの構築を考えよう。スタンダード・シナリオとは、法廷戦略シナリオのうち、公判プロセス全体についての見通しをもったうえで、最も現実的で、最も勝てる確率が高いと思われる法廷戦略シナリオだ。

　もちろん、スタンダードというからには、スタンダードでないシナリオもある。それは突発的な状況の変化により、スタンダード・シナリオが機能しなくなったとき、代案としてもっているべきシナリオだ。法廷の不確実性に対応するシナリオ・プランニング（第3章3-18）で詳説する。

■山本純子事件のスタンダード・シナリオ

　山本純子事件で、あなたは検察官の戦略、評議の展開を予測したうえで、WO転化型の戦略オプションから、"被告人が2回も深く刺してしまったのは、DV被害を受けていた女性であり、被害者を殺さない限り、反対に殺されると思ったからだ"という法廷戦略ステートメントを採用した。

　次の表は、スタンダード・シナリオの一例である。この法廷戦略シナリオは、基本形として押さえておこう。この後、このスタンダード・シナリオを解説する。なお、"伝える内容"は各手続の戦術シナリオで再度取り上げるが、ここでは各手続の具体的イメージをもつために表に入れておいた。

■山本純子事件の法廷戦略シナリオの例

公判手続	法廷戦略シナリオ	獲得目標	伝える内容
被告人の意見陳述	注意喚起	被告人が弱者であることに目を向けさせる	被告人が弱い女性であること
弁護人の意見陳述	注意喚起	弁護人が正当防衛を主張することに注目させる	被告人がか弱い女性であること
冒頭陳述	興味	DV被害の具体的内容についてもっと知りたいと興味を持たせる	検察官の主張に対し、被告人は被害者からDVを受けていたことを説明する
証拠調べ・被告人質問	理解	DV被害の具体的内容を理解させる	DV被害の具体的内容についての証言・供述を聞かせる
弁論	合意	2回刺したこともやむを得ず、正当防衛が成立することに合意させる	上記具体的内容の確認及び正当防衛の各要件を満たすことを示す
評議	行動	正当防衛が成立し、無罪であるとの評決をさせる	

　あなたが、外部要因と内部要因の情報を収集し、C-SWOT分析をおこない、評議の展開を予測した上で、法廷戦略オプションから1つの戦略ステートメントを選択する。そして、上記の表を作成する。これで、あなたは正しく法廷戦略を立案したことになる。あなたは、この法廷戦略立案のステップをしっかり踏むことだ。もし、ここでヌケモレが発生すると、法廷での致命傷になるかもしれない。被告人の利益を守るためには、手抜きをしてはいけない。

3-4
冒頭手続と冒頭陳述

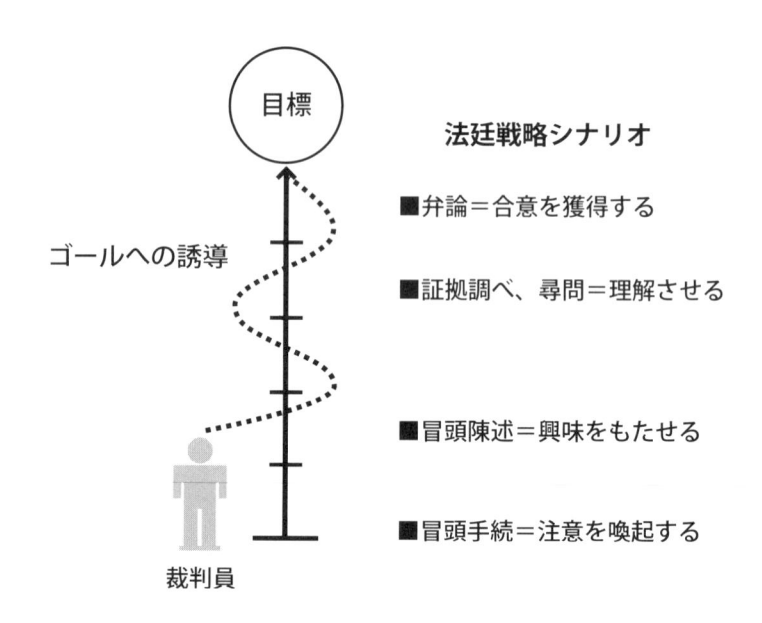

```
         目標
          ○              法廷戦略シナリオ
          ↑
          ┃              ■弁論＝合意を獲得する
   ゴールへの誘導
          ┃              ■証拠調べ、尋問＝理解させる
          ┃
          ┃              ■冒頭陳述＝興味をもたせる
          ┃
   👤     ┃              ■冒頭手続＝注意を喚起する
  裁判員
```

■伝える順序とステートメントとの関係

　前頁の表の内容を確認しよう。山本純子事件のスタンダード・シナリオはこうだ。
　被告人の意見陳述では、被告人が弱者であることに注意を向けさせる。続く弁護人の意見陳述では、弁護人が正当防衛を主張することに注目させる。ここまでで裁判員・裁判官の"注意"を喚起する。冒頭陳述では、DV被害の具体的内容について知りたいと"興味"をもたせる。証拠調べ、被告人質問では、DV被害の内容を"理解"させる。弁論では、2回刺したこともやむをえず、正当防衛が成立することに"合意"させる。そうすることで、評議では、正当防衛が成立し、無罪を評決させるという"行動"に導く。
　伝える順序はセオリーどおりだ。「被告人が2回も深く刺してしまったのは、DV被害を受けていた女性であり、被害者を殺さない限り、反対に殺されると思ったからだ」という法廷戦略ステートメントとも完全に結びついている。

■ **すべてを語ってはいけない**

　冒頭手続で、被告人が弱者であることと弁護人の正当防衛主張に注意を喚起する。そのために、被告人の意見陳述では、言語と非言語を活用し被告人が弱い女性であることを伝える。

　弁護人の意見陳述では、「被告人の行為が必要かつ相当な防衛行為である」と述べる。そして、正当防衛が成立し無罪であると明確に主張する。また、冒頭陳述で、DV被害の具体的内容に"興味"をもたせるために、被告人が被害者から日常的にDVを受けていたこと、事件当日も暴行があったこと、これらを説明する。そして、このDV被害の具体的事実については、今後の証拠調べで明らかにすると述べる。そうすると、裁判員は「もっと詳しく知りたい」という欲求をもつ。つまり裁判員に興味をもたせることが、冒頭陳述の目標だ。

　この冒頭陳述で、あなたはDV被害についてすべてを語り、理解を求めようとしてはいけない。あくまでも興味をもたせることが目標だ。もし、配布資料やビジュアル・エイドを使うなら、DV被害の具体的な内容は空欄にしておこう。あなたは、すべてを語りたい衝動を抑え、裁判員の「知りたい」欲求をかき立てる。

■ **裁判員をゴールへ誘導する**

　そもそも裁判員は、事件をイメージで理解しようとする。そして、そのイメージに基づいて事件の全体ストーリーを組み立てようとする。

　もし、あなたが冒頭陳述で自分に有利なイメージを植えつけるために、事件のストーリーを語ったとしよう。そうすれば、裁判員にとってみれば、弁護人から"押しつけられた"と感じる。そう感じると、裁判員はあなたのストーリーと反対の立場に立とうとする。あなたは人に押しつけられた答えと、自ら見つけだした答えと、どちらに合意するだろうか。自明の理だ。なのに、多くの弁護人は、自分が立てたストーリーを裁判員に押しつけようとする。あくまでも裁判員の自主的な思考を尊重することだ。だからといって、裁判員が好き勝手なイメージをもったのでは、あなたは裁判に勝てない。

　そこで、裁判員がイメージを構築する過程、つまりシナリオを規定し、あなたのゴールへと誘導していく。法廷では、あなたは裁判員のナビゲーターとして振る舞うことだ。そうすれば、裁判員は、あなたの主張を自ら考えたものとしてとらえる。山本純子事件であれば、冒頭陳述がその誘導のスタートとなる。

3-5
証拠調べ、弁論

弁論の目的

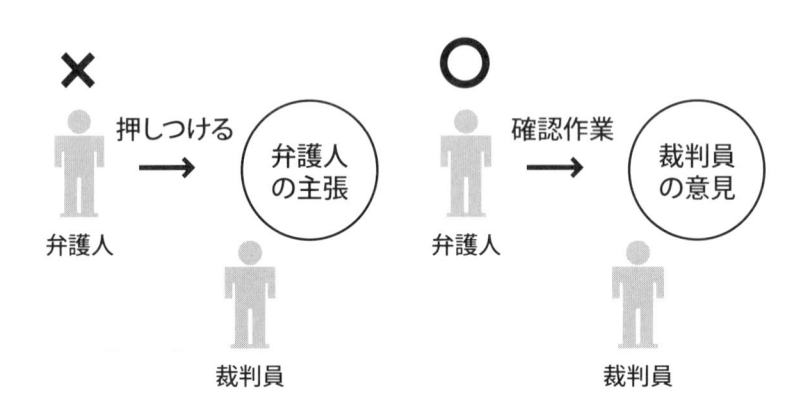

× 弁護人 →押しつける→ 弁護人の主張 ← 裁判員

○ 弁護人 →確認作業→ 裁判員の意見 ← 裁判員

■ イメージを構築させる

　冒頭陳述が終われば、証拠調べ手続へと進む。この証拠調べの獲得目標は、DV被害の内容を"理解"させること。

　そのために、証拠調べで、被告人が被害者の暴力で何度も病院に行った際のカルテ、また、被告人の友人である酒井久美に対して突然暴行を振るったことなどを、主尋問で明らかにする。さらに、被害者の妻への反対尋問で、被害者の妻への暴行を明らかにする。また、1000万円で示談した傷害事件、被害者が被告人に「以前に箸で人の顔を刺したことがある」と言ったこと、当日の暴行が1時間に及ぶこと、「ぶっ殺す」とか「菜箸で眼をくりぬく」と発言したことを、法廷に顕出していく。

　このように、証拠調べの手続では、冒頭陳述で示した項目に次々と内容が盛り込まれていく。これで、裁判員は"粗暴な被害者によるDV"というイメージ（以下"DV被害イメージ"という）を構築する。これが理解の過程である。

■弁論は確認作業

　弁論では、裁判員の構築したDV被害イメージと、それが正当防衛の各要件を満たすことを確認していく。"合意"の過程である。

　証拠調べ手続は、被告人が粗暴な被害者からDV被害を受けていたという話に終始した。裁判員の頭の中では、すでにDV被害イメージができあがっている。だから、弁論では、裁判員を意図的に説得しようなどと、無謀なことを考えてはいけない。逆に反発を招くだけだ。弁論は、あくまでも裁判員の構築したイメージの確認作業にすぎない。イメージができあがっている以上、事件の流れを最初からくどくど説明する必要もない。重要なポイントを確認するだけでいい。確認するというのは、イメージを言葉に置き換え定着させることだ。あなたは、証拠調べの重要ポイントを振り返りながら、イメージを正当防衛の各要件に具体化していく。

　このように、各手続の獲得目標をすべて達成することができれば、評議において裁判員は自ら構築したDV被害イメージに従って、自信をもって行動してくれる。「正当防衛により無罪である……」と。

■伴にゴールする

　ここで、法廷戦略シナリオの構築について、あなたが押さえておくべき重要な点を再確認しておこう。

　1つ目は、裁判員自身に事件のイメージを作らせること。決して押しつけてはいけない。あなたは、冒頭陳述でいきなり事件全体のストーリーを語り、弁護人の主張を理解してもらおうとか、裁判員に合意を得ようとするかもしれない。しかし、これはプレゼンテーションの"伝える順序"を無視した過ちを犯している。注意、興味、理解、合意、行動のプロセスを踏むことだ。

　2つ目は、各手続の獲得目標を達成していけば、最終目標が達成できるシナリオを構築すること。言い換えれば、すべての獲得目標が、あなたが選択した法廷戦略ステートメントと結びついていなければならない。これと、それと、あれをすれば、自動的にシナリオが組み立てられる。そして、それを忠実に実行すれば裁判に勝つ。それが法廷戦略の神髄だ。

　裁判全体の目標、法廷戦略ステートメント、裁判全体の戦略シナリオ、各手続の戦術シナリオなど、すべては有機的につながっていなければならない。

3-6
戦略なき公判手続

公判手続	伝える内容	結果
被告人の意見陳述	被告人自身に無罪であることをはっきりと訴えさせる	裁判員は根拠のない一方的な話だと感じ、とりあえず今後の話を聞こうと思う
弁護人の意見陳述	被告人の行為が必要かつ相当な防衛行為であることを主張する	裁判員は根拠のない一方的な話だと感じ、とりあえず今後の話を聞こうと思う
冒頭陳述	弁護人の主張する事件のストーリーを説明し、理解、合意を求める	裁判員は、検察官冒頭陳述との違いが理解できず混乱する。あるいは、弁護人のストーリーを押しつけられたと感じ話に興味をなくす
証拠調べ 被告人質問	DVの具体的内容についての証言を聞かせる	また同じ話を繰り返し聞かされていると感じる
弁論	上記具体的内容の確認及び正当防衛の各要件を満たすことを説明し、理解・合意を求める。	また同じ話を繰り返し聞かされていると感じる
評議		?

■根拠のない主張

　上の表は、戦略なき公判の流れをイメージしたものだ。3-3の表の"山本純子事件の法廷戦略シナリオの例"と比較してみよう。

　法廷戦略シナリオに基づく公判の流れは、冒頭手続で、"被告人は弱者であること"と"正当防衛であること"に裁判員の"注意"を喚起することだけに留めている。それに対して、戦略なき公判手続では、"無罪であること"と"相当な防衛行為であること"を主張し、それを裁判員に理解させようとしている。その結果、裁判員は根拠のないものだと受け止めざるをえないだろう。

　次に、戦略シナリオの冒頭陳述では、被告人は被害者からDVを受けていたことを説明し、DV被害の具体的な内容に"興味"をもたせようとしている。それ対して、戦略なき公判手続では、弁護人のストーリーをすべて語り、理解と合意を求めている。その結果、裁判員は一方的な押しつけと感じる。

■ 同じ話の繰り返し

　また、戦略シナリオの証拠調べ・被告人質問では、DVの具体的内容の証言や供述を聞かせ"理解"させている。それに対して、戦略なき公判手続では、同様にDVの具体的な内容を聞かせる。その結果、裁判員は冒頭陳述と同じ話を聞かされたと感じる。つまり、裁判員は、DVの具体的な内容を、冒頭陳述でも証拠調べ・被告人質問でも聞かされる。

　さらに、戦略シナリオの弁論においては、正当防衛の各要件を満たすことを説明し"合意"を求めている。一方、戦略なき公判手続では、DVの具体的な説明をし正当防衛の各要件を満たすことに理解と合意を求めている。その結果、裁判員はまた同じ話を聞かされたと感じる。このように、法廷戦略シナリオでは、注意、興味、理解、合意、行動のプロセスに従って、獲得目標と伝える内容を明確にする。しかし、戦略なき公判手続は、同じ話を何度も繰り返し、一方的に押しつけようとしている。

　さて、戦略シナリオと戦略なき公判シナリオと、どちらが裁判員を説得するのに有効だろうか。もちろん、戦略シナリオの方が説得的だ。あなたもきっと覚えがあるだろうが、戦略的に手詰まりになると、同じことを繰り返さざるを得なくなる。まさに、戦略なき公判手続は同じことの繰り返しだ。

■ 各手続の獲得目標

　戦略なき公判手続は、説得のプロセスがまったく意識されていない。最初から最後まで、理解と合意ばかりが求められている。これでは、裁判員が「押しつけられている」と思っても不思議はない。そもそも各手続の"獲得目標"が設定されていないので、"伝える内容"と"伝えた結果"があるだけだ。

　この戦略なき公判手続の進行イメージに、裁判員の立場に立って、検察官の法廷活動をあわせて想像してみよう。きっと検察官も同じような話をするだろう。そうすると、裁判員は何度も同じ話を聞かされたと感じる。それに、裁判員にとっては、ひょっとすると検察官の話と弁護人の話の違いがわからないかもしれない。これでは、あなたがどんな雄弁家であっても、自己満足に終わるだけだ。裁判員を説得することは到底できない。

　これからは、裁判全体と各手続の獲得目標を設定し、法廷戦略シナリオを構築する。そして、それに沿って公判手続を進めることだ。そうすれば、あなたは自ずと最終目標を達成することができる。

3-7
なぜ戦術シナリオか

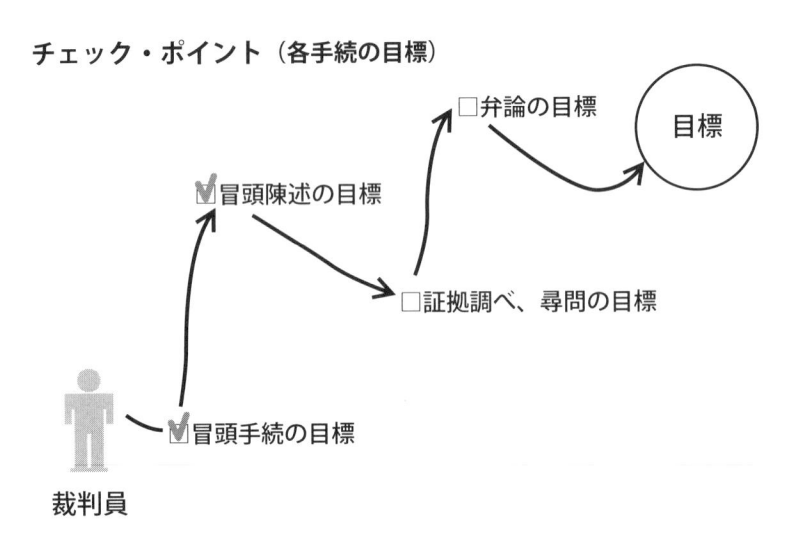

チェック・ポイント（各手続の目標）

☑冒頭手続の目標 → ☑冒頭陳述の目標 → □証拠調べ、尋問の目標 → □弁論の目標 → 目標

裁判員

■話し手と聴き手の不一致

　あなたは、「法廷戦略シナリオの必要性はよくわかった。確かに一貫した弁護活動が必要だ。しかし、各手続の獲得目標さえ決めれば、自分は人前で話すのは得意だから問題はない」と言うかもしれない。

　また、「自分の言いたいことは、これまでも書面にまとめて裁判官を説得してきた。だから、これまでと同じように準備すればいいはずだ、ただ、暗記するのはちょっと大変だけど……」と言うかもしれない。あなたは法廷に立ち、自分の言いたいことを、自分の言いたい順序で一方的に話をする。スラスラと漏れなく話せると、弁論は成功したと思う。

　しかし、このような弁論は、必ず失敗に終わる。なぜか。それは、"話し手の話したい内容と順番は、聴き手のそれとは必ずしも一致しない"というプレゼンテーションの理論を無視しているからだ。

■裁判員に地図を示す

　もし、あなたがこのプレゼンテーションの理論を無視すると、あなたの話は"意味不明"という烙印を押されてしまう。あなたと同じ思考構造の頭をもった裁判員は1人もいないからだ。

　そんな烙印を押されてしまうと、裁判員はあなたの目的地にたどり着く前に、迷子になるか脱落してしまうか、いずれかだろう。そうならないためには、冒頭陳述で裁判員に目的地までの道順を示した全体地図を見せておこう。地図を手にした裁判員は、迷うことなく、あなたのゴールにたどり着く。この地図にあたるのが法廷戦略シナリオ（スタンダード・シナリオ）だ。そして、その地図上にチェック・ポイントを記述しておこう。チェック・ポイントとは、各手続の獲得目標だ。裁判員にチェック・ポイントをクリアさせることによって、あなたは各手続の目標を獲得することができる。それを達成するのが"法廷戦術シナリオ"だ。

　つまり、裁判の全体の目標を獲得する"法廷戦略シナリオ"に基づいて、各手続の目標を獲得する"法廷戦術シナリオ"があるわけだ。この戦略と戦術の2つのシナリオがあれば、あなたの法廷活動は盤石なものになる。

■わかりやすい地図を作る

　多くの道案内の地図は、非常にシンプルに作られている。航空写真のように精密である必要はない。たとえば、曲がらなくていい交差点の四方にある建物を、全部記入する必要もない。詳しすぎる情報は利用者を混乱させる。必要なところに必要な情報が記載されていればいい。

　それに、目的地から遡って書かれた文字情報は最悪だ。左右が逆の地図ほどわかりにくいものはない。あなたは、スタート地点にいる裁判員の立場に立つことだ。そして、必要最小限の説明を記入した見やすい地図を作る。そのためには、事件についての情報を、裁判員の観点から整理する。枝葉については思い切って省略する。事実の重要度について確認する。裁判員にすべての情報を正確に伝えるのは不可能であるし、その意味もない。

　もし、法律の専門家のあなたが自分の思い込みで地図を作れば、一般人である裁判員はきっと道に迷うだろう。裁判員の立場に立って、シンプルでわかりやすい地図を作ることだ。

3-8
「結論→理由→結論」のシナリオ

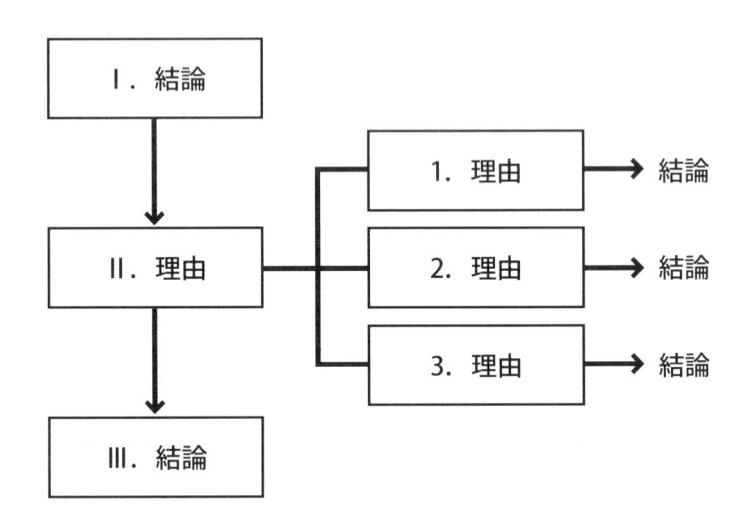

```
I. 結論
   ↓
II. 理由 ─┬─ 1. 理由 → 結論
          ├─ 2. 理由 → 結論
          └─ 3. 理由 → 結論
   ↓
III. 結論
```

■結論から始める

　あなたは、冒頭陳述で、被告人には殺意が認められないと主張する。獲得目標は、裁判員があなたの主張の根拠に興味をもって審理に臨んでもらうことだ。

　そこで、あなたは被告人と被害者の人間関係が良好であったことを説明し始める。「田中さんは、被害者とは仲のよい友人でした。3年前に知り合ってから……」などと。この話を聴いている裁判員は、きっと、「仲がよかったことはわかる。けれども、弁護人は何を言いたいんだろうか」と悩み始める。そのうちに、犯行に使われた凶器について話を始め、ケガが軽かったことも言う。裁判員は、ますます迷路に入ってしまう。そのうちに、裁判員は居眠りを始める。

　この問題の原因は"結論"から話し始めていないことだ。もし、あなたが、冒頭で「田中さんには殺意がありませんでした」と結論を述べていれば、裁判員が眠気に負けてしまうことはなかったはずだ。

■理由を述べる

　「田中さんには殺意がありませんでした」と結論を述べると、裁判員は「なぜそうなのか」と疑問をもつ。そこで、あなたは結論に至る理由を述べる。

　たとえば、「田中さんに殺意は認められません。その理由は３つあります。まず１つ目は、田中さんと被害者とは非常に仲のよい友人であり、動機がないこと。２つ目は、本件で使用されたナイフが小さいものであること。３つ目は、被害者が軽傷を負ったにすぎないこと。この３つの理由について、これから詳しく述べます」と続ける。最初に結論を述べ理由を説明すると、裁判員は常に結論を意識しながら、あなたの冒頭陳述を聴く。それに、それぞれの理由を述べた後に結論に収束させることだ。たとえば、「１つ目は、……です。だから殺意は認められません。２つ目は、……です。だから殺意は認められません。３つ目は、……です。だから殺意は認められません」と。

　これで、あなたの冒頭陳述のシナリオは揺るぎないものになる。結論から始め、理由を堅固に組み立て、それぞれの理由を結論に収束させる。このように、結論と理由のスクラムをがっちりと組むことだ。

■結論で締めくくる

　さて、結論を述べその理由を伝えると、冒頭陳述が終わる頃には、裁判員は「なるほど、そうか」とか、「弁護人の視点も重要だ」と思う。

　しかし、ここで油断してはいけない。ひょっとすると、裁判員は最初の結論を忘れているかもしれない。あるいは、あなたが意図しない結論を導き出しているかもしれない。これを避けるためには、最後にもう一度、最後に結論を述べて締めくくることだ。たとえば、「以上の３つの理由から、田中さんには殺意が認められないことが、ご理解いただけたと思います」と言う。冒頭陳述の目標は、この後の証拠調べや主尋問に興味をもたせることだから、上記の結論に加えて、「これについて、今後の審理で明らかにしていきます。具体的には、明日の午前中におこなわれる被害者Ａさんの証人尋問で……を明らかにします」と予告しよう。これで裁判員は、あなたの主張に興味津々だ。

　これからは、冒頭陳述でも弁論でも、法廷戦術シナリオは"結論→理由→結論"で組み立てることだ。

3-9
3部構成のシナリオ・ツリー

3部構成のシナリオ・ツリー（山本純子事件）

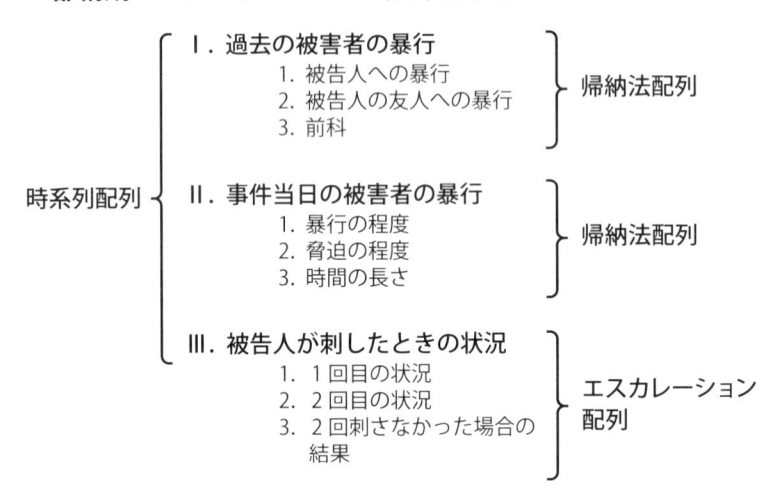

```
                ┌ Ⅰ. 過去の被害者の暴行         ┐
                │   1. 被告人への暴行           │
                │   2. 被告人の友人への暴行     ├ 帰納法配列
                │   3. 前科                     ┘
                │
                │ Ⅱ. 事件当日の被害者の暴行    ┐
 時系列配列 ────┤   1. 暴行の程度              │
                │   2. 脅迫の程度              ├ 帰納法配列
                │   3. 時間の長さ              ┘
                │
                │ Ⅲ. 被告人が刺したときの状況  ┐
                │   1. 1回目の状況             │
                │   2. 2回目の状況             ├ エスカレーション配列
                └   3. 2回刺さなかった場合の   ┘
                      結果
```

■ペーパーレスで話す方法

　法廷戦術シナリオは、"結論→理由→結論"で組み立てる。そして、結論を証明する理由も、3つの大項目で組み立てる。つまり、3部構成のシナリオを構築するわけだ。

　そして、大項目3つを、それぞれに中項目3つに分解し、さらに、それぞれを小項目3つに展開する。つまり、3部構成のインデックス・ツリーを作成するわけだ。そして、実際に裁判員を前にしたとき、この3部構成をスピーキング・ガイドとして話をする。「では、1つ目に……、次に2つ目は……」といった具合だ。そうすれば、あなたはしっかりした構成でまとまった話ができる。さらに、この3部構成を写真のように頭の中に焼きつけると、あなたはペーパーレスでプレゼンテーションができる。丸暗記の愚に陥ることはない。

　この3部構成で話をすれば、裁判員は話の全体構造が手に取るように見えてくる。そうなれば、裁判員の理解と記憶を飛躍的に高めてくれる。

■ "3" のメリット

　ここで、あなたは「なぜ、3なのか」と疑問をもつかもしれない。もっともなことだ。しかし、この"3"のメリットは計り知れないものがある。

　まず、あなたの法廷戦術シナリオに、論理性と合理性を与えることができる。たとえば、弁証法、演繹法、三段論法はまさに3段階での論理的思考方法だ。それに、項目相互の関係を明確にできるメリットもある。他の観点で整理しても、項目が3つであれば項目相互の関係はとてもわかりやすい。たとえば、事件を時系列に説明したければ、「犯行前・犯行時・犯行後」の3部構成で組み立てればわかりやすい。それに、「ホップ、ステップ、ジャンプ」などのようにエスカレーション的なシナリオを構成して、裁判員の気持ちを高揚させることもできる。また、事案の分析においても「行為・因果関係・結果」という整理が可能だ。

　もし、あなたが伝えたい項目をランダムに話すと、裁判員は何が何だかさっぱりわからないだろう。それに記憶にも残らない。3部構成なら、項目間の関係性をもたせた構成ができる。

■ 聞く意欲を高める

　もし、あなたが、「被告人が無罪である理由が3つあります」と言うと、裁判員はその3つが何か知りたくなる。しかし、「その理由が15あります」と言えば、裁判員はそれだけで嫌気がさしてしまう。ひょっとすると、思わず「有罪だ」と叫んでしまうかもしれない。

　「3つあります」というと、裁判員の聞く意欲を高めることができる。なぜか。それは、3という数字はコンパクトにまとまっている印象を与えるからだ。たとえば、ことわざの中にも3のつくものが多い。「3人寄れば文殊の知恵」だとか、「早起きは3文の徳」だとか、あるいは、「石の上にも3年」などと。3つに分けて組み立てると、きっと、裁判員は理路整然とした話と受け取ってくれる。もし、多くの項目を示して、そのうち1つでも重要ではないと受け取られると、あなたは単なる"おしゃべりな人"というレッテルを貼られてしまう。

　さらに、3つだと裁判員の記憶に残るメリットもある。4つも5つも話を続けると、4つ目には1つ目を忘れてしまっているはずだ。特に、論理的に関係づけられた3つの話は、裁判員の頭の中に定着し、長く記憶に残るだろう。あなたの弁論は歴史に残るかもしれない。

3-10
アウトラインで話す

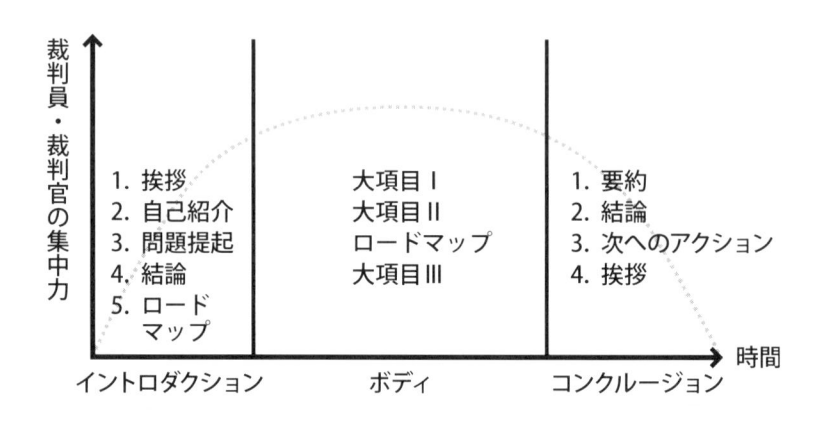

```
縦軸: 裁判員・裁判官の集中力
横軸: 時間
```

イントロダクション
1. 挨拶
2. 自己紹介
3. 問題提起
4. 結論
5. ロードマップ

ボディ
大項目Ⅰ
大項目Ⅱ
ロードマップ
大項目Ⅲ

コンクルージョン
1. 要約
2. 結論
3. 次へのアクション
4. 挨拶

■イントロダクション

　3部構成をそのまま口に出すと、不自然な話になる。唐突感が拭えない。いきなり結論を言えば、裁判員を驚かせてしまうだろう。そこで、話の骨子である3部構成に肉付けをしてみよう。

　あなたの冒頭陳述や弁論を"イントロダクション"、"ボディ"、"コンクルージョン"の3つのパートに分割する。　イントロダクションでは、挨拶と自己紹介をする。「裁判官、裁判員のみなさん、こんにちは。弁護人の山田です」と。次に、問題提起をして裁判員と共有する。「検察官は殺意があると主張していますが、果たして本当でしょうか」。そうすれば、裁判員は「どこに疑問があるのか」と興味をもつ。そこで、「田中さんには殺意は認められません」と結論を力強く述べる。

　結論を述べると、裁判員は「なぜ認められないのか」と疑問をもつ。そこで、「殺意が認められない理由は3つあります。1つ目は、……。2つ目は、……。」とロードマップを示す。

■ボディ

　イントロダクションで、このようなステップを踏むと、裁判員の集中力が高まる。高まったところで、ボディへと進む。もし、裁判員の集中力が低いときに、「田中さんには殺意が認められません」と言っても、誰も聞いていないかもしれない。

　あなたは、3部構成のシナリオ・ツリーに基づいて、話を進める。きっと、裁判員は非常によく整理された話だと感じ、何のストレスもなく、あなたの話を聞こうとするはずだ。それぞれの大項目を話し終えたら結論に戻る。「……。よって殺意は認められません」と結論を常に意識させる。ただ、大項目Ⅱが終了しても、そのまま大項目Ⅲに入ってはいけない。ここで、ロードマップをもう一度示す。「これまで、大きく2つの話をしました。1つ目は、……。2つ目は、……。この2つの理由から殺意が認められないことを説明しました。それでは、最後の3つ目、……について説明します」と。

　イントロダクションで示したロードマップを、ボディの途中で再度示すことにより、裁判員はあなたが述べる理由の全体像を再確認し、現在地点を把握することができる。きっと、あなたがドライブに出かけるときも、途中でロードマップを確認するだろう。目的地、つまり結論を決めてから家を出る。しばらく走って休憩をとり、再度、地図を確認する。それは、法廷のプレゼンテーションでも同じことだ。

■コンクルージョン

　イントロダクションで結論を示し、ボディではその理由を説明する。これで裁判員はその気になっただろう。しかし、気を抜いてはいけない。コンクルージョンで裁判員の気持ちを強化する。

　コンクルージョンでは、まず、話の全体を要約する。「これまで、殺意が認められない3つの理由を説明しました。1つ目は、……」と全体を振り返る。そして、「したがって、田中さんには殺意は認められないことが、ご理解いただけたと思います」と結論を述べる。次は、裁判員に行動させなければならない。そこで、裁判員に次へのアクションを促す。たとえば、「評議においては、殺意は認められないとして、田中さんを傷害罪としていただければと思います」と。

　そして、いったん十分な間をとって、裁判員・裁判官を見渡す。それから、最後の挨拶をする。あなたは、感動的に締めくくらなければならない。感動的であれば、あなたはさらに勝つ確率を高めることができる。

3-11
アウトラインのメリット

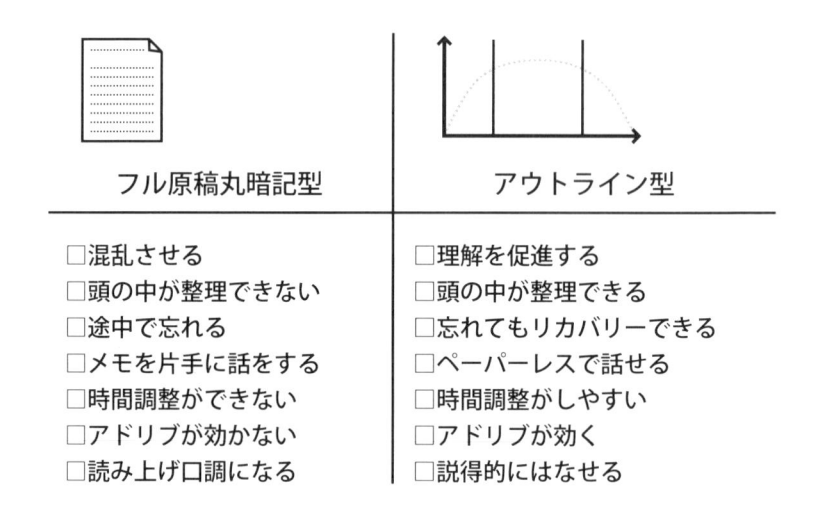

フル原稿丸暗記型	アウトライン型
☐混乱させる	☐理解を促進する
☐頭の中が整理できない	☐頭の中が整理できる
☐途中で忘れる	☐忘れてもリカバリーできる
☐メモを片手に話をする	☐ペーパーレスで話せる
☐時間調整ができない	☐時間調整がしやすい
☐アドリブが効かない	☐アドリブが効く
☐読み上げ口調になる	☐説得的にはなせる

■真っ白になるリスクを避ける

　アウトラインの第1のメリットは、聴き手の理解を助けることだ。イントロダクションで興味を引きつけ、ボディでじっくりと聞かせ、コンクルージョンでまとめ上げる。そうすれば、結論と3つの理由は裁判員の頭の中でリフレインする。強固なアウトラインで話せば、評議の席で裁判員は頭の中の見出しを頼りに、あなたの話を簡単に再現できる。

　第2のメリットは、あなたの思考をすっきりと整理できること。説明したい内容がいっぱいあるとき、アウトラインは便利な"整理箱"になる。整理箱がないと、あなたの部屋はちらかし放題だ。

　第3のメリットは、頭の中が真っ白になるリスクが避けられること。アウトラインを頭の中に入れておけば、カンニング・ペーパーは要らない。あなたは、ペーパーレスでプレゼンテーションができる。

■ アドリブを効かせる

　アウトラインは、あなたのプレゼンテーション力を一気にアップさせることができる。原稿を読んでいては、決してできないことが、あなたにはできるようになる。

　たとえ検察官から異議が出され、一瞬のうちに頭が真っ白になっても、アウトラインがあれば安心だ。中断前に話を戻し、次の話へと進めることができる。原稿を一字一句覚えるより、アウトラインを覚えよう。たとえば、弁論で1つ目の項目を説明したとき、裁判員が全員首をかしげたとしよう。そんなとき、見なかったふりをして、そのまま2つ目の項目に入ってはいけない。予定を変更して、1つ目の理由がいかに合理的であるか、さらに詳しく論じなければならない。アウトラインがあれば、それができる。それに、突発的な予定変更も怖くない。戻るべき着地点がすぐにわかるからだ。

　もちろん、アドリブだって何の問題もない。たとえば、あなたが弁論の最中に、突然、素晴らしい作戦が閃いたとしよう。そんなときは、アドリブを差し挟めばいい。きっと裁判員には、それがアドリブなのかすら気づかないだろう。あなたは、堂々とした弁論ができる。

■ アウトラインで時間調整

　ある模擬裁判で、検察官が予定の倍の時間をかけて論告をおこなった。内容としては敵ながらあっぱれの緻密な論告だった。しかし、法壇の上には殺気が漂っていた。ある裁判員は、「時間厳守というのは社会の常識だと思っていましたが、裁判では違うんですか」と、嫌悪感をあらわにしていた。

　この検察官の論告を教訓としよう。時間超過で嫌われては元も子もない。終了予定時刻を3分過ぎたら、裁判員は時計を気にし始める。5分過ぎたら話を聞かなくなる。7分過ぎたら怒りに変わると覚悟しよう。しかし、時間がないからといって、早口でまくし立ててはいけない。こんなときは、小項目を切り捨てればいい。切り捨てて同じペースで話を続ける。

　結論と3つの理由はすでに示しているので、言いたいことが伝わらないということはない。アウトラインがあれば、裁判員は、話が飛んだかどうかはわからない。何食わぬ顔で元のアウトラインに戻ればいい。アウトラインがあれば、危機管理ができる。危機管理ができる弁護人は一流だ。

3-12
冒頭手続の戦術シナリオ

法廷戦略シナリオ

法廷戦術シナリオ｛冒頭手続（冒頭陳述／証拠調べ・尋問／弁論）｝→目標

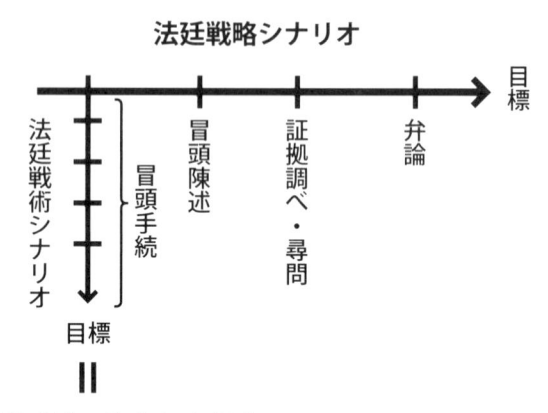

目標
＝
■冒頭手続＝注意を喚起する
被告人の行為が必要かつ相当な防衛行為であり正当防衛が
成立し無罪であると明確に主張する

■計算し尽くす

　ここからは、山本純子事件を例に、法廷戦術シナリオを各手続に沿って、詳細に見ていくことにしよう。

　これまで、あなたは、冒頭手続での獲得目標を設定するなど、思いもよらなかったかもしれない。それに、冒頭手続で何をすべきか考えたこともないにちがいない。今までどおりというか、惰性というか、無意識というか、なんとなく通り過ごしてきたのではないか。しかし、一般人である裁判員が、どの場面の、どんな発言から、どのような意見を形成するかは分からない。それは冒頭手続も同じことだ。一瞬たりとも油断をしてはいけない。

　法廷戦略ステートメントに基づく法廷戦略シナリオに沿って、冒頭手続で何を獲得目標とするか、その目標を達成するために何を伝えるか、計算し尽くさなければならない。計算して、冒頭手続の戦術シナリオを組み立てる。ここでは、伝える順序と伝える内容を検討する。

■山本純子事件の冒頭手続

　あなたは、"被告人が弱者であることに注意を向けさせる"ことを冒頭手続の獲得目標にした。

　この目標を達成すれば、被告人がDV被害者だというイメージができあがる。そのために、どのような戦術シナリオ組み立てればいいか。当然、裁判員は法廷で被告人を見る。女性であることは一目瞭然だ。しかし、裁判員が"見る"ことと、あなたが裁判員の"注意を喚起"することとは同じではない。あなたは「見せて」、「聞かせて」、裁判員に伝えなければならない。「見ればわかるだろう」というのは弁護人の怠慢だ。意図的かつ意識的に伝える努力が必要だ。そこで、被告人は、公訴事実に対する意見の中で、「被害者は力の強い人で、殴られたりして非常に怖くなって、刺してしまいました」と述べる。それに続けて、弁護人であるあなたも、「女性である被告人が、大柄で屈強な男性である被害者に暴行を振るわれたために、やむをえず刺してしまったもので、正当防衛が成立します」と結論を述べる。

　これによって、裁判員は被告人がか弱い女性であることを前提として、今後の審理に臨むことになる。

■第一印象ですべてが決まる

　また、冒頭手続は、法廷という場で裁判員、被告人、弁護人が初めてあいまみえる場面だ。あなたは、別の観点から検討すべき項目がある。それは第一印象だ。人は最初の5分で相手の印象を決めてしまうという。

　たとえば、人定質問の答えから、被告人に対する先入観をもたれないか。公訴事実に対する意見で、何をどこまで言わせるのか。ペーパーを準備して読ませるのか、口頭で言わせるのか。緻密に計算し尽くすことが必要だ。これまでのあなたは、弁護人席から立ち上がり「被告人が述べたとおりです」とだけ、面倒臭そうに発言していたかもしれない。面倒臭いわけではないが、少なくとも裁判員にはそのような印象を与える。これでは、あなたは何のために、誰のために法廷にいるのかわからない。初対面の印象は大切だ。

　もし、「ただいま山本さんが述べたことを法的に整理します」と切り出せば、あなたが被告人のために努力する法律の専門家であることが、裁判員に伝わる。あなたが懸命な姿勢でないと、熱意をもって語りかけないと、裁判員は懸命に耳を傾けてはくれない。相手は自分の鏡と言うではないか。

3-13
冒頭陳述の戦術シナリオ

■**冒頭手続**(目標＝正当防衛であることに注意を喚起する)
　　弁護人の意見陳述　「被告人の行為は必要かつ相当な防衛行為であり正当防衛が成立し無罪です」

■**冒頭陳述の戦術シナリオ**
　（目標＝DV被害の具体的内容に興味をもたせる）

　　1. 挨拶　　　　「裁判員、裁判官のみなさん」
　　2. 自己紹介　　「弁護人の田中です」
　　3. 問題提起　　「なぜ、このような事件が起こったのでしょうか？」
　　4. 結論　　　　「それは、被告人は被害者からDV被害を受けていたからです」
　　5. ロードマップ「それを３つの点から証明します。まず１つ目は、事件以前の被害者の暴力行為と前科、２つ目に、事件当日の被害者による暴行、そして、３つ目に、なぜ被告人が２回も刺したのか、です。
　　　　　　　　　　そして、この３つの具体的内容が法廷ですべて明らかになれば、正当防衛が成立することがわかります」

■**与えすぎは禁物**
　たとえあなたが稀代の雄弁家であっても、冒頭陳述で事件のすべてを朗々と語り上げてはいけない。もちろん自分の弁舌に酔ってもいけない。
　裁判員に理解や共感を求めるためには、えてして大量の情報を与えなければならないことがある。しかし、多くの情報を与えると聴き手は混乱する。プレゼンテーションの基本セオリーだ。あなたの冒頭陳述は検察官の冒頭陳述の直後におこなわれる。つまり、あなたが冒頭陳述を始めるときは、裁判員はすでに多くの情報の波間に漂っているわけだ。その状態で、さらに、あなたは多くの情報を与える。これでは裁判員は情報に溺れてしまうは必定だ。
　さらに、裁判員はあなたの冒頭陳述に対して、検察官のそれと似たような話を聞かされたと感じる。そうなると、裁判員は疲弊して、あなたの冒頭陳述にまったく興味を失ってしまう。興味の持てない審理は苦痛でしかない。

■注意、興味

　さて、あなたは、冒頭陳述の獲得目標を"裁判員にDV被害の具体的内容について知りたいという興味をもたせる"と設定した。それを達成する冒頭陳述のシナリオは次のとおりだ。

　あなたは、法廷の中央にゆっくりと歩み出て一礼する。裁判官・裁判員全員としっかり目線を合わせ、しばし沈黙する。これによって、あなたは裁判員の注意を喚起する。次に、「なぜ、このような事件が起こったのでしょうか」と投げかけてみよう。そうすれば、裁判員は「なぜだろうか」と考え、その後に続く話に興味をもつ。そして、「それは、被告人は被害者からDV被害を受けていたからです」と結論を述べる。結論はコンパクトにまとめる。こうすれば、裁判員は、「被害者はどんな人か」、「事件当日にどんなことがあったのか」と興味をもつ。

　あなたが冒頭陳述を始めるときは、もう、すでに裁判員は多くの情報で混乱している。それでも、弁護人の話を聴いてみようと思わせる必要がある。そのためには、検察官の主張に対置し、かつ興味を引く事件の切り口を、コンパクトに述べなければならない。

■理解、合意、行動

　結論を述べた後はロードマップを示す。たとえば、「では、このことを３つの観点から説明します。１つ目は、事件以前の被害者の暴力行為と前科、２つ目は、事件当日の被害者による暴行、そして、最後の３つ目は、なぜ被告人が２回も刺したのか」などと。

　このロードマップはあくまでも大枠を示すのであって、詳細な内容を話してはいけない。あなたの目標は、裁判員に"知りたいという興味をもたせる"ことだ。詳細を話せば興味は萎んでしまう。また、いつの時点で被害者の前科に関する具体的な事実が法廷で明らかにされるか、予告をする。たとえば、「本日の午後、証拠書類の取調べで明らかになります」などと。こうしておけば、裁判員の興味が失せることもない。

　最後に、「３つの具体的内容が、法廷ですべて明らかになれば、正当防衛が成立することがわかります」と力強く述べる。これで、裁判員は、あなたの提示する枠組みに沿って、あなたと同じ視点から審理を見ることに合意し、実際に審理に臨む。

　これで、あなたは裁判員をナビゲートできる。

3-14
書証・物証の取調べの戦術シナリオ

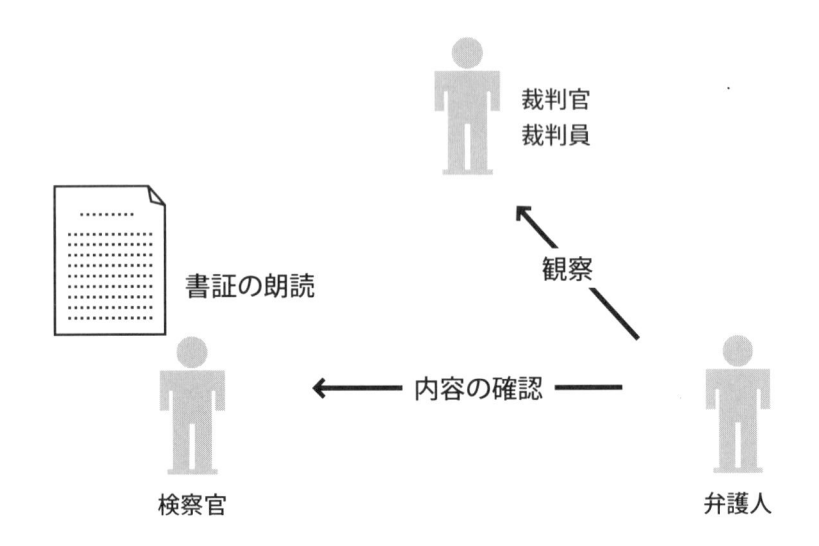

```
           裁判官
           裁判員

[書証の朗読]      ↗ 観察

  検察官  ← 内容の確認 ―  弁護人
```

■ **検察官請求証拠**

　検察官が書証を朗読している間、次の証人尋問のことを考えていてはいけない。検察官が書証の一部を読み飛ばす可能性もある。朗読の最中に偏見を与えるような説明をするかもしれない。油断は禁物だ。

　あなたは、公判前整理手続の段階での想定が、そのまま実現されているか確認する。書証・物証には形式上もいろいろなものがある。内容についても、裁判員に理解してほしいものもあれば、理解してほしくないものもある。あなたは、証拠が法廷でどのように示され、伝えられるのかをコントロールできる可能性がある。公判前整理手続の段階で、法廷でどのように顕れてくるかを想像し、証拠意見を述べておくことだ。

　それと同時に裁判員を観察する。検察官の朗読が早口で、裁判員は当惑しているかもしれない。検察官が示す凶器に目を背けるかもしれない。裁判員が示す反応によっては、戦術シナリオを柔軟に修正する必要があるかもしれない。

■弁護人請求証拠

　まず、証拠の内容を裁判員にわかりやすいものにしておく。これが前提だ。では、取調べの際に、どのようなことに注意すべきだろうか、考えてみよう。

　そもそも、弁護人請求の書証・物証は、検察官請求証拠が網羅的なのとは異なり、スポットで請求することが多い。そうなると、事件全体での位置づけ、他の証拠との関係がわからないままになる危険性が高い。あなたは、冒頭陳述の内容との関連性を、明確に示さなければならない。

　あなたは、菜箸、被告人のカルテ、被告人の診断書、被害者の前科調書を取調べ請求するだろう。裁判長から「では弁護人、弁1号証の菜箸を取り調べます」と言われて、被告人に「これはあなたの家にあった菜箸ですか」と確認し、「はい」という返事があった。これであなたは安心して着席していいだろうか。確かに、これで関連性の確認としては十分かもしれない。あなたは「被告人質問でまた示して質問すればいい」と考えているかもしれない。

　しかし、裁判員には被告人質問まで「あの菜箸って、事件とどんな関係があるのか」という大きな謎が残される。謎だと思ってくれればいいが、記憶の彼方へ行ってしまうかもしれない。そうなると、ここで質問した意味がない。

■裁判員に疑問を残さない

　これは、裁判員の立場に立っていないことの証明だ。菜箸を登場させたからには、この菜箸が、「いつ、どこで、誰によって、どう使われたものか」明らかにする。そうでなければ、単なる時間の無駄だ。

　あなたは、先ほどの質問に続けて、被告人が被害者を刺す前に、台所で、被害者が被告人の顔に先端を触れさせながら、「目ん玉くり抜いてやろうか」などと脅迫した事実を、被告人に語らせる必要がある。他方、被告人のカルテ、診断書、被害者の前科調書については、酒井久美の証人尋問や被告人質問で経過を聞き出しながら説明させるほうが、裁判員には理解しやすいだろう。

　そこで、書証の取調べにおいては、簡単に内容を紹介した後、「この診断書が作成された経緯は被告人質問で被告人に説明してもらいます」と予告する。こうしておけば、裁判員も安心だ。ほったらかし状態にするのが一番問題だ。どの段階で、どのように説明することが一番わかりやすいのか。書証・物証の取調べを侮ってはいけない。戦略的に考えよう。

3-15
主尋問の戦術シナリオ

主尋問の戦術シナリオ

1. **位置づけを確認（尋問の目的）**
   弁護人「あなたがこの法廷に来た理由を説明してください」
   証 人「私も被害者の方から暴力を振るわれたことがあります。その話をするために来ました」

2. **ロードマップを示す**
   弁護人「まず、事件以前のこと、それから事件当日のことを聞きます。事件以前については3点あります。1つ目は、山本さんが過去に被害者から受けた暴力、2つ目は、被害者が被告人に話していた過去の暴行事件。そして、3つ目は……。では、1つ目の……」

3. **核心から尋ねる**
   弁護人「山本さん。あなたは、なぜ被害者を刺したんですか？」
   被告人「刺さないと私が殺されると感じたからです」
   弁護人「では、あなたがそう感じた理由がわかるように、それまでの経緯を聞いていきます」

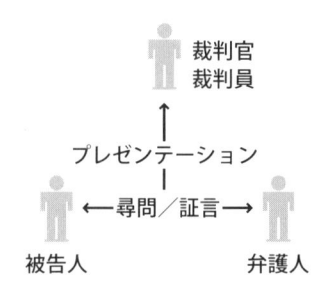

```
            裁判官
            裁判員
             ↑
      プレゼンテーション
             
   ←─ 尋問／証言 ─→
  被告人          弁護人
```

■**難しい、しかし価値がある**

　主尋問も反対尋問も、質問と答えで構成される裁判員に向けたプレゼンテーションだ。別物と考えてはいけない。

　あなたが一方的に語るプレゼンテーションはコントローラブル（制御可能）だ。しかし、尋問というインタラクティブ・プレゼンテーションは、アンコントローラブル（制御不能）だ。しかし、伝わる内容の信頼性は高い。いずれにせよ、あなたの獲得目標があるわけだから、主尋問も反対尋問も戦略的でなければならない。目的、目標、順序、内容を決めて、何に注意を向けさせ、興味をもたせ、理解させるか検討し、質問を組み立てよう。

　まず、証人の位置づけを明らかにする必要がある。山本純子事件の酒井久美証人であればこうだ。「あなたがこの法廷に来た理由を説明してください」、「私も被害者の方から暴力を振るわれたことがあります。その話をするために来ました」。これで、何のための質問かは明らかだ。

■ロードマップを使う

　次に、ロードマップを使い尋問の全体像を明らかにする。あなたは尋問で事実を積み上げる。しかし、あなたの狙いがわからない裁判員にとって、それは苦痛な作業となる。そこで、裁判員にロードマップという整理箱を渡しておく。整理箱があれば、裁判員は意欲的に聴こうとする。

　山本純子事件の被告人質問であれば、「まず、事件以前のこと、それから事件当日のことを聞きます」、「事件以前については３点あります。１つ目は、山本さんが過去に被害者から受けた暴力。２つ目は、被害者が被告人に話していた過去の暴行事件。そして、３つ目は……」と。これで、裁判員は被告人質問で聞くべきことを把握する。そして、「では、山本さんが過去に被害者から受けた暴力について、聞いていきます」と宣言してから質問に入る。

　その後も、途中でロードマップをはさみ、現在の位置を確認しながら尋問を進める。こうすれば、裁判員の理解が促進され、集中力が途切れることもない。ロードマップを視覚で確認できるようにするのも効果的だ。ただ、ペーパーにして配布すると、裁判員はメモをとる作業に夢中になる。フリップボードを使ったり、必要なときにスクリーンに映し出すようにしよう。

■核心から聞く！

　事件によっては尋問時間が長くなることがある。多くの弁護人は、多くの質問を重ねながら、最後に核心を突く質問をする。つまり、時系列に沿って長い尋問を続けるわけだ。そうすると、裁判員は肝心なところで息切れしてしまうかもしれない。時には核心から質問しよう。

　まず、「山本さん。あなたは、なぜ被害者を刺したんですか」と核心に迫る質問をする。そうすると、被告人は、「刺さないと私が殺されると感じたからです」と答える。ここで、「では、あなたがそう感じた理由がわかるように、それまでの経緯を聞いていきます」と、その後は時系列に尋問を進める。このように、核心から質問し、その後、時系列のロードマップに沿った質問に入る。

　これで、裁判員が疲れきって、核心部分を聞いてもらえないという悲劇は回避できる。それに、核心部分を２度聞かせることによって、裁判員から深い理解も得ることができる。そうすれば、裁判員は、核心をついた質問と答えを、評議の席に持ち込んでくれるだろう。

3-16
反対尋問の戦術シナリオ

反対尋問の戦術シナリオ

1. **矛と盾の戦術シナリオ**
   供述調書と証言の矛盾を示す
2. **帰納法の戦術シナリオ**
   複数の事実から求められる弁護側の有利な答えを導き出す
3. **背理法の戦術シナリオ**
   ※ある命題PとPの否定がともに真であるとき、これを矛盾という
   － 弁護人の命題：証人は犯人の顔を見ていない
   － 証 人の証言：犯人の顔をはっきり見た。それは被告人だった
   ↓
   夜だったこと、街灯もなかったこと、小雨が降っていたこと、視力が0.7程度であること、遠距離からの目撃であったことを、証人に確認していく。これでは、とても人の顔を識別できる状況ではない
   ↓
   "証人は犯人の顔を見ていない"という命題が"真"となる。

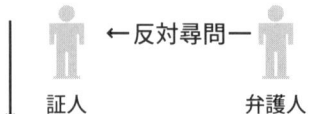

証言の信用性
↓
証人 ←反対尋問― 弁護人

■背理法の戦術シナリオにおける証言

　反対尋問の目的は主尋問の信用性を減殺すること。そのためには、証言の矛盾を突く戦術シナリオを採用する。

　矛盾とは、「ある命題PとPの否定がともに真であるとき、これを矛盾という」だ。あなたは、証人の口から両立し得ない事実や状況を引き出す。反対尋問の戦術シナリオで"背理法"のロジックを使う。たとえば、あなたの目標（命題）は"証人は犯人の顔を見ていない"であるが、目撃者は「犯人の顔をはっきり見た。それは被告人だった」と証言した。そこで、証人が犯人の顔をはっきり見たとすると矛盾が生じること、たとえば、夜だったこと、街灯もなかったこと、小雨が降っていたこと、視力が0.7程度であること、遠距離からの目撃であったことを、証人に確認していく。

　これでは、とても人の顔を識別できる状況ではない。とすると、"証人は犯人の顔を見ていない"という命題が"真"となる。

■盾と矛の戦術シナリオ

　証人の供述に変遷が見られるならば、自己矛盾供述の存在を示す戦術シナリオを採用する。

　あなたは、証人に"盾"も"矛"も真実であると語らせる。まず、"盾（主尋問での証言）"として、「犯人は左拳であなたの右頬を殴ったんですね」、「はい」と確認する。次に、"矛（過去の供述）"として、「事件当日、警察で事情聴取を受けましたか」、「どんな被害を受けたか、正直に話しましたか」、「刑事さんは正確に書面に残してくれましたか」、「書面の内容を確認して、署名・押印しましたか」。証人の答えはすべて「はい」だ。そして、あなたは証人に「私は右拳で左頬を殴られました」という事件当日の証人の供述調書を示す。これはまさに矛盾以外のなにものでもない。

　ただ、矛盾が明らかになっても、判決で「変遷しているが些細な点にとどまり……」と、一蹴されたのでは無駄骨だ。信用性を揺るがすに足りる攻撃対象を選び出すことが大切だ。

■帰納法の戦術シナリオ

　正当防衛を争う事案で、被害者証人に対する反対尋問を想定する。開示証拠では、被害者はイライラすると飲み屋で酒を飲んで、他の客にたびたび暴行することがあった。下記の反対尋問を見てみよう。

反対尋問	答え
5月10日、同じ店で酔って他のお客さんを殴りましたか	はい
その日、イライラして酒を飲みましたか	はい
5月30日にも酔って他のお客さんを殴りましたか	はい
その日も、イライラしていましたか	はい
事件の日、あなたは仕事でミスをしたんですね	はい
イライラしていましたか	はい
被告人はあなたの隣にいましたか	はい
被告人は大声で友達としゃべっていた。そうですね	はい
いったんあなたは被告人にうるさいと注意しましたか	はい
でも被告人は酔っていて大声で話すのをやめませんでしたか	はい

　これで、事件の日も被害者が殴りかかった状況が、裁判員に手に取るように浮かび上がるはずだ。

3-17
弁論の戦術シナリオ

■弁論の戦術シナリオ（目標＝正当防衛が成立することに合意を求める）

1.	結論	「これまでの審理で、被告人には正当防衛が成立することに合意いただけると思います」
2.	ロードマップ	「その３つの理由について確認します。１つ目に、過去の被害者の暴行、２つ目に、事件当日の被害者の暴行、３つ目に、被告人が刺したときの状況について」
3.	大項目Ⅰ	過去の被害者の暴行 (1) 被告人への暴行、(2) 被告人の友人への暴行、(3) 前科
4.	大項目Ⅱ	事件当日の被害者の暴行 (1) 暴行の程度、(2) 脅迫の程度、(3) 時間の長さ
5.	ロードマップ	大項目ⅠとⅡの復唱
6.	大項目Ⅲ	被告人が刺したときの状況 (1) １回目に刺す前の状況、(2) ２回目に刺す前の状況、(3) ２回刺さなかった場合の結果
7.	要約	ボディの３項目を復唱する
8.	結論	よって"被告人は無罪である"ことをご確認いただきました
9.	次へのアクション	評議の場では、みなさんの正義に基づいて、無罪の判断を示していただきたく思います
10.	挨拶	感動的なエピソードを加えて挨拶し終了する

■イントロダクション

　さて、これまで証拠調べや被告人質問を経て、裁判員に事実と証拠を理解させることができた。あなたは審理の総まとめとして、最終の弁論を展開する。

　ただ、弁護人の主張を押しつけてはいけない。弁論は、あくまでも、裁判員の理解を１つずつ確認し、合意を得る作業だ。山本純子事件では、"２回刺したこともやむをえず、正当防衛が成立すること"の合意である。裁判長に「弁論をどうぞ」と促され、「はい」と応え、すっと起立する。法廷の中央に歩み出て暫し沈黙する。裁判官・裁判員に強いアイコンタクトを送り注意を喚起する。

　「被告人には正当防衛が成立します」と力強く結論を述べる。そして、「その理由が３つあります」と大項目を述べてロードマップを示す。結論のわからない話、全体が見えない話は、裁判員に過度の忍耐を要求する。コンパクトにまとめよう。

■ **ボディ**

　弁論のボディは大項目を時系列でまとめる。「Ⅰ．過去の被害者の暴行」、「Ⅱ．事件当日の被害者の暴行」、「Ⅲ．被告人が刺したときの状況」の3つだ。

　大項目Ⅰは、①被告人への暴行、②被告人の友人への暴行、③前科、に分解する。この内容を、書証や証言を引用しながら埋めていく。大項目Ⅱを、①暴行の程度、②脅迫の程度、③時間の長さ、と展開する。そして、大項目ⅠとⅡの内容を復唱しながらロードマップを示す。大項目ⅠとⅡの中身は、具体的事実を列挙し、その中から結論を導き出す。帰納法だ。多くの事実をモレなく、かつ、確実に展開しよう。そして、大項目Ⅲ、「最後に、山本さんが被害者を刺したときの状況を確認しましょう」と始める。中項目は、①1回目に刺す前の状況、②2回目に刺す前の状況、③2回刺さなかった場合の結果、の3つだ。エスカレーション的配列に沿って、被告人の追いつめられていく心情を描写しよう。

　そして、最後に「被告人が被害者を刺していなかったら、反対に被告人が殺されていたでしょう。正当防衛であることは明らかです」と大項目Ⅲを終える。

■ **クロージング**

　ボディを話し終えた後、クロージングに入っていく。あなたは大項目の3つをコンパクトに要約する。人は忘れやすい生き物だ。あなたの大切な3つを復習しておこう。たとえば、「ここまでで、1つ目に過去の被害者の暴行、2つ目に事件当日の暴行、そして、3つ目に被告人の刺した状況についてお話ししてきました」などと、ロードマップを繰り返す。

　要約が終われば、力強く、「よって"被告人は無罪である"ことをご確認いただきました」と再度結論を述べる。そのとき、心の中で、「……ということを合意いただけますね」と唱えながら言う。気持ちは言葉にエネルギーを吹き込んでくれる。次に、「評議の場では、みなさんの正義に基づいて、無罪の判断を示していただきたく思います」と、裁判員がとるべき次の行動を促す。ここで照れながら言ったり、ムニャムニャ言ったり、口ごもったりしてはいけない。力強く言い切ることだ。

　最後に、裁判員の感情に訴え感動的に締めくくる。あなた自身の言葉で、裁判員の心を揺さぶろう。すべての話を終え、一礼する。そして弁護人席にゆっくり歩み出す。そうすれば、あなたの背中は大きく見える。最後は、被告人の最終意見陳述だ。裁判員を行動に導く一言で締めくくる。

3-18
シナリオ・プランニング

不確実性の評価とアクション

不確実性	評価	アクション
キー・ドライビングフォース A	1 2 3 4 ⑤	C-SWOT分析を再精査し代替シナリオを事前に作成する
B	1 2 3 ④ 5	代替えシナリオを作成
C	1 2 ③ 4 5	代替シナリオを事前に検討しておく
D	1 ② 3 4 5	発生の可能性を知っておく
E	① 2 3 4 5	無視する

■シナリオ・オプション

　法廷には不確実性が満ち溢れている。「こんなはずでは……」と予想だにしないことが起こる。

　たとえば、いきなり2号書面が採用されるかもしれない、補充質問で、裁判員が弁護側に不利な心証を抱いていることが、判明するかもしれない、あるいは、証拠制限にもかかわらず、検察官の新たな証拠調べ請求が、許容されることだってありうる。このように、審理の途中で被告人に不利な状況が、現実化したとしよう。もし、あなたが裁判における不確実性の存在を無視し、1つの法廷戦略シナリオしか持ち合わせていなければ、結果は火を見るより明らかだ。いくら「想定外の……」と言い訳をしても、裁判に負けた事実を否定することはできない。

　あなたが、信頼される弁護人であるためには、不確実性の存在を認め、それに柔軟に対応できるシナリオ・オプションを用意しておかなければならない。

■シナリオ・プランニング

　もちろん、不確実性はなにも不幸な出来事を引き起こすだけではない。予期せぬ幸運が舞い込むこともあるだろう。
　たとえば、検察官の主尋問が途中で打ち切られるかもしれない、被害者が厳罰を求めないと証言するかもしれない。裁判員が捜査官の証言に不快感をあらわにすることだって考えられる。しかし、幸運だけを頼りにするなら、弁護人の存在意義はない。あなたの弁護活動は戦略的でなければならない。戦略的であるためには、シナリオ・プランニングという考え方をもつことだ。シナリオ・プランニングとは、法廷には不確実性が存在することを認め、それに対応するためのプランをあらかじめ用意することだ。
　あなたは、法廷戦略ステートメントに基づいて、勝てる確率が高いと思われる法廷戦略シナリオ（スタンダード・シナリオ）を構築し、それに基づいて、各手続の戦術シナリオを用意しているはずだ。しかし、このような不確実性によりスタンダード・シナリオが機能しなくなるかもしれない。そうなればお手上げ、ということでは話にならない。

■不確実性を評価する

　不確実性に対応するためには、法廷でどのようなことが起こりうるのか、可能な限り予測することだ。
　不確実な要因の中で、スタンダード・シナリオへの影響が大きなもの、つまり、"キー・ドライビングフォース"を抽出する。そして、このキー・ドライビングフォースが現実化した場合の、その不利の度合いを5段階で評価する。たとえば、任意性を争っていた自白調書の採用は、不利な度合いが高い"4"と評価したとする。そうであれば、それに対応する他の選択肢を用意することだ。弁論の戦術シナリオを複数用意する方法もあれば、別の法廷戦略ステートメントを用意する方法もある。また、不利の度合いの評価が"1"ということもありうる。この場合、無視するという考え方もある。
　1つのシナリオを作成し、それにしがみつくような弁護活動をしてはいけない。また、楽観的に、あるいは、面倒臭いとばかり不確実性を無視してもいけない。シナリオ・プランニングを検討する過程において、複眼的な思考力が養われるだろう。そして、あなたは想定外の事態への対応力を身につけることができる。

3-19
予想外の不確実性に対応する

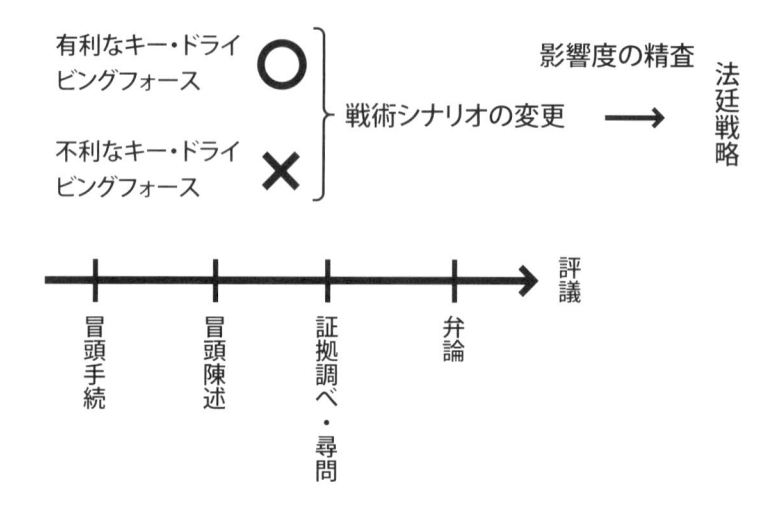

```
有利なキー・ドライ      ○
ビングフォース              ┐                影響度の精査      法
                            ├ 戦術シナリオの変更  ──→        廷
不利なキー・ドライ      ×   ┘                                 戦
ビングフォース                                                 略
```

```
├──────┼──────┼──────┼──────→ 評議
冒頭手続  冒頭陳述  証拠調べ・尋問  弁論
```

■徹底的に観察する

　シナリオ・プランニングの考え方を身につけても、キー・ドライビングフォースの評価を間違えては意味がない。

　たとえば、裁判員が証人や被告人に対して発する質問には、そのときの裁判員の心証が示される。これを読み取ることは容易だろう。しかし、質問だけに注意していてはいけない。裁判員が発するさまざまなサインを観察し続けることだ。ある模擬裁判で、1人の裁判員が専門家証人の証言にうなずき続けていた。しかし、「犯行当時、被告人に責任能力はなかったと判断します」という証言には、疑惑に満ちた表情でいた。果たして、その裁判員は評議において「責任能力がなかったとは思えない」と意見を述べ続けた。

　弁護人がこの反応に気づけば、尋問を追加・変更するとか、弁論での強調点を変更するなど、何らかの対応が可能であったはずだ。しかし、気づかなければ対策のしようがない。裁判員を徹底的に観察することだ。

■ **予期せぬ不幸**

では、まったく想定外の事態が起こったらどうか。再び、山本純子事件で考えてみよう。

たとえば、酒井久美証人が、「純子は、酔っ払って池田さんをいつか殺したいと言ったこともあります」と予想外の証言をしたとする。この証言の不利な度合いは、殺意を争っていないとしても、5段階で"5"であろう。酒井証人にさらに質問し、その発言がなされたのはケンカの後であったとか、そういう発言は1回きりだったなどの証言を引き出せるかもしれない。しかし、その保証はない。そこで、被告人質問と弁論のシナリオの変更で対応することだ。「以前にそういう発言をしたこともあったが、事件当日は、身を守るので精一杯だった」という点を強調するシナリオに変更する。

では、「純子に5万円借りています」との証言はどうだろう。検察官が、酒井久美証人の証言の信用性が低い根拠として指摘するかもしれない。しかし、偽証の動機づけとなるような金額ではないと判断すれば、対処の必要はない。たとえ無視したとしても、その後に大きな影響を与えないだろう。

■ **天国と地獄**

では、逆に予期せず有利な証言が得られたとしたらどうか。たとえば、被害者の妻が「夫は、ケンカをするとよく包丁を持ち出して振り回していた」と証言したらどうか。

この被害者の妻の証言というドライビングフォースは、一見すると弁護側に有利に働く。しかし、これに乗ってシナリオを変更してよいかどうかは、十分に吟味する必要がある。なぜなら、「よく包丁を振り回すことがあったとしても、今回は振り回していない」という議論にもなりうるからだ。あなたは、ここで評議の展開予測を再度検討し直さなければならない。つまり、戦術シナリオを変更することによって法廷戦略全体にどのような影響を与えるか、慎重に精査することだ。ひょっとすると、裁判員はこのドライビングフォースをまったく歯牙にもかけないかもしれない。

もし、そうであれば、戦術シナリオを変更すると、あなたは天国から地獄の底に落とされてしまう。目の前の局地戦のみに拘泥することなく、裁判全体の戦略を見通し、シナリオ・プランニングを検討することだ。

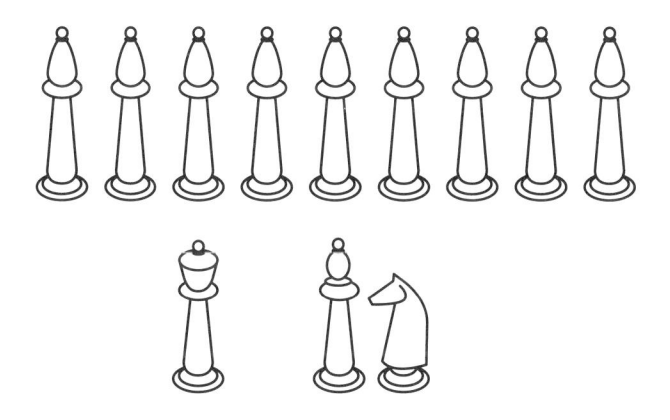

第4章
法廷におけるデリバリー技術

　あなたは、第1章で戦略的法廷プレゼンテーションの基本構造を学んだ。それは3層構造のピラミッドになっており、下から「法廷戦略の立案」、「シナリオの構築」、そして、「デリバリー」である。
　この章では、一番上の「デリバリー」、つまり、裁判員と裁判官を前にして、伝える行為そのものについて考えてみよう。
　あなたがいくら頭を絞って勝てる法廷戦略を立て、論理的なシナリオを組み立てたとしても、それが裁判員に伝わらなければ、まったく意味がない。たとえ、それが伝わったとしても、説得力がなければ、あなたは裁判に負ける。
　この章では、法廷におけるあなたのデリバリー力に磨きをかける技術を伝授することにしよう。

4-1
弁護人が発する非言語メッセージ

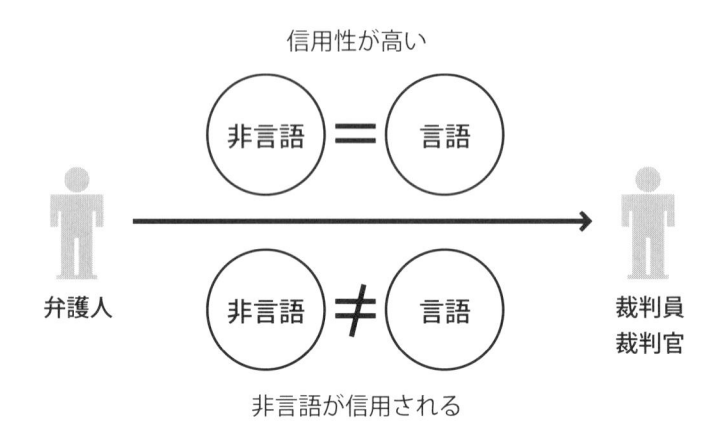

信用性が高い

非言語 ＝ 言語

弁護人 → 裁判員 裁判官

非言語 ≠ 言語

非言語が信用される

■**問題の冒頭陳述**

　これまで、緻密に法廷戦略を立て、各手続の戦術シナリオを作成した。いよいよ、裁判が始まる。あなたは、裁判長に「弁護人、どうぞ」と促され、弁護人席でゆるゆると、目の前の書類に名残惜しそうに立ち上がる。テーブルに手をついて、うつむき加減で、「え……、それでは弁護人の、あのう……」と冒頭陳述を始める。

　誰も大勢の人の前で話をすることに、自ら進んで手を挙げる人は少ない。きっと、あなたも人前で話をするのは得意ではないだろう。これまでは文書を読み上げるだけでよかったが、これからは、このやり方は通用しない。口頭で冒頭陳述をおこなわなければならない。あなたは、緊張した面持ちでボソボソとしゃべり始める。あるいは、丸暗記した内容を口から吐き出して、さっさと終えたいと思う。その結果、あなたは、機関銃を乱射するように猛烈な勢いで話をする。

　果たして、これで裁判員はあなたの冒頭陳述を理解してくれるだろうか。あなたの主張を受け入れてくれるだろうか。あるいは、「まさに、そのとおりだ」と合意するだろうか。いずれも答えは「ノー」だ。

■ 言語と非言語

　何が問題の原因だろうか。それは、あなたが、伝達するには"言語"と"非言語"の2つの方法があることを、明確に理解していない可能性があるからだ。もし、あなたが日本の法廷で日本人の裁判員に向かって冒頭陳述をおこなうなら、日本語という"言語"を使って伝える。きっと、あなたは"法律用語"をなんとかしなければと、心配しているはずだ。

　しかし、伝える方法は言語だけでなく、態度や姿勢、身振り手振り、目線、顔の表情、話のスピード、声の強弱や高低などの"非言語"もある。それらは、それぞれに何らかのメッセージを発信する。態度や姿勢は、話し手の人格を表し、身振り手振りは言葉のメッセージを強調したり、顔の表情は話し手の感情を表現したりする。もちろん、非言語がポジティブなメッセージを伝えてくれればいいが、ネガティブなメッセージを伝えると、あなたはもう1つの地雷を踏むことになる。

　言語と非言語は切っても切れない関係にある。言語で伝えようとするなら、常に非言語も言語に付随してくる。そして、その非言語の影響は決して小さくない。注意が肝要だ。

■ どちらを信用するか

　あなたは言語と非言語の2つの方法を使って自らの主張を伝達する。では、裁判員・裁判官は、あなたの言語と非言語と、どちらを信用するだろうか。

　きっと、あなたなら「"非言語"を信用する」と言うだろう。そして、理由を尋ねると、「非言語はその人のホンネを表しているからだ」と答えるにちがいない。あるいは、「いやいや、言語は大切だから、言語を信用する」と反論するかもしれない。難しい問題だ。では、質問を変えてみよう。「言語が伝えるメッセージと非言語が伝えるそれが一致していればいいが、違っていれば、どちらを信用するだろうか」と。そうなると、きっと、「非言語を信用する」と言うだろう。

　つまり、あなたはプレゼンテーションをおこなう際、言語と非言語を一致させてメッセージを発しなければならない。そうでないと、裁判員・裁判官はあなたの話を信用しないことになる。あなたがいくら「被告人は無罪だ」と言っても、態度がオドオドしていたり、消え入るような声であったり、目が泳いでいると、逆に「有罪かもしれない……」と思われる。これからは、自分がどのような非言語を使っているか、もう少し注意を払うことにしよう。

4-2
弁護人の態度

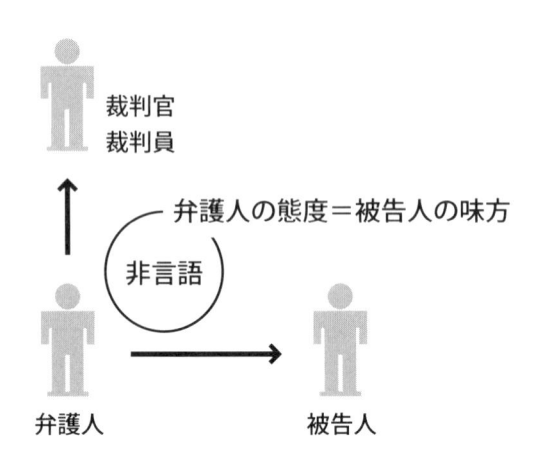

```
        裁判官
        裁判員
         ↑
            弁護人の態度＝被告人の味方
        非言語
  弁護人  →  被告人
```

■入退廷の態度

　ここからは、法廷プレゼンテーションのアウトラインに基づいて、1つ1つ言語と非言語の問題を検討する。あなたが入廷するところからイメージを湧かせて考えてみよう。

　あなたは、バッグにこれでもかと書類を詰め込み、それでも足りないのか、小脇に山ほどの書類を抱えて、ちょっと急ぎ足で、タオルで汗を拭きながら法廷に入ってくる。ここは裁判員に見られているわけではないが、もう少しスマートに入廷しよう。慣れ親しんだ場所だから、気を抜いてしまうかもしれないが、やはり、緊張したほうがいい。どんな場合でもそうだが、余裕をもって、背筋を伸ばし、「よし、やるぞっ」という気持ちでスタートすれば、いい結果が出る。もちろん、退廷する場合も同様だ。一気に力を抜いて、ヘナヘナとした態度で、ガサゴソと書類を整理して、ダラダラと法廷から出て行くのはいただけない。

　裁判官裁判であれば、きっと、あなたは非言語なんぞには注意を払ったこともないだろう。しかし、一般人の裁判員にとってみれば、あなたの態度は評価対象だ。

■弁護人席での態度

あなたは、弁護人席に座って裁判員・裁判官が入廷するのを待つ。ありえないと思うが、椅子にふんぞり返っているとか、肘に手を当ててボーッとしているとか、足を組んでいるなどはやめたほうがいい。悲壮感を漂わせる必要もなければ、過度にニヤニヤする必要もない。

姿勢は人格を表す非言語の一種。あなたが人格的に優れた人物だと評価されたければ、非言語に注意を払うことだ。誰でもそうだが、長年にわたって、1つの仕事を続けると、マンネリのためか緊張感がなくなる。自分にドライブをかけよう。緊張感は能力以上の力を発揮させてくれるエンジンだ。裁判員・裁判官が入廷すると、すっくと立ち上がる。ダラダラとか、名残惜しそうにとか、ゆるゆると立ち上がるのはやめたほうがいい。行動をおこすときは、ためらいを見せてはいけない。

自分はそうではないと思っているかもしれないが、人の非言語は自覚症状がない。子どもの運動会でのホーム・ビデオで自分の姿を見て、「こんなはずでは……」と思ったことが何度かあるはずだ。入廷した瞬間から、自分は見られていると思ったほうが賢明だ。

■被告人の味方

人定質問や被告人意見陳述、弁護人意見陳述などのときも、あなたは裁判員・裁判官に見られていることに、注意を払わなければならない。とくに裁判員にとっては、被告人や弁護人は初めて見る対象だ。

興味津々だから、あなたの一挙手一投足を観察している。そのときに大事なことは、"あなたが被告人の味方であること"を非言語で示さなければならないこと。被告人にすれば、初めての場所と環境で戸惑いがあるだろう。精神的にふさぎ込んでいて、立ち振る舞いもぎこちないかもしれない。あなたは被告人を心配そうな眼差しで見つめ、被告人を庇い、サポートしケアすることだ。もし、あなたが被告人の言動に無関心であれば、裁判員が、きっと、「本当のところは、弁護人は無罪だと思っていないのではないか。単に仕事でそう言っているだけだろう」と思っても不思議はない。

非言語の威力は絶大だ。いくら「私は被告人の弁護人です」と百回言っても、非言語がその反対のメッセージを伝えていれば、裁判員はそのように理解しない。あなたの態度は口で語るよりも饒舌だ。

4-3
印象を管理する

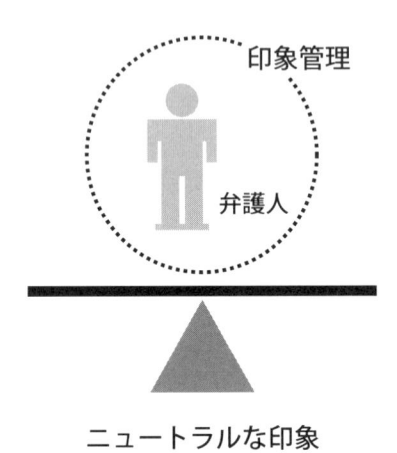

印象管理

弁護人

ニュートラルな印象

■ニュートラルな印象

　あなたがどんな服装で入廷するか、一度、考えてみる必要がある。あなたは、「そこまで考えなくてもいいだろう」と言うかもしれない。しかし、非言語を侮ってはいけない。

　もし、あなたの非言語が小さな否定的なメッセージを繰り返し発信すると、それは受け手側の潜在意識に働きかけ、最終的に「何か、信用がおけない弁護人だ」という印象を与えてしまう。何も、あなたの服装のセンスを問うているわけではない。あなたが考えるべきは、"ニュートラル"ということだ。もし、弁護人がよれよれの汚れたスーツを着ていたら、あるいは、逆に、いかにも高級そうな生地のスーツを着ていたら、一般人の裁判員はどう思うだろうか。いずれにせよ、裁判員に余計な予断を与えてしまうだろう。特別な印象をもたせたいならいいが、服装のデザイン、色柄、取合せなどは、ニュートラルで揃えることだ。

　じっくりつきあえばいいが、短期間で終了する審理の中で、裁判員はあなたの本当の能力を理解することは難しい。どうしても、印象の部分で判断してしまう。

■外見で判断される

　人は相手の詳細な部分を見て、一瞬のうちにその人に対する印象を形成する。服装だけでなく、鞄、靴、筆記用具、時計などの持ち物も、印象形成の要素になる。いくら人は見かけで判断してはいけないと言っても、残念ながら、初対面の相手には、それしか手がかりがない。

　たとえば、あなたが布製のカジュアルなデイパックを肩に背負って入廷したとしよう。あるいは、いかにも高価に見えるブリーフ・ケースを片手に入廷したとしよう。当然、裁判員はある種の印象をもつ。プラスチックのキャラクターが入った腕時計をしているのか、いかにもブランド物の金ピカの腕時計をしているのか、いずれにせよ、被告人の人権を守る弁護人の印象を与えるのは難しい。まず、あなたは裁判員に予断をもたせないことだ。そして、真っ白なキャンバスに、あなたが語ることで、"信頼"という印象を描くことだ。

　もちろん、人の値打ちは外見で決めることはできない。しかし、中身が理解されるには時間が必要だ。評議が終わってから「ああ、あの弁護人は優秀な人だったんだ」と思われても、時すでに遅し。

■印象管理

　人は第一印象で相手との距離感を決める。もし、あなたが、裁判員に弁護人として良くない印象を与えたとしよう。そうすると、あなたはマイナスからスタートしなければならない。最初に与えた印象を消すことは容易ではない。

　あなたは、冒頭陳述でも弁論でも裁判員・裁判官の正面に立ち、全身を晒すことになる。そのとき、あなたは足のつま先から頭のてっぺんまで細かく観察される。たとえば、人は人の値踏みをするのに靴を見る。つまり、足元を見るわけだ。もし、うす汚れて踵のすり減った靴を履いていれば、相手はあなたを低く見るかもしれない。これからは法廷に入る前には、靴を磨くことを忘れてはいけない。靴を磨く時間をもつことによって、気持ちに余裕をもたせることができるし、「よし、やるぞ」という意欲が湧く。

　あなたは、自分がどのような印象を与えているか、あるいは、与えるべきか、考えてみることは有益だ。そして自分自身の印象を管理する。そのためには、常に"裁判員・裁判官、傍聴人に自分は見られている"と意識すること。もちろん、被告人にも見られている。

4-4
グッド・スタートを切る

冒頭陳述のオープニング

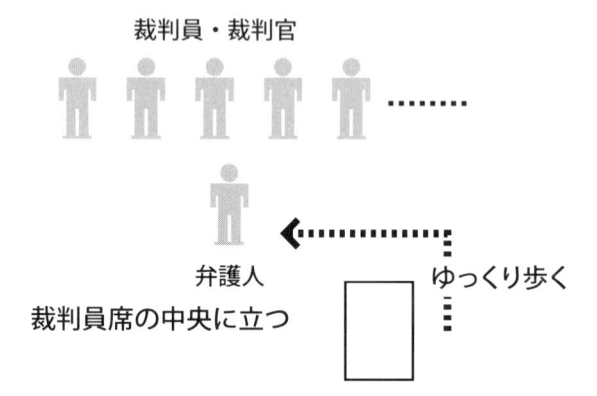

裁判員・裁判官

弁護人
裁判員席の中央に立つ

ゆっくり歩く

■準備のエネルギー

　ここからは、冒頭陳述のプレゼンテーションをイメージしながら、言語と非言語の問題を取り上げていこう。

　あなたは、準備の段階で、法廷戦略を立案し冒頭手続から弁論に至るまでの戦略シナリオを構築した。勝てる確率を最大限に高め、自信をもって法廷に臨んだ。この自信をもって、というのが重要だ。「ひょっとすると負けるかも……」などと不安にかられてはいけない。自信は、あなたの能力以上のものを発揮させてくれる。もし、あなたが冒頭陳述で何を話すか、すべてを書き出し丸暗記しているなら、途中で立ち往生する可能性が高い。あなたが話すこと、一字一句、間違いなく話そうとしないことだ。アウトラインを頭の中にたたき込んで、そのときそのときの状況に合わせて、自分の言葉で話そう。

　効果的な言語と非言語を使い、冒頭陳述の目標を達成するかどうか。それは、これまで費やした準備のエネルギーに比例する。

■ 弁護人席から立ち上がる

　あなたは、裁判長に「弁護人、冒頭陳述をどうぞ」と促され、弁護人席から立ち上がる。そして、裁判員・裁判官の真正面に立つ。

　法廷にいるすべての人が、あなたの一挙手一投足に注目する。ここで、ゆるゆる立ち上がったり、フラフラ立ち上がったりするのでは、消極的という印象を与える。「はい」とエネルギーを込めて返事をし、すっくと立ち上がろう。だからといって、いきなり立ち上がろうとしないことだ。椅子を後ろに引いて、そして、立ち上がる。些細なことかもしれないが、多くの人は椅子を引かずに立ち上がろうとする。その結果、身体を斜めにしたり、身体を揺らしたりしながら立ち上がる。まっすぐ立ち上がろう。そうすれば、非常に積極的な弁護人の印象を与える。日本人が椅子の生活をして歴史が浅いせいか、どうも立ち上がるのに迷いがあるようだ。立ち上がって、その場で話し始めてはいけない。弁護人席から離れて、裁判員・裁判官の真正面まで歩いていこう。

　非言語は、その人のそのときの気持ちや感情を、知らず知らずのうちに表現している。肯定的なメッセージを発信しよう。

■ 法廷の中央まで歩く

　弁護人席からすっくと立ち上がったら、次に裁判員・裁判官の真正面のところまで歩いていく。どのような姿勢で歩くか、あなたの人格を査定されるといっても過言ではない。

　背中を丸めて歩くと、どのような印象を与えるだろうか。せかせか歩くと、あなたはどんな人物に思われるだろうか。いずれにせよ、否定的なメッセージを伝えてしまう。靴を引きずりながら歩くと、だらしない性格の持ち主だと思われる。正しい姿勢で、ゆっくりと、しかも、しっかりとした足取りで法廷の中央まで歩く。そのときの顔の表情も重要だ。たとえ、あなたにとって、のるかそるかの裁判であっても、悲壮感を漂わせてはいけない。たとえ、あなたにとって、楽勝の裁判であっても、ニヤニヤしてはいけない。

　ニュートラルでありながらも、決意を秘めた表情で裁判員・裁判官の正面に立つ。そうすれば、好印象を与えることができ、冒頭陳述のグッド・スタートが切れる。初めよければ、すべて良しだ。

4-5
必然性のある動き

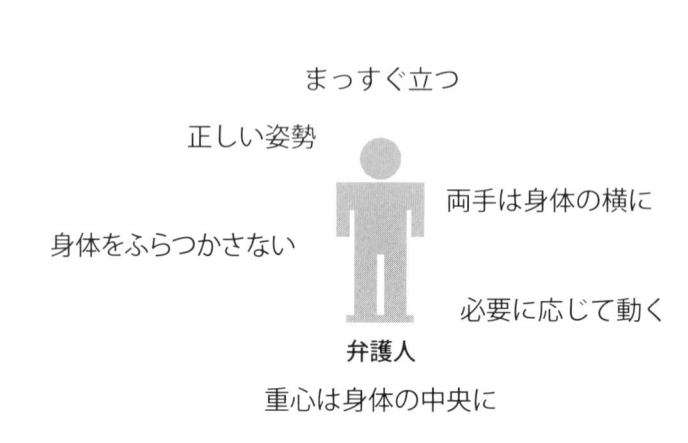

```
            まっすぐ立つ
        正しい姿勢
                        両手は身体の横に
  身体をふらつかさない
                        必要に応じて動く
              弁護人
         重心は身体の中央に
```

■立つ姿勢

　あなたは、しっかりした足取りで法廷の中央まで歩いて出てくる。そこで、まっすぐ姿勢正しく立つ。このとき、あなたは重要な課題に直面するだろう。

　それは、手の位置。きっと、あなたは両手を前に組んで話し始めようとするはずだ。手を前に組むと、肩幅が狭くなり、前屈みになって、自信がない印象を与えてしまう。それじゃと、手を後ろに組む。しかし、それだと尊大なイメージになり、裁判員に上から目線で物を言う印象を与えてしまう。両手は真横に置く。そうすれば、あなたは堂々とした態度で話し始めることができる。あなたの両手のホーム・ポジションは身体の側面だ。そこから、ボディ・ラングエッジを使う。使ったら、ホーム・ポジションに戻す。これが基本セオリーだ。

　ところが、日頃は手を前に組んだり、後ろに組んだりしているから、手を身体の横に置くと落ち着かない。しかし、心配はいらない。あなたが、自分で"堂々と立っている"というイメージを描けば、リラックスすることができる。

■身体の重心

　裁判員・裁判官の前に立ったとき、もう1つの課題がある。それは、身体の重心をどこに置くか。

　リラックスするためには、"休め！"の姿勢で立つのが一番だ、と教えられてきた。その結果、片足を少し前に出す。そうなると、反対側の足に重心がかかる。どちらか一方に重心をかけると、しばらく経つと重心をかけた足が疲れてくる。疲れると、もう一方の足に重心を移動する。そのうちに、疲れる頻度が高くなり、頻繁に重心を移す。その結果、身体が横に揺れることになる。横に揺れるうちはまだいいが、そのうちに、前後に揺れたり、あるいは、身体が回ったりし始める。そうなると、裁判員・裁判官は落ち着いて聞いていられない。身体の重心は真ん中に置く。そして、あなたはしっかりと大地を踏みしめて立つ。そうすれば、あなたは、堂々と自信あふれる姿勢で話し始めることができる。

　あなたは、きっと、このあたりで、「そこまで気にしなくても……」と思っているにちがいない。しかし、これまで学習したように、非言語にケアレスであってはいけない。

■動くか動かないか

　よく見かける風景だが、聴き手の前で歩き回る話し手がいる。なにやら自信たっぷりな印象を受ける。

　冒頭陳述で裁判員・裁判官の前を歩きながら、話をするのはどうだろうか。その答えは、"意味のある動きをすること"だ。法廷で意味なくウロウロしてはいけない。計算して動く。たとえば、注意散漫で眠そうな裁判員に近づく、強調したい点はキーパーソンの前で力強く語る、質問を投げかけて考えさせたければ少し後ろに下がる。このように意味ある動きをすることだ。効果的に動くためには、まず、動かないことをマスターする。裁判員・裁判官の前に立ったら、まず、動かない。身体をフラフラさせない、両手をだらだら動かさない、ウロウロ歩き回らない。これをマスターしよう。そして、必要に応じて動く。

　あなたは、きっと、プレゼンテーションというと、裁判員・裁判官の前でパフォーマンスを演じることだと誤解していないだろうか。そして、自分はしたくない、できない、と思う。あなたの動きは、効果的に伝えるための必然であり、逆に必然でなければならない。

4-6
冒頭陳述を始める

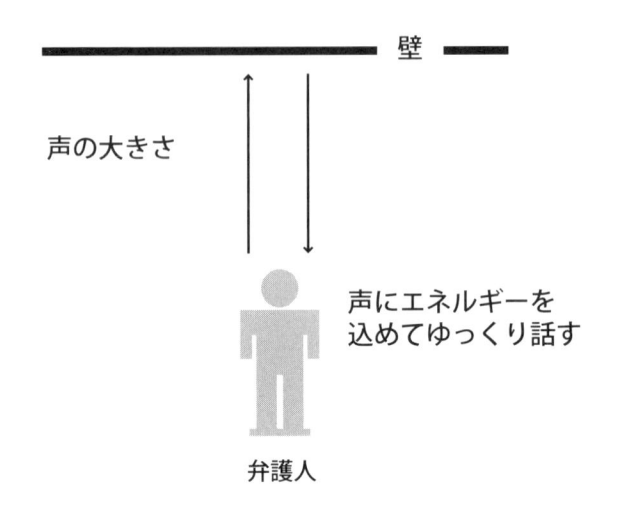

壁

声の大きさ

声にエネルギーを
込めてゆっくり話す

弁護人

■聞く態勢を作らせる

　さて、裁判員・裁判官の正面に立ったら挨拶をする。あなたは、これまで裁判官に挨拶をしたことはないかもしれない。しかし、一般社会では、人と人が出会ったとき、挨拶をする。

　なぜ、挨拶をするのだろうか。挨拶はコミュニケーションを開始する合図だ。そこで、あなたも裁判員・裁判官に向かって挨拶をし、注意を喚起しよう。たとえば、「裁判官、裁判員のみなさん」と、大きな声で呼びかける。そうすれば、ボーッとしている裁判員も、検察官の冒頭陳述を反芻している裁判員も、しきりにメモをとっている裁判員も、あなたの方を見る。つまり、聞こうという態勢になるわけだ。そして、「弁護人の田中です」と自己紹介をする。このとき、自分の名前は意識的にゆっくり話すことだ。あなたは自分の名前を十分に承知しているから、早口で「……です」と言う。

　しかし、相手は初対面だ。ゆっくり噛みしめるように言おう。そうでないと、審理の中盤になっても、「あの弁護人……」と人格のない名前で呼ばれることになる。

■ゆっくり話す

　人は人前に立つと、なぜか早口でしゃべり始める。機関銃を掃射するように、猛烈な勢いで話す。忘れないうちに覚えてきた原稿を吐き出してしまいたいのか、早く終えて家に帰りたいのか、とにかく早口で話す。

　早口で話すことは百害あって一利なしだ。もし、あなたが専門外の話を早口でまくし立てられたら、どう思うだろうか。単に理解不能に陥るだけでなく、ひょっとすると、腹立たしい思いになるかもしれない。当然、よく聞き取れない、よくわからない、記憶にも残らない。こんな状態になる。もし、あなたが聴き手の立場に立って話すなら、きっと、ゆっくり話すよう心がけるはずだ。ゆっくりと法廷の中央に立ち、すぐに話し始めるのではなく、ゆっくりと間を置いて裁判員・裁判官を見渡す。そして、ゆっくりと話し始める。もし、あなたが裁判員の立場に立つなら、きっとゆっくり話をすることの大切さがわかるはずだ。それでも、早口で話すなら、それは自分のことしか考えない単なるわがままな人だ。

　一般の人に専門的な話をするなら、噛んで含めるように話をするのが何にもまして重要なことだ。

■声にエネルギーを込める

　プレゼンテーションにおいて、多くの人の欠点は早口で話すこと。それに、小さな声で話すこと。

　緊張しているとか、自信がないなどの状態だと、人はボソボソと小さい声で話をする。裁判員席に届くまでに、あなたの声は床の上に落ちてしまう。裁判員は聞き耳を立て、最大限の注意を払い、なんとか理解しようと努力する。しかし、この努力は長くは続かない。あなたは、「人前に立つと、どうしても緊張して……」と言い訳をするかもしれない。しかし、これもわがままな人の典型だ。もし、あなたが裁判員の立場に立つなら、少なくとも大きな声で話すはずだ。あなたがいくら素晴らしい戦略を立てて、高尚な話をしようとも、裁判員の耳に届かなければまったく意味がない。それに小さな声で話をすると緊張する。緊張すると声が小さくなる。あなたは悪循環の罠に陥る。

　自分の声が裁判員席の後ろの壁にぶつかって、跳ね返ってくるぐらいエネルギーを込めて声を出そう。そうすれば、あなたは自信溢れる弁護人の印象を与えることができる。

4-7
謝辞を述べ背景を投げかける

冒頭陳述のオープニング

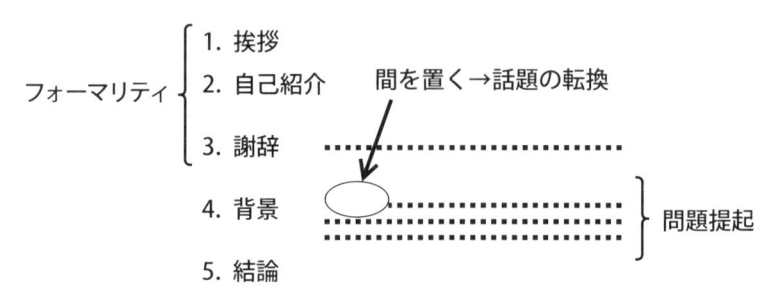

```
                ┌ 1. 挨拶
                │ 2. 自己紹介    間を置く→話題の転換
フォーマリティ  ┤ 3. 謝辞    ─────┐
                │ 4. 背景         ↓  ─┐
                │                    ├ 問題提起
                └ 5. 結論           ─┘
```

■礼儀正しい振る舞い

　さて、挨拶をし自己紹介をすれば、謝辞を述べよう。たとえば、「冒頭陳述の機会を与えていただき、ありがとうございます」と。ひょっとすると、あなたはそれは当然の権利であり、謝辞を述べる必要はないし、これまでもそのようなことはなかった、と言うかもしれない。

　しかし、あなたが立っている場所は裁判員裁判の法廷だ。一般人の裁判員が事実認定者として、あなたの前に座っている。そして、あなたは評価される立場にいる。一般の人は、権利だから当然だと当たり前のように振る舞うことに、違和感を覚える。一度、謝辞を述べてみよう。あなたはきっと礼儀正しい人だと思われる。もし、謝辞を述べて、その場が凍りついた状態になりそうで、法廷で非難囂々の声が上がると思われ、あなたが二度と立ち上がれないぐらい評判を落とすことが予想されるなら、言わなくてもいい。

　あなたは、裁判員・裁判官にしっかり目線を合わせて謝辞を述べる。そうすれば、きっと、裁判席にいる人たちから、好意的なスマイルが返ってくるだろう。

■話題を転換する非言語

　あなたは裁判長に促され、すっくと立ち上がり、きりりとした姿勢で歩き、法壇の真正面に立つ。そして、ゆっくりと裁判員席を見回し、挨拶をし自分の名前を紹介し、そして、謝辞を述べる。ここまで、しっかりステップを踏んで進める。これで、裁判員・裁判官の注意はあなたに集中する。

　ここまでは、儀礼的な意味も含めて注意を喚起する部分だ。あなたが裁判員・裁判官から痛いほどの目線を感じたら、いよいよあなたの主張を述べるステップへと進める。つまり、ここで話題が転換するわけだ。話題を転換するなら、転換するメッセージを送らなければ、話題が転換したことがわからない。そこで、言葉よりもインパクトのある非言語を使ってそれを表現する。たとえば、少し身体を動かす、一歩前に出る、裁判員席に近づくなど、何らかの動きを示してシーンを転換する。そうすれば、裁判員・裁判官は、「ああ、これから重要な話になるのだな」と期待を膨らませる。

　何事もそうだが、いきなり話を始めるのではなく、まず、相手の期待を高めることだ。何の期待もない相手に話すことほど虚しいものはない。

■間を置く

　背景のステップは、あなたの主張に裁判員・裁判官が興味をもてば成功だ。そのために、「なぜ、このような事件が起こったのでしょうか」などと、疑問を投げかけ問題を提起する。

　この背景は、次の結論を引き立たせるための重要な役割を担っている。もし、この背景を聞き逃されたとか、まったく理解されないとか、あるいは、何の興味ももたれないのであれば、次の結論は気の抜けたソーダのようなものだ。裁判員・裁判官はインパクトのかけらも感じないだろう。背景を投げかける前に、少し間を置く。そして、裁判員席に向かって強い目線を送り、ゆっくりした口調で、片手あるいは両手を聴き手に向かって差し出し、「なぜ、このような事件が起こったのでしょうか」と述べる。もちろん、述べた後、少し間を置くことを忘れてはいけない。

　間を置けば、裁判員は「なぜだろうか……」と考え始める。しかし、ものには限度というものがある。間を開けすぎると、「はい、それはですね……」と裁判員が答えてしまうかもしれない。答えが自分の意図に合致してればいいが、そうでなければ、あなたは冒頭陳述で取り返しのつかない事態に見舞われてしまう。

4-8
結論はひと言で言い切る

冒頭陳述のオープニング

結論 —— ひと言で言い切る
「それは、被告人が被害者からDV被害を受けていたからです」

強調する
- 結論の文章をゆっくり話す
- 大きな声で話す
- 繰り返す
- 間を置いて話す
- 強調するボディ・ラングエッジを使う
- 目線を強く合わせる

■結論を強調する非言語

　あなたは、意見陳述で「被告人の行為は必要かつ相当な防衛行為であり正当防衛が成立し無罪です」と述べ、冒頭陳述の背景で「なぜ、このような事件が起こったのでしょうか」と投げかけて裁判員・裁判官を惹きつけた。次に、結論を力強く述べる。たとえば、「それは、被告人が被害者からDV被害を受けていたからです」と。

　このとき、蚊の鳴くような声で言えば、インパクトのない結論になってしまう。もし、裁判員・裁判官が、結論を聞き逃したら、冒頭陳述の途中で、「この弁護人は何を言いたいのだろうか」と疑問をもつ。理解できない話ほどつまらないものはない。そこで、結論を強調する。強調するには、非言語を効果的に使うことだ。

　強調するには、1つ目は、強調する文章をゆっくり大きな声で話すこと。2つ目は、結論を繰り返すこと。たとえば、「それは、被告人が被害者からDV被害を受けていたからです……、被害者からDV被害を受けていたからです」と。3つ目は、間を置いて話すこと。たとえば、「それは……、被告人が……、被害者からDV被害を……受けていたからです」と。

■インパクトのあるボディ・ラングエッジ

　もし、結論を効果的なボディ・ラングエッジを使って伝えれば、あなたの企みが実現する。単に裁判員・裁判官に理解されるだけでなく、非常に強い説得力をもって伝えることができる。

　たとえば、あなたが握り拳を示しながら、「それは、被告人が……」と結論を述べると、裁判員・裁判官はハッとして反論できなくなってしまう。握り拳は"意志の固さ"を示すボディ・ラングエッジだ。つまり、結論に対して、あなたの意志は揺るぎないというメッセージを伝えるわけだ。握り拳だけでなく、人差し指を1本立てるだけでも、十分な効果が得られる。そのとき、あなたは裁判員・裁判官に強い目線を送らなければならない。もし、目線が弱々しかったり、途中で目線を外したりすると、逆のメッセージを伝えてしまう。

　一般的に、しっかり目線を合わせながら話をすると、自信がある、熟練している、誠実であるなどの印象を与える。逆にあまり目線が合わないと、自信がない、未熟である、果ては何か隠し事をしているのではないかなどの印象を与えてしまう。これは逆効果だ。

■結論はシャープにひと言で言い切る

　あなたが、いくら効果的な非言語を使っても、結論が端的に表現されなければ、その効果は激減する。

　たとえば、「あのう、そもそも、被告人と被害者の関係はですね。3年前に遡るのですが……」などと、だらだらと結論を話し始めたとしよう。そうすると、肝心な「被告人が被害者からDV被害を受けていたからです」と言う頃には、裁判員は疲れ切ってしまっている。結論は"ひと言"で言い切る。ひと言で言い切れば、相手の心にシャープに突き刺さる。そして、記憶に残る。もし、ひと言で言い切れないなら、あなたの結論は複雑すぎる。いくら多弁を労しても裁判員・裁判官に伝わらない。逆に多弁を労すれば労するほど、相手は混乱する。不要な部分を切り捨て、そぎ落とし、核になる部分をひと言で表現する。

　もし、冒頭陳述の結論をひと言で表現することができれば、それは最高のプレゼンテーションだ。これほど効率的で効果的なものはない。もし、あなたが、「この事件は、ひと言で言うと……です」と言い切ると、裁判員・裁判官は「なるほど、そうか！」と大いに納得する。

4-9
非言語でロードマップを示す

冒頭陳述のオープニング

3つの観点からお話しします。

1つ目は、 ・・・・・・・・・・・・・・・・・・・・・・
　　　　　過去の被害者の暴行　　　　　｜
2つ目は、 ・・・・・・・・・・・・・・・・・・・・・・　｜ シンプルなフレーズ
　　　　　事件当日の暴行　　　　　　　｜ ボディ・ランゲッ
3つ目は、 ・・・・・・・・・・・・・・・・・・・・・・　｜ ジを使う
　　　　　被告人が刺したときの状況　　｜

　　　　　　　　　　　　　についてお話します。

■3つのシンプルなフレーズ

　背景を投げかけ結論を述べたら、次にロードマップを示す。このロードマップはあなたの話の全体像だから、裁判員・裁判官に覚えさせたい。もし、あなたが、次のようなロードマップを示したら、どうだろうか。

　「それでは、それを証明するために、3点、お話ししたいと思います。1つ目に、過去の被害者の暴行について説明します。被告人に対する暴行だけでなく、友人に対しても、さらには、前科についてもお話しします。そして、2つ目に、事件当日の暴行については……」と言ったとしよう。これでは、覚えろと言う方が間違っている。ロードマップは話の目次だから、シンプルなフレーズで述べよう。たとえば、結論に続いて、「では、具体的に3つの観点から、1つ目に過去の被害者の暴行、2点目に事件当日の暴行、そして、3つ目に被告人が刺したときの状況、についてお話しします」と。

　人は3つぐらいなら覚えていられる。4つ以上になると、3つ目を言う頃には、1つ目を忘れ去っている。3つのシンプルなフレーズでロードマップを示そう。

■指を３本立てる

　あなたは、話の３つの項目はを是非とも裁判員・裁判官の記憶に残しておきたいと思う。それなら、非言語を使うことだ。非言語はあなたの期待を裏切らない。

　効果的なプレゼンテーションをしたいなら、あなたの身体についているすべての部品を働かせよう。ロードマップを示すとき、あなたの指に仕事をさせる。指を３本立てて、「３つの観点から……」と言う。そして、指を１本立てて、「１つ目に……」、２本立てて、「２つ目に……」、そして、３本立てて、「３つ目に……」と言う。そうすると、裁判員・裁判官は、あなたの３つの項目を忘れたくても忘れることができない。この数字を示すボディ・ラングエッジは、いろいろな場面で活躍できる。２本の指を立てて、「被告人の行動は大きく２つに分類することができます」とか、５本の指を立てて、「被告人に対する被害者の暴行は５回にも及びます。１回目は……」などと。

　シンプルなフレーズを使い、３本の指で項目を示し、ロードマップを述べる。そうすると、裁判員・裁判官はその３つが何か知りたくなる。あなたの話にのめり込んでいくわけだ。

■ボディ・ラングエッジのタイミング

　ここで、非言語を示すタイミングについて、非常に重要な原則を学ぼう。先に言葉で伝え、後で非言語を示すほうがインパクトがあるか、あるいは、その逆か。

　たとえば、「重要な点が３つあります」と言うとき、「……３つ」と先に言葉で言って、そして、指を３本見せるか。逆に指を３本見せて、「……３つ」と言うか。あるいは、同時にやるか。さて、どれが一番インパクトがあるだろうか。同時にやるのは悪くない。指を３本見せてから、「３つあります」と言うとインパクトがある。「３つあります」と言ってから、指を３本見せると、間抜けな感じがする。言語と非言語のタイミングは、"視覚に訴えて聴覚に訴える"が原則だ。これは、すべてに適用する。ビジュアルを見せるときも、ホワイト・ボードに描くときも、視覚に訴えるのが先だ。

　もし、あなたがこの原則を知らず、裁判員・裁判官の前で不用意にも非言語を先に見せると、あなたは間抜けな弁護人を演じてしまう。もし、あなたが法廷で道化師になりたければそれでもいいが、何事も、思いつきでやるのではなく、きちんと学んでから実践しよう。

4-10
裁判員の思考をリードする

✗ 長い文章を話す

・・・
・・・・・・・・・・・・・・・・・・複雑な論理構成・・・・・・・・・・・・・・
・・
・・。

適切な接続詞で裁判員の思考をリードする

○ 短い文章で話す

・・・・・・・・・・・・・・・・・・・・・・・・。 というのは、・・・・・・・・
・・・・・・・・・・・・。 たとえば、　　理由を述べる予告　・・・・・・・。
つまり、・・・・・・・・・・・・・・・。
　　要約を予告

■複雑な論理構成

　冒頭陳述にせよ、弁論にせよ、背景を投げかけ結論を述べ、ロードマップを示した後ボディに入っていく。ボディでは3部構成に沿って話を展開する。ここで、裁判員・裁判官にいかにわかりやすく話をするか、伝える技術について考えてみよう。

　多くの弁護人は、文書であれ口頭であれ何かを伝えようとするとき、長い文章で表現する。文書であれば読み返すことができるが、声で表現する口頭の話であれば、話すしりから消えていく。どんどん忘れていく。それに、もし長い文章で話をすると、話の論理構成が複雑で、何を言わんとするのか理解が困難だ。当然、文章の最初の部分と最後の部分に矛盾が生じるとか、途中で主語が変わってしまったりする。裁判員にとってみれば、弁護人は口から日本語をはき出しているのはわかる。しかし、何を言いたいのかまったくわからない。

　これから裁判員裁判では、短い文章で話すことを心がけよう。1つの言いたいことを1つの文章で表現することだ。

■**適切な接続詞を使う**

　裁判員に向かって長い文章で話をするのは御法度だ。短い文章で話をしよう。しかし、あなたが短い文章で話を続けると、今度は話がぶつ切れ状態になって、意味がわからなくなる可能性がある。そんなときは適切な接続詞で文章をつなぎながら、流れるように話をしよう。

　たとえば、短い文章だけで話をすると、「被告人には動機がありません。被害者とは良好な人間関係を築いていました。仕事の後でよく一緒に飲みに行っていました。ときどき一緒に旅行に出かけたりしました。被告人には殺害する理由はありません……」となり、まるで子どもの作文になってしまう。そこで、文章と文章の間に適切な接続詞を挟んで、「被告人には動機がありません。というのは、被害者とは良好な人間関係を築いていたからです。たとえば、仕事の後でよく一緒に飲みに行っていました。また、ときどき一緒に旅行に出かけたりしていました。つまり、被告人には殺害する理由がありません……」などと。

　このように、短い文章を適切な接続詞でつないでいくと、文章の前後関係が理解でき、非常にわかりやすい話になる。

■**予告をしながら話す**

　このように、文章と文章を適切な接続詞でつなぐと、単にわかりやすくなるだけでなく、次の話を予告しながら話を進めることになる。

　たとえば、「被告人には動機がありません。というのは……」と、文章の後で、"というのは"という接続詞を使うと、裁判員は、「次に、その理由を述べてくれるんだ……」と思う。つまり、接続詞で次の話を予告するわけだ。あなたが"たとえば"と言うと、裁判員は「次に、事実や事例を示してくれるんだ……」と思う。"つまり"と言えば、「次に、話を要約してくれるんだ……」と思う。その他にも、"ですから"は結論を予告し、"けれども"は逆説を予告し、"そして"は並立あるいは時間経過を予告する。このように、あなたは、接続詞で次の話を予告することによって、裁判員の思考をリードすることができるわけだ。

　審理の全体を通して、短い文章で適切な接続詞を使い、裁判員の思考をリードすることができれば、あなたの勝利は約束されたようなものだ。接続詞はちょっとした言葉だが、大きな力を秘めている。長い文章を一気にはき出すのではなく、短い文章を接続詞でつないでいこう。

4-11
裁判員の理解を阻害する表現

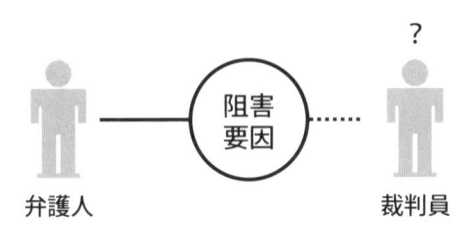

■複雑な言い回し
　「それでは、犯行の動機ということについてお話しさせていただきたいというふうに思います」

■無意味な言葉
　「……といたしましては」、「……かどうかということについて」など

■繰り返す悪い癖
　「つまり、」、「たとえば、」、「一応」など

■複雑な言い回し
　これは弁護人だけでなく多くの人の問題だが、非常に複雑な言い回しで表現する。その典型例が"させていただく"という言い回し。もし、他人のプレゼンテーションを聞く機会があれば、回数を数えてみると、その多さに驚くだろう。
　たとえば、「それでは、犯行の動機についてお話しさせていただきます」といった具合に。単に「それでは、犯行の動機についてお話しします」でいい。そのほうが聞きやすいし、きっと、話し手としても言いやすい。もっとひどいのになると、たとえば、「それでは、犯行の動機ということについてお話しさせていただきたいというふうに思います」と。きっと、あなたもそんな覚えがあるだろう。"させていただきます"という表現は、責任転嫁のニュアンスがある。"あなたが私にさせるのであって、最終的な責任はあなたにある"という意味が伝わる。
　それに、"お話させていただきます"は、あなたが消極的であることを伝えてしまう。あなたは、きっと積極的な戦う弁護人だから、"お話します"と言った方がいい。

■無意味な言葉

　裁判員にわかりやすい話をするのに、専門用語を平易な表現にするだけでは不十分だ。それは単なる氷山の一角にすぎない。話をこねくりまわして複雑にしたり、余計な表現を使って聞きづらくしたり、無意味な表現を繰り返したりすることも大きな問題だ。

　たとえば、"……といたしましては"という表現も避けた方が賢明だ。よくあるのが、「弁護人といたしましては……」とか、「１つ目といたしましては……」など。シンプルに「弁護人は……」とか、「１つ目は……」と言えばいい。その方が裁判員には聞きやすい。あるいは、"……かどうかということについて"という表現も問題だ。たとえば、「被告人が犯人かどうかということについては、非常に疑わしい……」とか、「動機があるかどうかということについて、ご説明し……」など。これらも平易に言い換えよう。たとえば、「被告人が犯人かどうか、疑わしい……」とか、「動機があるかどうか、ご説明し……」などと。

　もし、無意味な言葉を削ぎ落として話をすると、あなたの話は非常にキレのあるものになる。聞いていて快適だ。

■繰り返す悪い癖

　あなたが人前で話を始めると、同じ言葉を何度も繰り返す癖が噴出する。それは裁判員・裁判官の集中力を阻害する要因になる。

　たとえば、「つまり、家庭内暴力が引き金になったということでして……、つまり、この事件は被告人の正当防衛が……、つまりですね、無罪ということで……」と"つまり"を連発する。聴き手は、そのうちに話の内容よりも、"つまり"という言葉に注意がいってしまう。裁判員が真剣にメモをとっていると思いきや、正の字を書いて数を数えていたという笑うに笑えない話もある。その他にも、"たとえば"、"一応"、"いわば"なども代表選手だ。もし、あなたに自覚症状があるなら、文章のつなぎ目、とくに文章の初めに注意を払うことだ。意識して注意を払えば、この問題は改善される。もし、あなたに自覚症状がなければ、ちょっと悲劇的だ。専門家から診断を受けた方がいい。

　もちろん、非言語を繰り返す悪い癖も多い。貧乏ゆすりをしたり、モミ手をしたり、頭を掻いたり、メモやペンを弄んだりする。あなたの癖が"個性的"と評価されるならいいが、それはめったにない。

4-12
緩急自在に話す

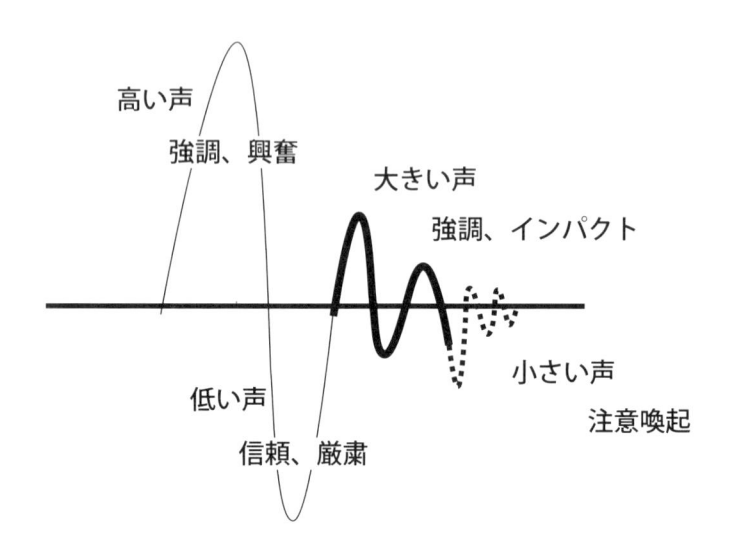

```
高い声
強調、興奮
              大きい声
              強調、インパクト


低い声                    小さい声
                         注意喚起
信頼、厳粛
```

■ノイズを除去する

　複雑な言い回し、無意味な言葉、繰り返す悪い癖のほかに、話の間に挿入されているノイズも、裁判員・裁判官の理解を阻害する。ノイズとは、「え〜」とか、「あのう〜」という言葉。

　たとえば、裁判長が「弁護人、弁論をどうぞ」と言われ、裁判員席の前に立つ。「え〜、弁護人の田中と言います。あのう〜、被告人はですね、え〜、これまで被害者から、え〜、何度もDV被害に遭っており、あのう〜」とノイズ満載の話をする。ノイズが気になってしょうがない。「え〜」というのをやめましょう、と言うと、「え〜、そうですね」と、言ったしりからノイズが出る。

　このノイズを除去するには、文章を話し始めるところに注意を払うことだ。つまり、ノイズは話し始めに発生するからだ。そして、「え〜」と言いそうになると、その部分を無音にする。つまり、「え〜」という言葉を飲み込んでしまうわけだ。そうすると、その無音がちょうどいい間になる。その間で次に話すことを考えればいい。

■語尾に力を入れる

　日本語は、その文章構造上、最後まで言わないと、意味が伝わらない。肯定するのか、否定するのか、あるいは、疑問を投げかけるのか、文章の最後で決定する。語尾がはっきりわからないと、「それって、質問？」と、わざわざ聞き返さなければならないときもある。

　それなのに、意図的かどうかはわからないが、多くの人は語尾をぼやかしてしまう。あるいは、語尾に向かってどんどん早口になるか、徐々に小さな声になっていくか、いずれにせよ、語尾を濁してしまう。それも複雑な言い回しを使ったり、無意味な言葉で飾りづけしたりするから、余計にわかりにくくなる。たとえば、「え〜、被告人が被害者を2回も刺したということは、つまり、殺意があったかどうかということについては……、あのう、犯行後に救急車を呼ばなかったということが……」などと、文章の最後は聞き取り不能とせざるをえない。これでは、何を言いたいかわからない。

　曖昧さが日本語の特徴だろうが、法廷でのプレゼンテーションは、語尾まで明確に伝えなければならない。そのためには、語尾に力を入れて、文章の最後に「。」を打つまで気を抜かないことだ。

■緩急自在

　「え〜」というノイズを飲み込んで無音にする。語尾に力を入れて最後まできちんと話す。そうすれば、あなたの話は聞きやすいものになる。それに、メリハリよく話せば、裁判員・裁判官は、快適にあなたの話を聞くことができる。

　メリハリとは緩急自在に話をすること。プレゼンテーションで聴き手を惹きつけたいなら、"変化"を作り出すことだ。一般に多くの人は小さい声でぼそぼそ話す。だからといって、最初から最後まで大きな声で話をすると、そのうちに聴き手は両手で耳をふさぎたくなる。一般に多くの人は早口で話す。だからといって、最初から最後までゆっくり話をすると、そのうちに聴き手は眠気を催してくる。あなたに必要なことは、話に変化をもたせることだ。

　たとえば、あるときは大きな声で強調し、あるときは囁くように話して注意を喚起する。早口で聴き手を急かせる、ゆっくりした口調でリラックスさせる。高い声で聴き手を緊張させ、低い声で重々しい雰囲気を作る。裁判員・裁判官を惹きつけるプレゼンテーションは、"緩急自在"がキーワードだ。

4-13
緊張感が原動力

アガる＝ うまくやろうとする意識

伝える意欲 ＝熱意がある

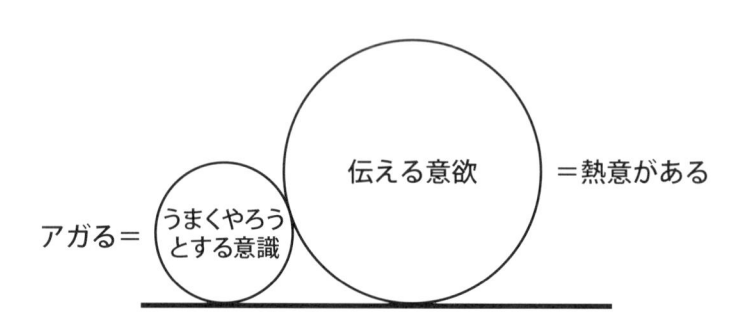

■ **効果が薄い民間療法**

　多くの人は、人前に立つと緊張してアガる。「私はアガり症で……」と悩んでいる人がいる。しかし、心配する必要は全くない。よほど自己顕示欲の強い人でないかぎり、大勢の人の前で話すことに、自ら進んで手を挙げる人はいない。

　アガると、足下がふらつく、冷や汗をかく、喉が渇く、話す内容を忘れる、聴き手の顔が見えない。人前でアガると、これらの症状が現れる。では、アガらないために、どうすればいいのだろうか。きっと、あなたは、「しっかり準備をすることだ」と言うかもしれない。正論だ。しかし、いくら準備をしてもアガるときはアガる。逆に準備をしすぎることが、アガる原因にもなる。「じゃ、馴れだ。経験を積めばアガらない」と言うかもしれない。しかし、いくらプレゼンテーションに長けた人でも、アガるときはアガる。

　世の中には多くの民間療法がある。たとえば、話し始める前に、手の平に"人"という字を書いて飲み込めとか、聴き手をカボチャやキャベツと思えなどと。しかし、残念ながら効き目は薄い。

■伝える意欲が重要

　もし、あなたがアガるなら、その最大の原因は、"伝える意欲"よりも、"うまくやろうという意識"のほうが大きいからだ。つまり、"ええカッコ"しようとすることが原因だ。

　誰もそうだが、うまくプレゼンテーションをしたいと思う。裁判員・裁判官を魅了したい、唸らせてみたい、さすがと思わせたい。できるなら、弁論のプレゼンテーションは、あなたの右に出る人はいない、とまで言わせたい。そこまではないとしても、少なくともプレゼンテーションに成功したいと思っている。もし、そう思っているならアガる可能性は大だ。もし、あなたが、自分がどう見られているかよりも、「伝えたい！」という意欲のほうが大きければ、あなたは緊張することはない。下手くそでも、カッコ悪くても、とにかく「わかって欲しい！」という意欲が強ければ、アガっている場合ではない。

　もし、あなたが伝える意欲が強ければ、裁判員・裁判官から見れば、きっと、カッコいいプレゼンターに映る。人前でアガる人は、自分がどう見られているかばかり考えている。

■ペースダウンする

　もし、あなたが何の緊張感もなく、神経が緩んでいるなら、説得力のあるプレゼンテーションをすることは難しい。ひょっとすると、楽勝だとか、どうでもいいとか、何とかなるなどと思っていると、思わぬ落とし穴にはまる。

　もし、そう思っていると、話の途中で裁判員が首を傾げたり、わかりにくい表情をしたりする。そうなると、一挙に緊張し始める。そして、「こんなはずでは……」と、頭に血が昇り背中に冷や汗が流れる。冒頭陳述や弁論を始める前は、少しぐらい緊張したほうがいい。緊張感はあなたのプレゼンテーションの原動力になる。「よし、やるぞ！」と自分の気持ちを高めてくれ、身体の中からエネルギーを湧き出させてくれる。

　それでも、アガってしまったら、どうすればいいだろうか。アガっているときは、早口でまくし立てているはずだ。そこで、まず、ペースダウンする。意識的に間を置いてゆっくり話をする。そして、声のボリュームを上げて大きな声を出す。それに、裁判員席の前をゆっくり歩いてみるのも効果的。形から入って、精神をたたき直す。よくある手法だ。

4-14
裁判員に語りかける

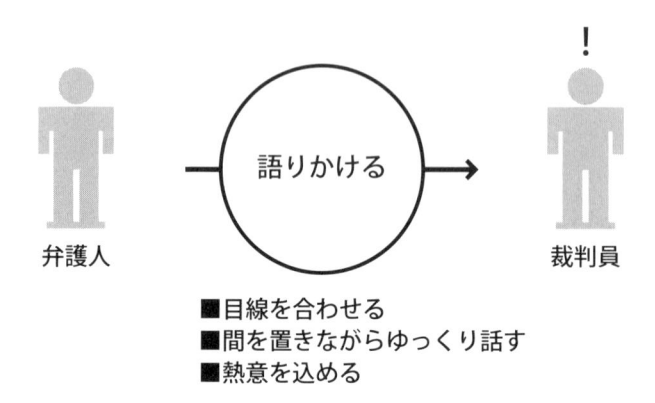

```
弁護人 → 語りかける → 裁判員
```

- ■目線を合わせる
- ■間を置きながらゆっくり話す
- ■熱意を込める

■口から吐き出す作業

　あなたは、冒頭陳述にしろ弁論にしろ、話す内容を書き出し頭の中にたたき込んで本番に備えるだろう。ひょっとすると、すべての内容を丸暗記するかもしれない。あるいは、リスク対策とばかりメモを片手に話し始めるかもしれない。あるいは、書面を読み上げるかもしれない。

　あなたは、きっと、裁判員席の前に立ち、猛烈な勢いで話し始める。「それでは、冒頭陳述を始めさせていただきますが、ここにいる被告人は被害者と3年前に知り合い、その後、……」と間断なく話す。それは、あたかも、覚えてきたものを"口から吐き出す作業"のようだ。プレゼンテーションのデリバリーは、言葉を口から吐き出す作業ではない。聴き手である裁判員・裁判官が「弁護人は丸暗記した原稿を吐き出し、早く席に座りたいのではないか」と思っても不思議はない。

　もし、あなたがそんな印象を与えているとしたら、裁判に勝つことは非常に難しい。裁判員・裁判官を説得することが、あなたの仕事だ。単に情報を投げつけるのであれば、あなたが裁判員席の前に立ってプレゼンテーションをする必要はない。

■目線を合わせて語る

　プレゼンテーションは"話す"ことではない。"語る"ことだ。裁判員・裁判官の注意を喚起し、興味をもたせ、理解させ、合意させ、そして、評議の場であなたの意図する行動をさせなければならない。

　そのためには、単にペラペラ話すことでもなく、立て板に水のごとく話をすることでもない。あなたは裁判員・裁判官に向かって、語りかけなければならない。この裁判員に「わかって欲しい」と語りかけ、あの裁判員に「賛同して欲しい」と語りかける。もし、あなたが、心底そう思っているなら、きっと、裁判員・裁判官に目線を合わせて語りたくなるだろう。裁判員席に座っている人たちを、1つのグループとしてみるのではなく、一人一人に注目し、目線をしっかり合わせ、熱意を込めて語る。それが説得力のあるデリバリーというものだ。それは、上手にしゃべることでもなく、カッコよく話をすることでもない。

　あなたは、「プレゼンテーションは苦手で……」と躊躇しているかもしれない。しかし、あなたに伝える意欲があり、自らの主張を語りたいと思うなら、それだけで十分だ。技術論は後からついてくる。

■目線を合わさせる

　あなたが冒頭陳述をおこなっているとき、裁判員・裁判官はどのような態度でいるだろうか。きっと、配布された資料に目を落とし、メモを書くことに専念しているだろう。

　そうだとすると、あなたは、終始、裁判員・裁判官の頭に向かって語りかけていることになる。それでは、あまりにも虚しいものだ。本来、話し手は聴き手の目を見て語りかけ、聴き手は話し手の目を見て聴く。これが、コミュニケーションが成り立つ基本でありマナーだ。つまり、頭のてっぺんに向かって話をしていることは、コミュニケーションが成り立っていないということだ。終始、目線が合わない裁判員・裁判官はマナー違反だと思ってもいい。これからは、裁判員・裁判官に顔を上げさせ、あなたの目を見ながら聴かせよう。

　もし、目線が合わないなら、少しの間、沈黙してみよう。そうすれば、「何が起こったのか？」と、あなたの方を見る。目線が合えば、しっかり目線を返す。そのとき、あなたが怖い表情をしていると、二度と目線は合わない。柔和な表情で目線を返そう。そうすれば、裁判員・裁判官はあなたの虜になるだろう。

4-15
裁判員の表情を読む

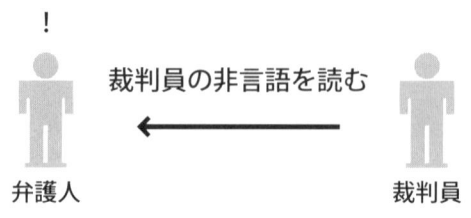

裁判員の非言語を読む

弁護人 ← 裁判員

裁判員の非言語	非言語の意味
ペン、眼鏡をもてあそんでいる メモに落書きをしている	退屈している
首を傾げている 頭を掻いている 目頭を押さえている	理解不能に陥っている
顎に手をおいて肘をついている	判断を留保している
目線が合わなくなる	賛同しかねると思っている

■表情を変化させる

　目線と同様に、"顔の表情"も無視してはいけない。顔の表情はコミュニケーションにおいて非常に重要な役割を果たす。たとえば、あなたが、いくら言葉で「楽しい」と言っても、楽しい表情をしていなければ、楽しいことが伝わらない。

　顔の表情はそのときの気持ちを端的に表す。冒頭陳述や弁論をおこなっているとき、あなたの顔の表情が法廷全体の雰囲気を作り上げる。たとえば、怖い表情をしていれば堅い雰囲気になるし、柔和な表情をしていれば明るい雰囲気になる。あなたは検察官とちがって、終始、眉間に皺を寄せて怖い表情で話をする必要はまったくない。かといって、ニコニコ笑顔を振りまく必要もない。ニュートラルな表情を基本として、話す内容に合わせて表情を"変化"させることが重要だ。

　被告人の悲惨な生活環境を語るのであれば悲しい表情で、被告人の将来を語るのであれば明るい表情で、あなたの顔の表情は千変万化する。"変化"が裁判員の心を揺さぶる。

■裁判員の非言語を読む

　基本的に裁判員・裁判官は、あなたが話をしているときは、黙って聴いている。一方的なコミュニケーションのように見えるが、実のところは、そうではない。

　裁判員・裁判官はひと言も言葉を発しなくても、非言語で多くのメッセージを送っている。あなたは注意深く観察し、それをキャッチしなければならない。話すことに精一杯であってはいけない。話しながらも、裁判員・裁判官の身体の動き、顔の表情を読むことだ。もし、あなたの意識が原稿を丸暗記した脳細胞に向いているなら、目の前にいる裁判員・裁判官は見えていない。こういった意味からも、メモを読み上げるのは論外だ。そんな器用なマネはできないと言うかもしれない。もし、あなたに"伝える意欲"があれば、伝えた後、裁判員・裁判官がどんな反応を示すか、知りたくてしょうがないはずだ。決して難しい問題ではない。

　あなたは、裁判員・裁判官の非言語を読み、必要に応じて話の内容や進め方を微調整する。もし、あなたが冒頭陳述や弁論を3部構成で組み立てているなら、それが可能だ。

■裁判員の状況に対応する

　裁判員・裁判官がペンや眼鏡をもてあそんでいる。メモに落書きをしている。もし、そんな状況であれば、それは、あなたの話に退屈している証拠だ。少し間を置いて、「実のところ、被告人は……」などと、刺激的な話をしなければ、状況を改善することはできない。

　首を傾げたり、頭を掻いたり、目頭を押さえたりしているなら、それは裁判員・裁判官が理解不能に陥っている可能性がある。そんなときは、同じ話でも異なった角度から丁寧に解説することだ。もし、顎に手を置いて肘をついている裁判員がいれば、それは判断を留保していることを意味している。そんなときは、話しながら裁判員に近づき、「疑わしきは被告人の利益に……」と、力強く訴えることだ。もし、話の途中から、裁判員・裁判官との目線が合わなくなったら、それはあなたの意見に賛同しかねることを表している。そんなときは、自分の意見を押しつけるのではなく、問題を提起することだけに留めたほうが賢明だ。

　じっと目をつぶっている裁判員がいたら、それは眠っている可能性がある。話しながら裁判員に近づいて注意を喚起する。それでもダメなら、大きな声を出してたたき起こすことだ。

4-16
弁護人のチームワーク

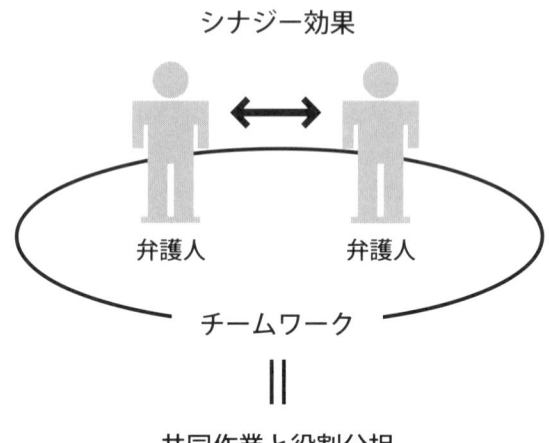

シナジー効果

弁護人 ⇔ 弁護人

チームワーク
＝
共同作業と役割分担

■**シナジー効果を発揮する**

　複数の弁護人が弁護活動にあたる場合、多くのメリットがある。しかし、そのメリットを活かすためには、強固な"チームワーク"が必要だ。もし、バラバラであれば、それが原因で裁判に負けることもある。

　個人で活動している弁護人は、そもそもチームワークになじまない人種かもしれない。しかし、強力な複数の弁護人がかけ算をすれば、シナジー効果を発揮し大きなパワーになる。そのためには、まず、目標を共有することだ。そして、情報収集は分担できたとしても、一連の法廷戦略立案は共同で作業する。C-SWOT分析、法廷戦略オプションの抽出、法廷戦略ステートメントの作成などを分担してはいけない。お互いに深い理解を共有しなければならないからだ。その作業の過程では、常に"悪魔の弁護士"の立場から戦略を検証する。つまり、同じ意見であっても反対の立場から意図的に反論し合うことも必要だ。

　とくにシナリオ・プランニングなどのリスク対策は、事前に協議しておく。衆人環視の下で、弁護人同士が反目し合うことは、絶対に避けなければならない。

■法廷での役割分担

　プレゼンテーションの途中で話し手が変わるのは、デメリットはあっても、メリットは少ない。どうしても、話の運び方や話し方に差異が生じ、聴き手にとっては両者を比較してしまいがちだ。

　単に個性の違いで捉えられるならいいが、話が上手だとか、下手だとか、わかりやすいとか、わかりにくいとか、親しみがあるとか、冷たい印象を受けるなど、良い悪いで比較されると、途中で交代することはデメリットになる。いっそ、役割分担を決めたほうが安全だ。たとえば、冒頭陳述や弁論をおこなう弁護人と、法廷全体を冷静な目で観察する弁護人に分けることも検討に値する。とくに、弁護人が話しているときに、裁判員・裁判官、検察官の態度を注意深く観察する役割が必要だ。話し手が法廷で起こることすべてを把握することは不可能だ。

　よくある光景だが、1人の弁護人が冒頭陳述をおこなっているとき、他の弁護人は弁護人席で退屈そうな態度でいる。つまらなさそうな表情で座っている。視線が定まらずボーッとしている。これでは、裁判員は弁護人チームに1票入れる気にはならない。

■尋問で交代する唐突感

　冒頭陳述と弁論で、弁護人を分けるのはまだいいが、尋問については1人の弁護人が担当したほうが賢明だ。尋問の最中に、突然、「次に、私から尋問をします」と言って、他の弁護人が尋問席に向かう。尋問の途中で、何の必然性もなく弁護人が交代する。

　たぶん、弁護人同士で打合せ済みなのだろうが、裁判員にとってみれば唐突だ。唐突だから、あまり好意的に受け取られない。質問をし忘れたから交代するのだろうとか、他の弁護人が新たに質問を思いついたからだろうなど、行き当たりばったりの印象は拭えない。あなたにとって、これまで何の疑問ももたずにおこなってきたことだろうが、一般人の裁判員にとっては違和感がある。1人の証人に対する尋問は、1人の弁護人がおこなったほうがいい。それでも、途中で交代したいなら、必然性を述べたほうがいい。たとえば、「医学的見地から、いくつか質問をします」とか、「人権問題の観点から、質問をします」などと。

　裁判員裁判は、これまでの裁判とは異なる。一度、ゼロ・ベースでこれまでのやり方を見直したほうがいい。

4-17
冒頭陳述を締めくくる

冒頭陳述のクロージング

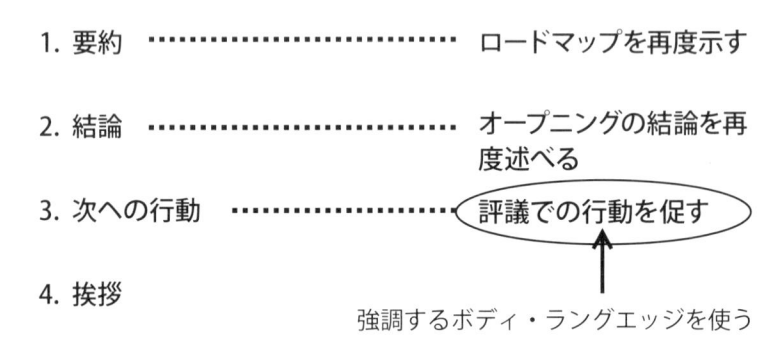

1. 要約 ‥‥‥‥‥‥‥‥‥ ロードマップを再度示す

2. 結論 ‥‥‥‥‥‥‥‥‥ オープニングの結論を再度述べる

3. 次への行動 ‥‥‥‥‥‥ (評議での行動を促す)
　　　　　　　　　　　　　　　　↑
　　　　　　　　　　　　強調するボディ・ランゲッジを使う

4. 挨拶

■**全体を要約する**

　これまで、あなたは冒頭陳述の戦術シナリオのアウトラインに沿って話を進めてきた。裁判員・裁判官は、あなたの話に大いに興味をそそられ、身を乗り出すように聴いていただろう。

　ボディの話が終われば、いよいよ、冒頭陳述をクローズする。終わりよければすべてよしだ。冒頭陳述をどのように締めくくるか、あなたの力量が問われる。いきなり「以上！」で終わってはいけない。クロージングでは、まず、話の全体を要約する。要約を始めるとき、非言語を使って話題が転換することを示す。そして、たとえば、「これまで、被害者の暴力について、3つの観点からお話ししました。1つ目に……」などと。そうすれば、1つ目を忘れていた裁判員も、しっかり思い出してくれる。ここでは、オープニングのロードマップと同じ話を同じ非言語を使って伝える。そうすれば、裁判員の記憶に定着する。

　どんな場合でも、ひととおりの話が終わった後、全体を要約することを忘れてはいけない。話の全体像を把握することが、話を理解することにほかならないからだ。

■結論を繰り返す

　プレゼンテーションの基本シナリオは、"結論→理由→結論"の3部構成だ。オープニングで結論を述べ、ボディでその理由を示し、最後のクロージングで、再度、結論を述べる。

　このように結論で理由をサンドイッチにすれば、非常に簡潔にまとまった話になる。たとえば、オープニングで「正当防衛により被告人は無罪です」という結論を述べ、それを証明する3つの理由を説明し、そして、クロージングで「よって、正当防衛により被告人は無罪です」と締めくくる。もちろん、最初の結論と最後の結論は同じでなければならない。途中で気が変わったということがないように。この結論は裁判員・裁判官に"合意"を求めるステップだから、強調する非言語を活用し、裁判員・裁判官に訴えかけることだ。

　たとえば、心の中で、「これで、賛同いただけますよね」と言いながら、もちろん声に出さずに、一人一人に強い目線を投げかける。そして、心持ち声のボリュームを上げ、ゆっくりと噛みしめるように語りかける。そうすれば、裁判員・裁判官の心に響く。

■次の行動を促す

　結論を述べると冒頭陳述は終わり、と思ってはいけない。結論を述べて終わると、裁判員・裁判官は、「だから、どうすればいいの？」と疑問に思う。

　あなたは、裁判員・裁判官の"次の行動"を促さなければならない。たとえば、テレビ・ショッピングで、商品プレゼンターが「お役に立つ商品です」と言って、いきなり終わってしまったとしよう。そうすれば、視聴者はどうすればいいか、路頭に迷ってしまう。そこで、番組の最後には、「お申込みは……」と言いながら、電話番号を知らせる。つまり、視聴者に次の行動を促しているわけだ。それは、あなたの冒頭陳述でも弁論でも同じことが言える。たとえば、冒頭陳述であれば、「この後の証拠調べ、証人尋問で明らかになる事実を、注意深くご覧ください」と言う。弁論であれば、「この後の評議で、ぜひ、被告人は正当防衛で無罪であると主張してください」と言う。

　「そんなのわかっているよね……」と暗示的に伝えても、それは一般人である裁判員には伝わらない。120％明示的に伝えなければならない。裁判員裁判は裁判官裁判とは違う。

4-18
感動的に終える

冒頭陳述のクロージング

1. 要約
2. 結論
3. 次への行動
4. 挨拶 ・・・・・・・・・・・・・・・・・・・・・・・・・・・・・
        ・・・・・・・・・・・・・・・・・・・・・・・・・・・・・

（意見／事実／感情）

→ 感動的に終える

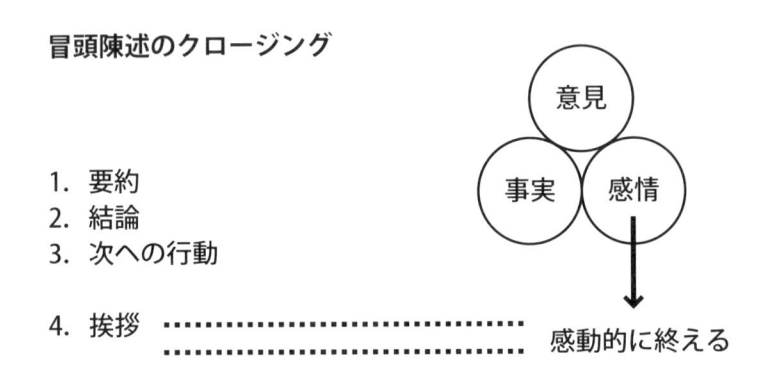

■理性と感情

　あなたは、きっと、立案した法廷戦略に基づいて、冒頭手続から証拠調べ、尋問、弁論へと戦術シナリオを実行してきた。ひと言でいうならば、裁判員・裁判官の理性に訴えかけて、自らの主張を説得しようとしてきたわけだ。

　裁判官裁判であれば、法律という枠組みの中で、物事を論理的に判断する。事実を事実として認定する。しかし、それが裁判員裁判であれば、得体の知れない"一般常識"や"市民感覚"をもち込んでくることになる。この常識や感覚の中では、人は理性だけでは動かない。「理屈はわかるけどね……」という意味不明の反論もある。いくら立派なロジックを組み立てても、人の感情を無視すれば、勝てる裁判も勝てない。あなたの話が裁判員の琴線に触れなければ、「弁護人の言うとおりだ！」と賛同を得られないこともある。

　あなたは、冒頭陳述にせよ弁論にせよ、ロジックだけで押し通そうとしないことだ。人の営みである裁判員裁判は、人間的側面も考慮しなければならない。

■余韻を残して終える

　クロージングでは、話の全体を要約し、結論を再度述べ、次への行動を促す。そして、最後の挨拶をして終える。

　ただ、最後の挨拶を「以上！」と言ってはいけない。軽々しい印象を与えてしまう。最後は"感動的に"終えよう。裁判員・裁判官の感情に訴えかけ心を動かすことだ。そのためには、ちょっとしたハート・ウオーミング・ストーリー、つまり、心が動かされる話をすることだ。たとえば、「ところで、被告人が子どもの頃に……」と幼年時代を語ってもいい。「被告人のご両親が……」と肉親の心情を語ってもいい。あるいは、「被告人は心から反省し……」と被告人の心の内を語ってもいい。とくに弁論では、裁判員・裁判官は、あなたの最後のストーリーを心に留め、暖まった心で評議の場へと入っていく。

　もちろん、感情だけで裁判に勝つことはできないだろう。しかし、意見だけでも、事実だけでも、裁判に勝つ確率は低い。意見と事実と感情の３つをバランスよく相手に伝えることが、人を動かす原動力になる。最後は感動的に締めくくり、余韻を残して終えよう。

■最後の間を大切にする

　多くの弁護人は、「以上で弁論を終わります」と言った瞬間に気を抜いて、ダラダラした足取りで弁護人席に戻る。そして、そそくさと机の上にある書類を片づけ始める。

　裁判員は最後の最後まで、あなたを観察していると思ったほうがいい。あなたは、見られている場面よりも、見られていないと思われる場面に注意を払うことだ。裁判員に、「いい話だった」と思わせるためには、いきなり終えてはいけない。最後の話を終えたら、少し長めの間を置く。そして、裁判員席に座っている全員を見回し、そして、「ありがとうございました」と言って終える。物事は礼に始まり礼に終わるわけだから、きちんとお辞儀をする。そのとき、期せずして裁判員から拍手が起こるかどうかはわからないが、少なくとも裁判員もお辞儀をすれば、勝利を確信してもいい。聴き手が話し手と同じ非言語を使い始めると、その話に賛同していることを表しているからだ。

　すべての仕事を終えたら、ゆっくり歩き始めよう。そして、１つ１つの動作を丁寧におこない、弁護人席に座る。

4-19
尋問のプレゼンテーション

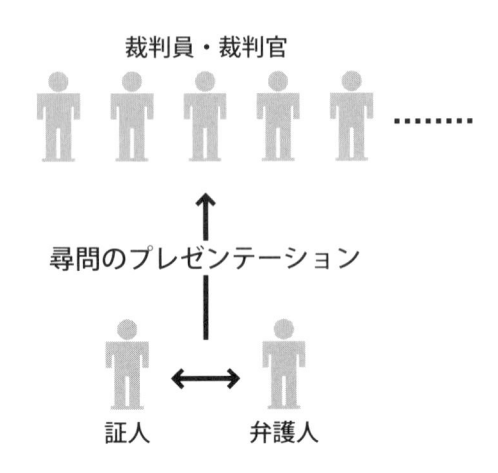

```
        裁判員・裁判官
    👤 👤 👤 👤 👤 ……
           ↑
           |
    尋問のプレゼンテーション
           |
       👤 ↔ 👤
      証人    弁護人
```

■謎解きゲーム

　あなたは、冒頭陳述や弁論は一方的に話をするプレゼンテーションだ、と思っている。しかし、証拠調べや尋問はそうではないと思っている。

　本来は、証拠調べや尋問も形を変えた立派なプレゼンテーションだ。ところが、多くの弁護人は、証人とのやりとりに拘泥し、それを裁判員・裁判官にプレゼンテーションすることを忘れてしまう。その結果、裁判員にとってみれば、よくわからないやりとりが、目の前で繰り広げられているにすぎない。尋問が終わったとき、「だから、どうなんだ？」という疑問が残る。もちろん、あなたは、1つ1つの尋問には意味があり、その答えにも意味があると考えている。しかし、裁判員にすれば何やら謎解きゲームを強いられているように思う。もし、少しでも裁判員にプレゼンテーションをするという意識があれば、あなたの姿勢も質問の仕方も、答えの受け止め方も違ってくるはずだ。

　証拠調べや尋問を通して、あなたは何を裁判員・裁判官に伝えるべきか、事前に計算しておかなければならない。

■尋問と答えを見せる

　尋問が始まると、あなたは、尋問を通して何を明らかにするか目的を述べ、質問を始める。そのとき、あなたの意識はどちらに向いているだろうか。

　もし、証人に向かって質問をしている意識なら、裁判員は置いてきぼりを食らった気持ちになるかもしれない。裁判員は、あなたと証人のやりとりを、単に第三者として傍観しているにすぎない。もし、あなたが裁判員・裁判官に対して"伝える意欲"があれば、証人の横に立つとしても、裁判員席に顔を向けて立つだろう。そして、尋問をするときも、あなたの意識の半分は裁判員席に向かっているはずだ。もし、証人が緊張のあまり消え入るような声で答えると、あなたは大きな声で答えるよう要請するか、答えを繰り返しながら、裁判員・裁判官に正しく伝えようとするはずだ。

　もちろん、裁判員・裁判官の理解を確認しながら尋問を続けることだ。ところが、あなたは、きっと、証人の答えを聞くことと次の質問を考えることで、頭の中はいっぱいだ。裁判員・裁判官は眼中にない。これでは、本来の尋問の目的を達成することは不可能だ。

■咀嚼する時間を与える

　尋問でよくある光景だが、被告人の証言が終わるか終わらないうちに、次の尋問を投げかける。たとえば、「いつ被害者と知り合いましたか？」、「3年前です」、「どこで知り合いましたか？」、「居酒屋です」、「どこの居酒屋ですか？」、「一番町……」、「一番町のどこですか？」と続く。

　よく言えば、なかなかテンポのいい質疑応答だ。悪く言えば、警察の尋問のよう。当事者はそれでいいかもしれないが、裁判員がついていけるかどうか、はなはだ疑問だ。あるいは、検察官の主張を弾劾するために、たとえば、「事件当日、その居酒屋へ行きましたか？」、「いいえ」、「どこにいましたか？」、「会社で残業をしていました」、「以上です」と、突然、尋問を打ち切る。あなたとしては、重要な証言を得て、カッコよく尋問を終える。しかし、裁判員は何が何だかわからない。この尋問で弁護人が何を言いたいか理解不能に陥る。

　もし、あなたが、この証言から得られる事実を、裁判員・裁判官に把握させ、咀嚼させ、弁護人の主張を理解させたいなら、考える時間的猶予を与えながら尋問をするだろう。

4-20
プレゼンテーション力を身につけるには

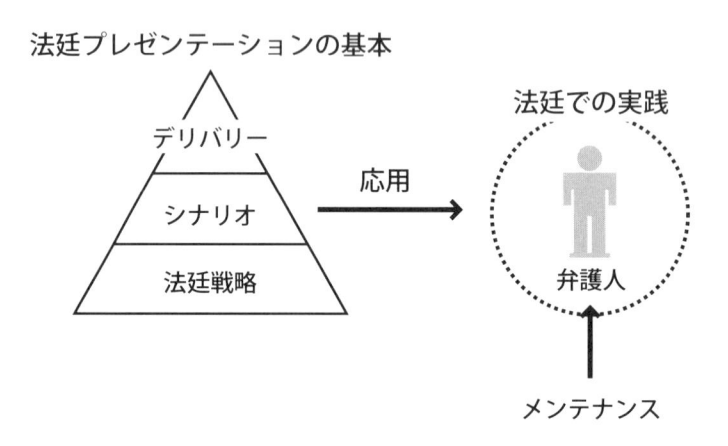

```
    法廷プレゼンテーションの基本           法廷での実践
           /\
          /デリバリー\
         /――――――\      応用        ┌─────┐
        /   シナリオ   \   ―――→    │   人   │
       /――――――――\              │  弁護人 │
      /    法廷戦略      \             └─────┘
     /―――――――――\                    ↑
                                          メンテナンス
```

■**法廷戦略が大前提**

　多くの弁護人は、法廷でプレゼンテーションをするなど夢にも思っていなかっただろう。書面を読み上げれば事足りたのに、これからは裁判員の前に立ち、自らの主張を語り説得しなければならない。

　ここで、大いに躊躇する弁護人もいれば、いやいや、積極的に取り組むべしと思う弁護人もいる。いずれにせよ、プレゼンテーション力は必須科目だ。プレゼンテーションは人前で身振り手振りよろしく、立て板に水のごとく話をすること、と思っていると、それは大きな間違いだ。あるいは、パソコンのソフトを操作しビジュアル・スライドを作ること、と思っていると、それも大きな間違いだ。それらは、プレゼンテーションの一部にしかすぎない。まず、法廷戦略を精緻に立案することから始める。そして、勝つための戦略シナリオを構築する。もし、これがなければ、あなたは単なるおしゃべりな弁護人だ。

　だからといって、法廷戦略を立案するだけで裁判に勝つことは難しい。法廷戦略とプレゼンテーションが相まって、あなたは勝利への道を歩むことができる。

■戦略シナリオがナビゲーション

　あなたが立案した法廷戦略を実行するには、行き当たりばったりでは成功しない。目標へと確実に導いてくれるナビゲーションがなければならない。それが戦略シナリオと戦術シナリオだ。

　もし、あなたが戦略シナリオを構築せずに法廷に乗り込むのは、目隠しをして車を運転するようなものだ。あっちにぶつかり、こっちにぶつかり、最後は惨敗という致命傷を受けるかもしれない。冒頭手続で裁判員・裁判官の注意を喚起し、冒頭陳述で興味をもたせ、証拠調べや尋問で理解をさせ、弁論で合意を獲得する。そして、評議の場であなたの意図した行動を起こさせる。このように戦略的なナビゲーションに沿って弁護活動を進めると、あなたは勝つ確率を最大化することができる。勝つ確率を最大化して法廷に臨むのがデキる弁護士だ。

　なんといっても、行き当たりばったりというのが一番恐ろしい。思いつきとか、なんとなくとか、あるいは、感覚的というのも、危険なやり方だ。戦略的に思考し行動しよう。

■基本の上に積み上げる

　多くの人は、プレゼンテーションは"馴れだ"と考える。一度、やってみると、緊張して、どうもうまくいかない。そこで、場数を踏むと緊張しなくなると思う。そこで、場数を踏むことに専念する。それに、たまたま他人のプレゼンテーションを見て、「あっ、そうか、そうすればいいんだ」と人まねをする。

　ところが、場数を踏むと度胸だけは一人前になる。しかし、中身がないとか、上から物を言うとか、癖のある話し方になってしまう。しかし、残念なことに、本人にはその自覚症状がない。それに、安易に人まねをすると、必ず人前ですべって恥をかく。プレゼンテーションのデリバリー力を向上させるためには、基本を学び、その基本を忠実に実行し、そして、経験を積むことだ。経験を積みながら、自らのプレゼンテーションをメンテナンスする。そうすれば、あなたは洗練された法廷プレゼンターに変身できる。

　プレゼンテーションは自転車に乗るようなものだ。一度マスターすれば、それは一生ものになる。自分の能力として確固たるものになる。人に伝える力は、あなたが社会生活をしている限り必需品だ。これを機会にプレゼンテーションを徹底的に学習しよう。

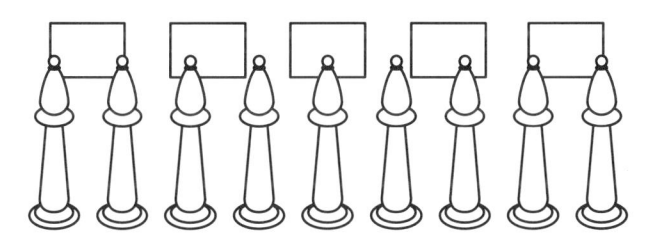

第5章
ビジュアル・プレゼンテーションの リスクと効用

　この章では、あなたの冒頭陳述や弁論、さらには、尋問などをより説得力のあるものにするために、ビジュアル・プレゼンテーションについて考えてみよう。
　ただ、水を差すようだが、まず、あなたには、ビジュアルの"リスク"を認識してもらう。何事もリスクを想定して事に当たれば成功する。リスクについて認識できれば、次に、ビジュアルの効用を理解し、ビジュアルを作成するルールについて学ぶ。さらに、効果的にビジュアル・ツールを操作し説明する方法について学習していく。
　では、あなたが法廷で勝利するために、ビジュアル・プレゼンテーションの技術を伝授しよう。

5-1
ビジュアルのリスクを認識する

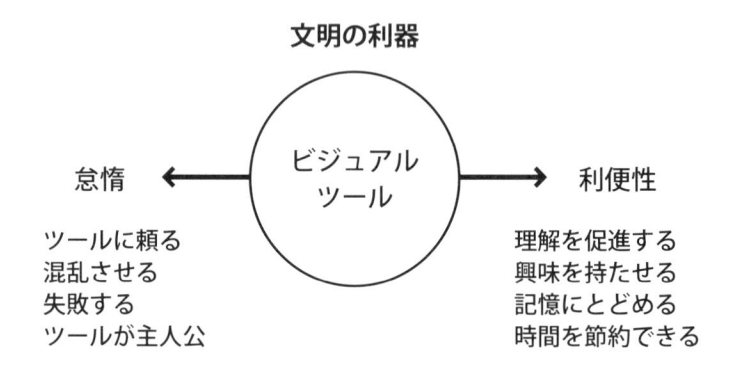

```
                      文明の利器

                    ┌─────────┐
    怠惰    ←──────│ ビジュアル │──────→   利便性
                    │  ツール   │
                    └─────────┘
  ツールに頼る                            理解を促進する
  混乱させる                              興味を持たせる
  失敗する                                記憶にとどめる
  ツールが主人公                          時間を節約できる
```

■ビジュアルを駆使する

　これまで、あなたは、法廷戦略ステートメントに基づいて、裁判全体の戦略シナリオを策定した。そして、その戦略シナリオを柔軟に運用するためのシナリオ・プランニングについて学んだ。さらに、意見陳述から弁論までの各手続の各目標を設定し、それらを達成する戦術シナリオを策定した。これで、あなたは、裁判に勝てる確率を飛躍的に向上させることができたはずだ。

　後は、裁判員と裁判官の前に立ち、プレゼンテーションをおこなえばいい。しかし、あなたは、今、ちょっと不安な気持ちでいるかもしれない。裁判員は自分の主張に興味をもってくれるだろうか。裁判官は複雑な被告人の家庭環境について共感してくれるだろうか。裁判員は正当防衛が成立する要件を、評議の場で思い出してくれるだろうか。そんな不安がもたげてきても不思議はない。

　しかし、心配は要らない。法廷においてビジュアルを縦横無尽に駆使しながらプレゼンテーションをおこなえば、裁判員に「なるほど！」と思わせ、裁判官に「まさしく、そのとおり！」と思わせることができる。

■ 文明の利器

　あなたが法廷に臨むとき、ビジュアル・ツールという強力な味方がある。しかし、何事もそうだが、便利なツールには落とし穴がある。つまり、リスクが伴うわけだ。もし、あなたが弁論のプレゼンテーションで失敗するなら、その原因の多くはビジュアル・ツールにある。まず、ビジュアル・ツールのリスクを知ろう。

　パソコンやモニター、実物提示装置、ビデオなどの"文明の利器"は、2種類の方向に向かって進む。1つ目は人間を怠惰に陥れる方向。2つ目は人間に利便性を与える方向。もし、あなたが何も考えずに文明の利器に飛びつくと、それはあなたを怠惰にする。

　たとえば、あなたが、深く考えずにまわりの人がそうしているという理由で、法廷のモニターにスライドを映し出すとしよう。そうすれば、きっと、あなたはスライドを繰りながら、スライドの流れに沿ってスライドの文字を読み上げる。とても怠惰なやり方だ。そうなると、あなたは単なるスライドの解説者に成り下がってしまう。そして、スライドがあなたの弁論の主人公になる。あなたがいくら美しいスライドを使っても、スライドは人を説得することはできない。

■ 法廷の主人公

　本来、法廷では、あなたが"主人公"でなければならない。あなた自ら熱意をもって裁判員に語りかけ、そして、説得する。それを補助するツールがビジュアルだ。ビジュアルがあなたに代わって裁判員の心を動かし、無罪を主張してくれることはない。

　よくある話だが、あれも言いたい、これも言いたいとばかり、1枚の資料に多くの情報を詰め込む。その結果、裁判員には何が何だかさっぱりわからない。手元で作成しているぶんには十分な大きさだが、法廷で見せると文字が小さすぎて読めない。スライドを繰ろうとすると、2〜3頁先に飛んでしまう。事件の概要を描こうとホワイト・ボードの前に立ったが、マーカーペンがかすれて文字が書けない。あるいは、「ここぞ！」と思って、文字に被せてある紙をめくると、下地まではがれてついてきた。

　こうなると裁判員は一瞬唖然とし、その後は弁護人に慈悲深い眼差しを投げかけてくるだろう。ただ、弁護人のあなたにとっては泣くに泣けないアクシデントだ。このような失敗例を上げるときりがない。

5-2
ビジュアルの効用を知る

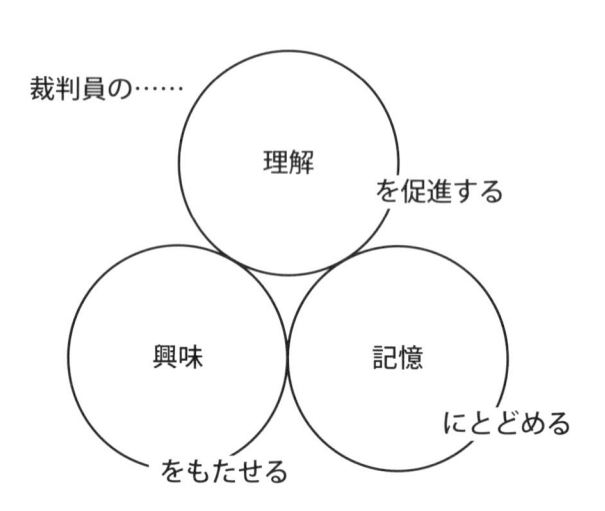

```
      裁判員の……
           ┌─────┐
           │ 理解 │ を促進する
           └─────┘
    ┌─────┐   ┌─────┐
    │ 興味 │   │ 記憶 │
    └─────┘   └─────┘
   をもたせる    にとどめる
```

■**裁判員の理解を促進する**

　ビジュアルのリスクを十分に熟知しスマートに使うなら、あなたは知的で信頼のおける弁護人の印象を与えるだろう。

　もし、あなたが積極的にビジュアルを活用するなら、裁判員の理解促進という絶大な効果が期待できる。たとえば、あなたが、多くの登場人物が複雑に絡み合っている事件を担当することになったとしよう。犯行に至るまでのストーリーを、心理的な変遷とともに、裁判員に理解させたい。しかし、被告人が登場し、被害者がいて、その友人がいて、目撃者Aと目撃者Bが犯行現場にいて、被告人の家族が……など、多くの人物が一挙に登場すると裁判員はお手上げだ。だれがだれだかわからない。まるで、新人作家のミステリー小説を読んでいるようなものだ。

　そんなときは、ホワイト・ボードに登場人物とそれぞれの関係を図解してみよう。そうすれば、裁判員にとっては一目瞭然だ。誰と誰がどのような関係にあるか理解できる。このように、ビジュアルは裁判員の"理解を促進"してくれる効用がある。

■裁判員に興味をもたせる

　たとえば、恥ずかしがり屋のあなたが、裁判長に促され法廷でボソボソと話し始めたとしよう。それでは、いくら素晴らしい陳述内容であっても裁判員は興味を示してくれない。きっと、この裁判のために放り投げてきた大切な仕事を思い出し、仕事のアイデアをメモに書き始めるかもしれない。あるいは、手帳を取り出し仕事のスケジュールを立て始めるかもしれない。

　裁判員は、あなたの冒頭陳述がいくら退屈だといっても、裁判員席で大っぴらに寝るわけにはいかない。あくびをかみ殺しながら眠気と闘うことになる。いや、器用にも目を開けたまま眠りに入ってしまうかもしれない。いずれにせよ、あなたの冒頭陳述は右から左へ流されてしまう。それでは、あなたの準備の努力は水泡に帰してしまう。

　そんなときは、モニターにビジュアルを映し出してみよう。カラフルでインパクトのあるビジュアルを見せると、裁判員は何が描いてあるか興味津々だ。まさに眠りにつこうとしている裁判員を、現実の法廷に連れ戻してくれる。そして、あなたの話にのめり込んでいく。このように、ビジュアルは裁判員の"興味を喚起"してくれる効用がある。

■裁判員の記憶に留めさせる

　もし、あなたが弁論で「証拠調べで犯行に使われた凶器について、説明をいたしましたが……」と話し始めたとしよう。ところが、多くの裁判員は首を傾げ不可解な表情をした。それは、心の中では、「えっ、そんな話、あったっけ……」と疑問に感じている証拠だ。

　ひょっとすると、裁判員は、凶器についてまったく印象がなく、忘れ去ってしまったかもしれない。これでは、「犯行で使った凶器が直接の死亡原因ではなく、殺人罪は不当である」という弁護人の目論見は、絵に描いた餅になる。そんなときは、ビジュアルを使って説明しよう。ビジュアルは記憶に残る。

　たとえば、あなたが司法試験を受けた時を思い出していただきたい。徹夜で教科書を読みマーカーを引いて覚え込もうとしたはずだ。そして、試験問題を見たとき、「そうそう、この問題は教科書の25頁の右隅に記述してあった内容だ」と思い出す。これは文字を覚えているのではなく、ビジュアルで覚えているわけだ。法廷においても、ビジュアルは裁判員の"記憶に留めさせる"効果がある。

5-3
ビジュアルを活用する

ビジュアルの活用

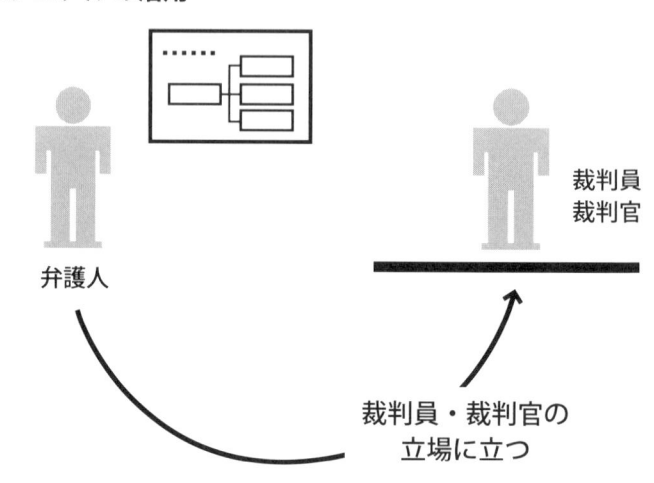

弁護人 → 裁判員・裁判官の立場に立つ → 裁判員・裁判官

■ 3つの効用を活かす

　このように、ビジュアルには大きく分けると3つの効用がある。裁判員の理解を促進する効用。興味を喚起する効用。記憶に留めさせる効用。この3つの効用を活かせば、ビジュアルを使った法廷プレゼンテーションに成功する。

　つまり、ここはぜひとも理解させたいとか、これは興味をもたせたいとか、あるいは、ここは覚えておいてもらいたいなど、これらの効用を最大限に発揮できる部分をビジュアル化するわけだ。その前提として、法廷戦略と各手続の戦術シナリオが緻密に組み立てられていることが必要だ。

　もし、次の裁判で検察側がスライドを使った冒頭陳述を見る機会があれば、ぜひとも、ビジュアルの効用について思いを馳せてみていただきたい。もし、最初から最後までスライドを繰りながら話をする冒頭陳述なら、裁判員に何を理解させたいか、何に興味をもたせたいか、あるいは、何を記憶に留めさせたいか、わからないはずだ。つまり、すべてを強調すると、何も強調したことにならない。

■時間を節約する

　ビジュアルの3つの効用以外に、ここだけの話だが、もう1つ、メリットがある。それは説明の"時間を節約できる"こと。これは、弁護人であるあなたに、大きな利益をもたらしてくれる。

　たとえば、あなたが弁論で非常に複雑な法律の概念を説明しなければならないとしよう。裁判員に理解させるには相当な時間がかかる。それに時間をかけても理解してもらえるかどうか怪しい。しかし、これを理解してもらわなければ、執行猶予は勝ち取れない。そんなときはビジュアルの出番だ。パッと見てピンとくるシンプルなビジュアルを示すと、裁判員は一瞬にして複雑な内容を理解してくれる。つまり、あなたは大いに時間を節約することができるわけだ。節約できれば、その時間を他の重要な話に振り向けることができる。

　一般に、聴き手というものは、ビジュアルを見た瞬間に、時間をかけて内容を見るかどうか、判断する。もし複雑なビジュアルを見せると、そこで裁判員は努力を放棄する。あくまでもシンプルなビジュアルでなければ、逆に説明するのに時間がかかってしまった、ということもなきにしもあらず。

■裁判員の立場に立つ

　あなたが、このようなビジュアルのメリットを享受するためには、常に聴き手である裁判員の立場に立つことだ。ところが、多くの弁護人は、スライドを"スピーキング・ガイド"の代わりに使う。つまり、スライドを見ながら話せば、途中で頭が真っ白になることがないからだ。このような怠惰な方向に走ると、自分本位のプレゼンテーションになる。裁判員を置いてきぼりにして、スライドを読み上げながら、自分の言いたいことを、自分のペースで話をする。

　それに、自分本位にビジュアルを作成すると、たとえば、犯行態様を説明するのに、あれもこれも1枚のスライドに情報を詰め込もうとする。その結果、あなたのスライドは複雑な図になり、裁判員は何が何だかわからない。それよりも、見せた瞬間に顔をそむけられてしまうかもしれない。

　これでは、パソコン操作の練習をしたことも、ソフトの使い方を覚え込んだことも、忙しい合間を縫ってビジュアルを作ったことも、すべての労力が無駄になる。効果的にビジュアルを活用したければ、常に裁判員の立場に立って、ビジュアルを考えることだ。

5-4
ビジュアル・ツール①

```
┌─────────────────────────┐
│      ビジュアル・ツール        │
│                         │
│   3P分析に基づいて           │
│   ビジュアル・ツールを選定      │
│                         │
│     □PCとモニター           │
│     □DVD、動画             │
│     □ホワイト・ボード         │
│     □フリップ・チャート        │
│     □プレゼン・パネル         │
│     □実物提示装置            │
│     □実物、模型             │
└─────────────────────────┘
```

■ビジュアル・ツールの選定

　さて、ビジュアルのリスクと効用を理解したところで、具体的にビジュアル作りを始めよう。もし、あなたが、開廷前日にパソコンを立ち上げて、いきなりビジュアルを作ろうとすると、非効率な作業になる。なぜか。それは、ビジュアル作成が試行錯誤の繰り返しになるからだ。その結果、パソコンを投げ捨て分厚い配付資料を作る。

　まず、3P分析の結果を見直すことから始める。そして、どのようなツールを使うか選定する。聴き手である裁判員はだれか、プレゼンテーションの目的は何か、そして、どのような場所と環境か。こられがビジュアル・ツールを選ぶ基準になる。

　世の中には多くのビジュアル・ツールがある。パソコン、モニター、ホワイト・ボード、プレゼン・パネル、フリップ・チャート、実物、模型、実物提示装置、ビデオ、配布資料など。これらのツールにはそれぞれ特性がある。その特性に合った使い方をしないと、弁論が終わった時点で、「ビジュアル・ツールを使って失敗した……」と後悔する。パソコンとモニターのセットだけがビジュアル・ツールではない。

■パソコンとモニター

　たとえば、プレゼンテーションのソフトを使ってビジュアル・スライドを作成し、それを法廷のモニターに映し出す方法は、いくつかのメリットがある。あなたがソフトを覚え込むことに費やした努力以上の効果を得ることができる。コスト・パフォーマンスは抜群だ。

　たとえば、初歩的なアニメーションが使えるから、裁判員の集中力を持続させることができる。見せたいものだけを見せて話をすることができるから、裁判員の注意を他に逸らすことはない。それに、ビジネスに携わっている裁判員には、仕事の現場で多用しているツールだから親しみがある。ただし、このような人は目が肥えているから、下手なビジュアルを見せると幼稚なイメージを与えてしまう。それなら、最初からビジュアル・ツールは使わない方がいい。

　また、年配や主婦の裁判員に対しては、アニメーションが飛び交うスライドは危険だ。いきなり文字がスライド・インしたり、図形がズーム・アップしたりすれば、驚いてショック死することはないとしても、裁判員の注意は、話の内容よりもアニメーションだけに向いてしまう。それでは、プレゼンテーション・ソフトを使う意味がない。

■機器のトラブルに注意

　アニメーションを使わずに静止画のスライドを使う方法もある。しかし、静止画を繰りながら話を進めると、裁判員は退屈であくびをかみ殺すのに忙しくなる。どうせなら、効果的なアニメーションを使おう。

　パソコンとモニターは、便利な反面、あれもこれもとスライドの量が増える傾向にある。いわゆる濫用するわけだ。何事も適度というのが賢明だ。それに、機械を操作するわけだから、故障などのトラブルに見舞われることも覚悟しておいたほうがいい。あなたは、それは、機器の問題は裁判所に責任があると言うかもしれない。しかし、そのダメージは弁護人であるあなたが被ることになる。

　また、これまでそういうトラブルは経験したことがない、と言うかもしれない。確率は低いかもしれないが、遭遇すればそれは100％の確率だ。一般に、備え付けられた機材はメンテナンスをせずに放置されていることが多い。ビジュアルのリスクを認識しているあなたは、きっと、しっかり準備をし、事前のテストをおこない、リハーサルをおこなうだろう。

5-5
ビジュアル・ツール②

ビジュアル・ツール	注意点
PCとモニター	－文字は極力少なくする（伝えたい概念を図解化する） －アニメーションを濫用しない（人間の意識と同期した自然な流れ） －背景に凝らない（背景は黒無地がベスト） －機器のトラブルに注意（事前のテスト、バックアップの準備）
DVD、動画	－事前にテスト（早送り、巻き戻しをしない） －見せたい部分だけ見せる（余計なものを見せない） －見る観点を事前に示す
ホワイト・ボード	－大きく描く（大きな文字、図形を描く） －事前に全体のレイアウトを決めて描き始める －複雑なものを描かない（時間を節約する） －話しながら描かない
フリップ・チャート	－ペーパーとして残す場合に使う ※ホワイト・ボードの注意点と同様
プレゼン・パネル	－十分な大きさを確保する －一部を隠して示す場合は、事前にリハーサルをおこなう
実物提示装置	－複雑な形状のものは使わない －大きさ（長さ）の基準を示す －見せる手順と説明のリハーサルをおこなう
実物、模型	－十分な大きさのものを見せる －実物を聴き手に渡さない －動作させるものは事前に十分にリハーサルをおこなう

■ホワイト・ボード

　法廷でホワイト・ボードにビジュアルを描いて冒頭陳述や弁論をおこなうのは、非常に賢明なやり方だ。職業や年齢にかかわらず見慣れたツールだから、誰にでも受け入れられやすい。また、学校の先生や講師が使うので、聴き手である裁判員は、話を聴いて理解しようとする態勢ができている。

　ホワイト・ボードの特性は、話の流れに沿って描いたり消したりすることができることだ。裁判員の理解度を観察しながら、アドリブの効いた話ができる。

　ただ、これも使いすぎる傾向にある。使いすぎると、「弁護人は終始ホワイト・ボードに話しかけていた……」という印象しか残らない。また、複雑なビジュアルを描くには時間がかかる。冒頭陳述で犯行現場の見取り図を描いているうちに、裁判員が全員眠ってしまった、というアホなことが起こりうる。それに、ビジュアルや文字を描きながら話すと、裁判員にお尻を向けてアイ・コンタクトがなくなってしまう。ホワイト・ボードは単純なツールだけに、使い方には高度な技術が必要だ。

■プレゼン・パネル

　プレゼン・パネルを使って説明するのは、裁判員が非常に親しみを覚えるやり方だ。プレゼン・パネルとは、A1サイズ程度の用紙に大きくビジュアルを描き、厚紙やボードで裏打ちしたもの。話の流れに沿って紙芝居のようにパネルを繰りながらプレゼンテーションをする。

　これだと、かつて自転車の荷台の紙芝居を見ていた世代は、好意的にあなたの話を聴く。それに、状況に合わせて行きつ戻りつしたり、パネルに書き込んだり、見せたくない箇所をマスキングし、引っぺがしてドラマチックに見せたりすることもできる。また、最後にすべてのパネルを並べて弁論をすると、説得力のあるプレゼンテーションができる。

　ただ、自作するには時間がかかるし、それなりの職人技が必要だ。A1サイズになると、持ち運びには大変だし、まったく同じ事件を担当しない限り、繰り返し使うとはできない。ただ、法律用語や概念を説明するパネルは、他の裁判でも共通的に使えるメリットはある。非常に重要な裁判で、勝てば大いなる名声を獲得できるのであれば、コストと労力を費やしても使う価値は十分にある。

■ビデオや動画

　取調室の模様や被害者や被告人の家族からのメッセージなど、今後、動画を多用する可能性がある。動画はリアルでインパクトがあるだけに、扱いに注意しなければ取り返しのつかないことになる。

　事前に動画の内容や機器のテストをしておくことは当然だが、不要な部分は見せないこと、あるいは、あらかじめ見せる目的を示しておくことなどが必要だ。そうでないと、裁判員は意図しないところに注意を払う。それに、漠然と見せるのではなく、見せる前に見る観点を示しておく。そうしないと、あなたが伝えたい内容が伝わらない。また、裁判員の前で早送りや巻き戻しをすることはやめたほうがいい。当然ながら、人の動きがコミカルになってしまい、裁判員からの失笑を買うこともある。また、動画を見せているとき、あなた自身は動画に熱中してはいけない。聴き手は、何に反応を示すか、きちんと裁判員を観察することだ。

　動画を扱う場合は、きちんとステップを踏む。①事前に確認すること、②見る目的や観点を示すこと、③裁判員を観察すること、④終わったら内容を要約し、⑤訴求点を繰り返すこと。

5-6
説明資料と配付資料

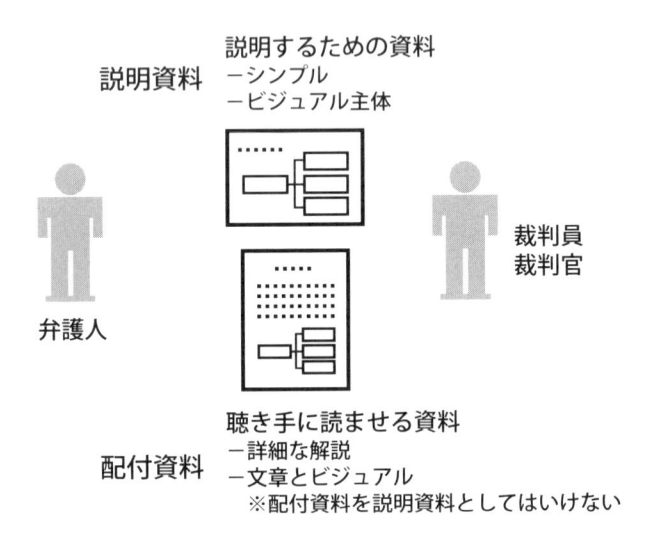

```
                     説明するための資料
       説明資料      －シンプル
                     －ビジュアル主体

                     [図]

    [弁護人]                    [裁判員
                                 裁判官]

                     [図]

                     聴き手に読ませる資料
                     －詳細な解説
       配付資料      －文章とビジュアル
                     ※配付資料を説明資料としてはいけない
```

■2種類の資料

　あなたは、きっと、裁判員に紙の資料を配ってプレゼンテーションをするだろう。そのやり方は非常に容易かつ効果が高い方法だ。しかし、ここで多くの人は、取り返しのつかない過ちを犯す。

　説明資料とは、資料を使って説明するわけだから、内容はシンプルでなければならない。もし、詳細を記入するなら、あなたがわざわざプレゼンテーションをする必要はない。「それでは冒頭陳述をおこないます。資料をお配りしますので、内容を読んでおいてください」と言って、直ちに退廷すればいい。

　配付資料とは、プレゼンテーションが終了した後、裁判員が手元で読むものだから、詳細の内容を記入しなければならない。もし、概略しか記入されていないなら、裁判員は何が何だかわからない。つまり、あなたが説明のために使うのが説明資料で、内容はシンプルでなければならない。裁判員に後で読ませるのが配付資料で、内容は詳細でなければならない。

■ 目線が合わない

　裁判員に何らかの資料を配るのは、非常に危険な行為だと思っていたほうが身のためだ。たとえば、資料を配ると、裁判員は資料に釘付け状態になる。その結果、あなたの話を聴いていないことになる。

　たとえば、あなたが裁判員だとしよう。詳細の内容が書かれた資料を配付された。あなたは、その資料を受け取ると、興味津々で、すぐに内容を読み始める。ところが、読み始めると、同時に弁護人が話し始める。あなたにとってみれば、弁護人が「資料を読め」と言うのか、それとも、「話を聴け」と言うのか、どちらかわからない。あなたは混乱し、資料を読むことも、弁護人の話を聴くことも、ギブアップしてしまう。

　それに、資料を配付すると、裁判員は手元の資料に目線をやり、あなたとは目線が合わない。あなたは、下を向いた裁判員の頭に向かって話し続けることになる。聴き手と目線の合わないプレゼンテーションは、よそ見をしながらプロポーズするようなものだ。結果は目に見えている。裁判員にはしっかりあなたと目線を合わせて話を聴かせる。あなた自身が、それを阻害する要因を作らないことだ。

■ 最後に配付する

　資料は、夏休みのラジオ体操のハンコのようなものだ。1回参加するとハンコを1つ押してもらう。資料もその都度、配付することだ。最初の全部の回にハンコを押してしまうと、誰もラジオ体操に参加しなくなるかもしれない。最初にすべての資料を配付し、「それでは2頁目の……」と言っても、裁判員は5頁目を見ている。人は先へ先へと行きたがるものだ。

　そこで、「それでは、次に、被告人の生い立ちについてお話しします」と言ってから、資料を1枚配付する。そうすれば、裁判員はあなたの話に集中する。はかに見る資料がないからだ。

　最も賢明なやり方は、何も資料を配らずに、まず、話を注意深く聴き、内容を理解するよう裁判員に要請することだ。たとえば、「まず、話を聴いていただき、全体を理解してください」と。プレゼンテーションは聴き手に理解させることが目的で、情報を与えることが主目的ではない。ところが、資料を配付すると、裁判員は内容を理解することよりも、情報を集めることに血眼になる。必要であれば、プレゼンテーション終了後に、「これまでの話を要約した資料をお配りします」と言う。

5-7
ビジュアルの目的を明確にする

ビジュアル制作上の注意点

1. 目的を明確にすること

2. 統一感のあるビジュアルを制作すること

3. 伝えたいコンセプトの関係性を図解すること

■難解な話を理解させる

　何事もそうだが、成功するためのルールがある。もし、あなたが法廷でのビジュアル・プレゼンテーションに成功したいなら、次の3つのルールを忘れてはいけない。1つ目は、ビジュアルで伝える目的を明確にすること。2つ目は、統一感のあるビジュアルを作ること。3つ目は、伝えたいコンセプトの関係性を図解すること。
　では、1つ目のルールから解説しよう。1つ目の伝える目的を明確にするとは、シナリオの中のどの部分をビジュアル化するか、そこで何を訴求したいか、それらを明らかにすることだ。
　たとえば、シナリオを見直すと、難解な話や複雑な話、あるいは、法律的な概念や専門用語など、一般の裁判員には理解しがたいだろうと思われる部分がある。特に話の中に多くの要素があり、それらが複雑に絡み合っている場合、裁判員に理解させるのは至難の業だ。そんな部分をビジュアル化する。つまり、ビジュアルを作成する前には、シナリオができていなければ、どの部分をビジュアル化すればいいか分からない。いきなり、ビジュアルから描き始めると、あなたの話は迷走する。

■ 退屈な話に興味をもたせる

　たとえば、あなたが、情状酌量を勝ち取りたいと思っているとしよう。あなたのシナリオの中に「被告人の生い立ち」という項目がある。その項目は、是非とも裁判員に興味をもたせたい。そして、不遇な境遇に共感してもらいたい。あなたは、そんなふうに考えている。

　ところが、被告人の経歴を淡々と話をするだけでは、あなたの目的は達成しない。きっと、裁判員は興味なさそうに聞き流してしまうだろう。そんなときは、興味をもたせるビジュアルを作ろう。ビジュアルを見せれば、裁判員は被告人の生い立ちに興味をもつだろう。たとえば、被告人の幼年時代の写真や生活環境の実態をビジュアルで見せる。そうすれば、裁判員はハッとして被告人の苦労に思いを馳せるだろう。あるいは、簡略化した年表を示しながら切々と訴えると、裁判員は犯行に至るまでの経緯を知り、被告人に同情を寄せるかもしれない。

　人は目に映るものに興味を示す。それは、視覚からの情報吸収が一番インパクトがあるからだ。「次に、これをご覧ください……」と言うと、裁判員は興味津々であなたの話に集中する。

■ 重要点を記憶に留めさせる

　たとえば、あなたが冒頭陳述で弁護側の主張を力強く述べるとしよう。そのときは、裁判員は「なるほど！そうか」と思うにちがいない。しかし、その後の証拠調べ、尋問と続く中で、裁判員はあなたの主張を忘れてしまう可能性が高い。人間は忘れやすい生き物だからだ。

　そんなときは、ビジュアルを作ろう。ビジュアルで示せば、裁判員はあなたの主張を記憶に留めてくれる。たとえば、スライドに強調文字で「正当防衛により無罪」と記述し、それを証明する根拠を3つの輪を重ね合わせて示す。そうすれば、裁判員は、あなたの主張と重なり合った3つの輪を忘れない。そして、評議の席であなたのビジュアルを思い浮かべながら、「被告人は正当防衛により無罪だ！」と意見を述べる。

　あなたは、目的を明確にしてビジュアルを作成することだ。「このビジュアルでは、これを理解してほしい」とか、「このスライドで、これを覚えておいてほしい」とか、「このビジュアルで、これに興味をもたせたい」などと、はっきりとした目的を示す。そうでないと、裁判員は、あなたが何を言いたいのかわからなくなってしまう。

5-8
ビジュアルに統一感をもたせる

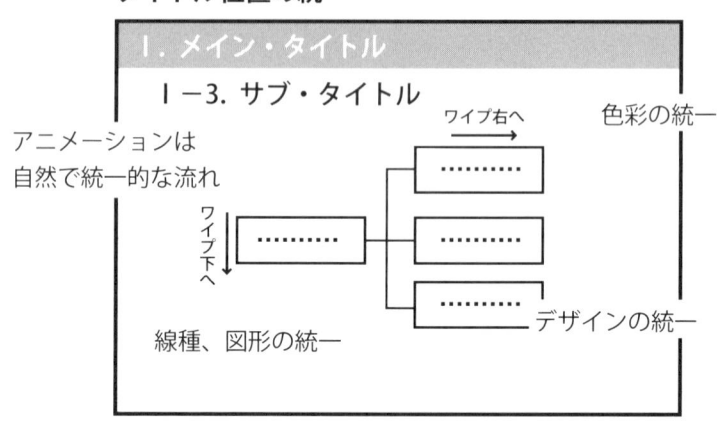

```
        タイトル位置の統一
  ┌─────────────────────────────┐
  │ 1. メイン・タイトル              │
  │   1-3. サブ・タイトル            │
  │              ワイプ右へ    色彩の統一 │
  │ アニメーションは    ┌──────┐       │
  │ 自然で統一的な流れ   │……… │       │
  │         ワ┌──────┐ ├──────┤       │
  │         イ│……… ├─┤……… │       │
  │         プ└──────┘ ├──────┤       │
  │         下          │……… │       │
  │         へ          └──────┘デザインの統一│
  │    線種、図形の統一                │
  └─────────────────────────────┘
```

■ビジュアル酔い

　２つ目のルールは、ビジュアルに統一感をもたせること。もし、あなたが、いきなりパソコンを立ち上げてビジュアルを描き始めると、きっと、気の赴くまま好き勝手にスライドを作るだろう。もし、その好き勝手に作ったビジュアルを法廷で見せられたら、ひょっとすると裁判員は、目まいがして倒れてしまう。

　たとえば、タイトルの位置はバラバラだし、線の太さも文字の大きさも、そのときの気分次第。どこかからか引用した違和感ある図形が飛び出してくるし、色使いもバラバラだ。目立つからといって、交通標識のように黄色に黒色を乗せてみたり、好きな色だからとピンクを多用したりする。プレゼンテーションのビジュアルは、子どものぬり絵ではないのだから、とにかく色をつければいいというものではない。

　それに、スライドのアニメーションを使い始めると、しばらくは興味津々でいろいろと遊んでみたくなる。文字が右から出たり左から出たり、図形がどこからか飛んできたり。これだと、裁判員はビジュアル酔いしてしまう。

■ **リラックスできるビジュアル**

　裁判員がリラックスしてあなたのビジュアルを見るためには、すべてのスライドに統一感をもたせることだ。たとえば、大項目のタイトルは常に左上に位置させ、その下には必ずどのスライドも中項目のサブ・タイトルが記述してある。そうすれば、裁判員は自動的にタイトルを読みサブ・タイトルを一見し、スライドの目的を理解する。統一感があれば、裁判員はストレスなくビジュアルを見ることができる。

　同じ項目であれば、同じ色使いをすることだ。たとえば、あるスライドでは被告人は青だが、次のスライドでは赤になっている。それだと、裁判員はどれが被告人でどれが被害者かわからなくなってしまう。

　色彩には、それぞれの色が本来もっているメッセージがある。たとえば、紺色は信頼性や保守性を表すし、青色は現代的なニュアンスを伝える。それに赤色は危険を象徴的に表す色だ。もし、被告人を目立たせようと、赤色で塗りつぶすと、逆に危険人物というメッセージを伝えてしまう。そんなときは紺色を使うのが無難だ。あなたが伝えたいメッセージに合わせて色彩を使えば、自ずとセンスのよい色使いになる。

■ **自然な流れで動かす**

　もし、アニメーションを使うなら、裁判員の思考の流れに沿って動かすことだ。たとえば、文字列であれば左から右へ。縦の線であれば、上から下へ。矢印であれば、当然、矢印の方向に動かす。

　もし、あなたがアニメーションに凝りに凝ったビジュアル・スライドを作ったとしよう。きっと、裁判員の興味はアニメーションに注がれるはずだ。そうなると、あなたが訴求したい被告人の反省度合いにはまったく目もくれない。評議の席では、あなたのアニメーション・テクニックについて議論がなされるかもしれない。それこそ本末転倒というものだ。

　あなたがパソコンを使ってビジュアル・スライドを作り始めると、きっと、あれこれスライドの背景に凝ってみたくなるはずだ。デザイン・テンプレートを使って、世界地図にしようか、地球の写真がいいか、あるいは、法廷だから正義の女神が天秤をもっているのがいいなどと。こうなると、裁判員は背景にばかり注意を向け、肝心の内容には見向きもしない。スライドの背景は黒に統一する。そうすれば、伝えたい内容がハイライトされる。

5-9
コンセプトの関係性を図解する

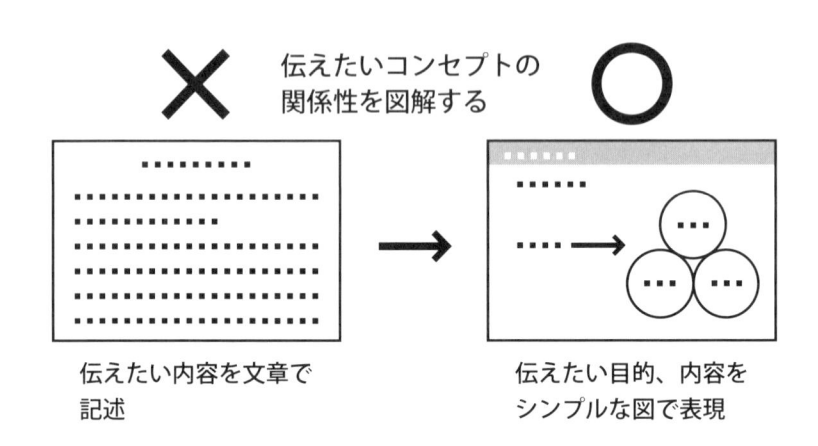

×　伝えたいコンセプトの関係性を図解する　○

伝えたい内容を文章で記述　伝えたい目的、内容をシンプルな図で表現

■**線で関係性を表す**

　ビジュアルのルールその3は、コンセプトの関係性を図解すること。そもそも、図解するとは、どのようなことだろうか。もちろん、文字を羅列することではない。よほど凝った意味のあるフォントを使うのであれば、文字はビジュアルの役目を果たす。文字の羅列はできるだけ避けたほうが賢明だ。

　本来、ビジュアルとは、四角形や三角形、丸や楕円、線や矢印を使って描画すること。しかし、単に描画すればいいのではなく、コンセプトの関係性を描画することだ。

　たとえば、スライドに被告人と被害者の人物を描いたとしよう。これだけでは意味がわからない。もし、被害者から被告人に矢印を引くと、被害者が被告人に何かを働きかけたことを意味する。つまり、矢印が関係性を表すわけだ。そして、矢印の上に「暴言」と文字で矢印の意味、つまり関係性を特定すると、あなたがビジュアルで伝えたいことが、裁判員にはパッと見てピンとくる。「被害者が被告人に暴言を吐いたことが犯行の引き金になった」と。

■**図と図の関係性**

　たとえば、あなたが、本件は正当防衛の3つの要件がすべて成り立つことを主張したいとする。あなたの主張をスライドに文章で書いて、それを読ませたとしても、裁判員はピンとこないだろう。そもそも、スライドに書かれた文章を、一字一句、熟読する奇特な裁判員は少ない。

　そんなときは、3つの輪が中心で重なるビジュアルを描いてみよう。そして、それぞれの輪の中に正当防衛の3つの要件を記述する。その3つの輪が重なったところ、つまり、3つの用件を満たしていることを訴求する。そうすれば、裁判員にとってみれば、そのビジュアルを見ただけで、あなたが何を主張したいか一目瞭然だ。シンプルなビジュアルは、裁判員の理解を促進し記憶に留めさせる。きっと、裁判員は評議の場で、ビジュアルを思いだしながら無実を主張してくれるだろう。

　図解するとは、スライドに文章を書くことではない。このように、1つのコンセプトと他のコンセプトの関係性を図に表すことだ。ゆめゆめ、思いつくままに丸とか三角とか四角などを描いて、それで事足れりとしてはいけない。

■**無意味なビジュアル**

　パソコンでスライドを作り始めると、いろいろと凝ってみたくなる。ひょっとすると、あなたはスライドに挿絵やイラストを入れて、それなりの雰囲気を醸し出したいと思うかもしれない。あるいは、サウンドを入れて、ちょっとインパクトを与えてみたいと思うかもしれない。それはやめたほうがいい。裁判員の注意を散漫にさせるだけだ。

　あるいは、「裁判員は一般人だから親しみやすさを……」とばかり、スライドにマンガでも入れようなものなら、あなたまでがマンガチックに見える。スライドとあなたのイメージとダブるわけだ。伝えたいことだけをスライドにビジュアルとして描くことだ。余計なものを入れると、裁判員はあなたが意図しないところに注目する。見せたいものだけ見せる。それが原則。

　ビジュアルを作成するのは、決して難しくない。情報を削ぎ落とし、あなたが伝えたいことをシンプルに表現する。それだけで洗練されたビジュアルになる。あなたはプロのデザイナーではないだろうから、なにもデザイン的に凝る必要はない。目的を明確にし、統一感をもたせ、図と図の関係性を示す。この3つのルールを守ればいい。

5-10
ビジュアルを効果的に見せる

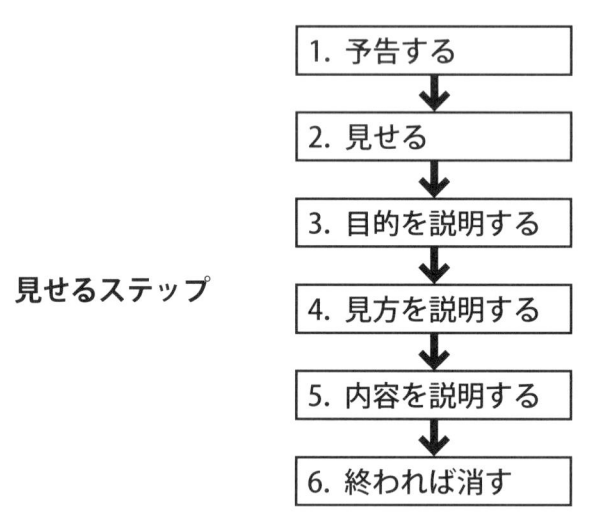

見せるステップ

1. 予告する
   ↓
2. 見せる
   ↓
3. 目的を説明する
   ↓
4. 見方を説明する
   ↓
5. 内容を説明する
   ↓
6. 終われば消す

■いきなり見せない

　あなたは弁論のプレゼンテーションで、裁判員を説得したい。再犯率に関する円グラフを見せ、執行猶予を獲得することを目論んでいる。そこで、スライドを見せ、「刑を科すだけでは、再犯率は……」と、重要な点を説明し始めた。

　もし、あなたが裁判員だったら、いきなり円グラフを見せられ、いきなり説明を聞かされたら、どのように思うだろうか。きっと、弁護人が話していることが、何が何だかわからないはずだ。わからないから、ビジュアル・スライドを隅から隅まで穴があくように見つめる。「ええっと、これは……」などと考えている間に、あなたの話はどんどん先へ進んでしまう。

　結果、スライドを説明し終えたとき、裁判員は消化不良を起こしている。それでも、「それでは、次に……」と言いながら次のスライドへと移ってしまう。あなたは、自分が作ったスライドだから、何が描いてあるかわかっている。ところが、裁判員にとっては、初めて見せられるスライドだ。理解不能に陥ってしまって当然だ。

■ステップを踏んで見せる

　ビジュアルを使うときは、きちんとステップを踏んで見せることだ。いきなり見せて話し始めると、裁判員は何が何だかわけがわからない。何事でもそうだが、いきなりというのは身体にも精神にもよくない。ビジュアルを見せる前に、何を見せるか予告することだ。

　映画の予告編のように、ビジュアルも予告すれば裁判員の期待感が高まる。たとえば、「それでは、次に再犯率に関する円グラフをお見せします」と。そうすれば、裁判員は、「ああ、再犯率に関する円グラフを見せてくれるんだ」と思う。心の準備ができるというものだ。

　そして、ビジュアルを見せる。見せても、いきなり話し始めてはいけない。裁判員は何が描かれているか興味津々だ。隅から隅まで見ようとする。そんなときに、重要な話をしても、あなたの話は上の空だ。そこで、ビジュアルを見せたら、少し間を置く。裁判員の態度を注意深く観察し、タイミングを見計らって「これは、再犯率を表した円グラフです」とビジュアルの目的を説明する。

■見方を説明する

　目的を説明し終えたとしても、まだ、話し始めてはいけない。グラフの見方を説明しなければならない。裁判員にとっては、全体の母数は何件で、データの出典はどこで、いつのデータで、色分けしたそれぞれの意味を何か、まったくわからない。あなたは自分が描いた円グラフだから、そんなことは百も承知だろう。しかし、裁判員にとっては、初めて見る円グラフかもしれない。

　たとえば、「この円グラフは平成10年から平成21年までの期間における再犯率をパーセントで表しています。母数は……、出典は……」などと、円グラフの解説をすることだ。もし、チャートを使って説明するなら、たとえば、「赤の図形が被害者で……」とか、「青色の図形は被告人で……」などと説明する。そうすれば、裁判員はあなたのビジュアルを見間違えることはない。

　ビジュアルを使うなら、丁寧に説明を積み重ねることが必要だ。ビジュアルの見方を示し裁判員が理解したところで、あなたが伝えたい箇所を説明する。「ご覧のように、被告人には執行猶予が妥当であることが、ご理解いただけたと思います」と。このように、ビジュアルを予告し、見せ、目的を説明し、見方を説明し、そして、内容を説明する。終われば消す。

5-11
聴き手のためのビジュアル

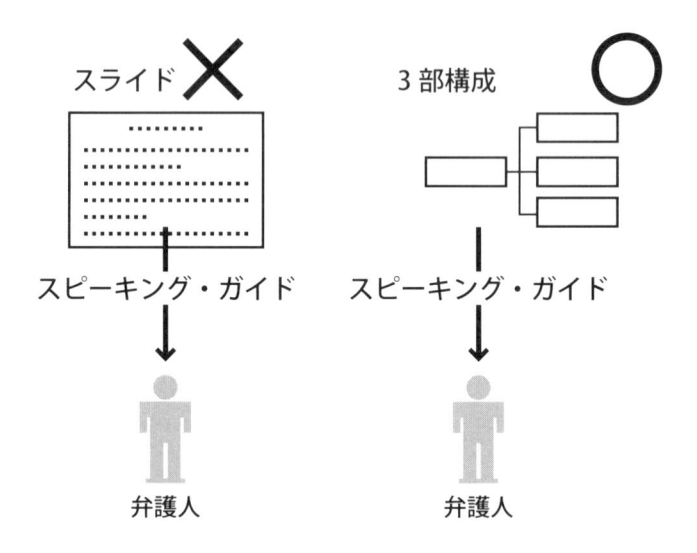

■**スピーキング・ガイド？**

　ビジュアルを説明するときは、独りよがりになってはいけない。さて、ここで、プレゼンテーションで使うビジュアルは誰のためのものか、考えていただきたい。もちろん、裁判員のためにあると答えが返ってくるだろう。しかし、多くの弁護人は、ビジュアルを自分のスピーキング・ガイドにしている。

　つまり、スライドを繰りながら、自分が次に何を話すべきか、ビジュアルを見て思い出しているわけだ。話の流れに沿ってスライドを見せているのではなく、スライドに沿って話をしている。その証拠に、スライドを取り上げると、ひと言も話せなくなってしまう。

　あなたがスピーキング・ガイドとするのは、各手続における戦術シナリオでなければならない。もし、スライドをスピーキング・ガイドにすると、あなたは、話の途中でスクリーンをチラチラ見る。その結果、裁判員から見れば、あなたは自信なさげに映る。もし、裁判員に「弁護人は自分の主張に自信をもって話している」という印象を与えたければ、スクリーンを見ないことだ。

■裁判員の反応を観察する

　大画面のモニターにビジュアルを映したとき、あなたはモニターを見てはいけない。裁判員のほうを見る。裁判員がきちんと見ているかどうか確認する。つまり、裁判員の反応を観察するわけだ。

　「モニターを見るな」と言われると、きちんと映っているかどうか不安になると思うかもしれない。そんなときは、手元のパソコン画面をチラ見すればいい。そして、手でモニターのほうを指し示しながら、自信溢れる態度で、「これが、犯行現場の見取り図を示したものです」と言う。そのとき、あなたは裁判員の方を見る。そうすれば、裁判員はあなたの号令一下、一斉にモニターの方を見る。

　このような見せ方をすると、あなたは裁判員をコントロールできるだけでなく、自信に満ち溢れた弁護人という印象を与えることができる。些細なことだと思うかもしれないが、非常に重要なことだ。裁判員は無意識のうちに、あなたの一挙手一足投を観察し、小さな印象を積み上げていく。そして、最終的に、あなたが信頼できる弁護人であるかどうか判断する。

■被せて話してはいけない

　たとえば、あなたがビジュアルを使って、ある法律の条文を解説することになったとしよう。きっと、スライドには多くの文章が書かれているはずだ。あなたは、そのスライドをモニターに映し出し、該当する法律について話し始める。ここで、あなたは大きな失敗を犯すだろう。

　裁判員は文章を見せられると、当然、映し出された文章を読み始める。それと同時に、あなたはそれに被せて話を始める。そうすれば、裁判員にとってみれば、スライドの文章を読めというのか、話を聴けというのか、わからなくなってしまう。きっと、スライドの文章を読むことも、あなたの話を聴くことも、両方ともギブアップし、ふて寝を決め込む。

　この失敗の原因は、スライドに文章を書いたこと、裁判員が文章を読んでいるところに被せて話をしたこと。この失敗を避けるためには、スライドに文章を書かないこと。単語やフレーズだけに留めておく。それでも、文章を見せることになったら、裁判員に、「今から文章を読み上げますので、目で追ってください」と言って、一字一句飛ばさず読み上げることだ。そうすれば、裁判員の集中力を持続させることができる。

5-12
ビジュアルで失敗しないために

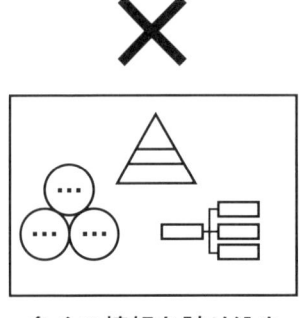

× 多くの情報を詰め込む

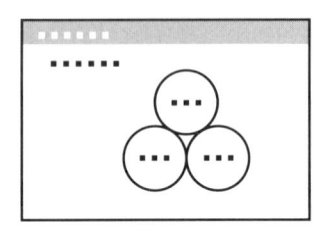

○ 見せたいものだけ見せる
1コンセプト／1枚

■見せたいものだけを見せる

　よくある話だが、1つ前のスライドをモニターに映したまま、次の話へ進んでしまうことがある。たとえば、あなたが「犯行前の状況」を示すスライドを見せた。そして、その詳細を説明した。続いて、スライドはそのままの状態で「犯行時の状態」を説明し始めた。

　果たして、裁判員はあなたの話に集中するだろうか。残念ながら答えはノーだ。このやり方は「見せたいものだけを見せる」というビジュアル・プレゼンテーションの原則に反している。あなたが、いくら犯行時の状態について熱弁を振るっても、裁判員はまだ犯行前の状態を引きずって話を聴いている。

　もし、見せたくないものまで見せると、裁判員はあなたの話に集中しなくなってしまう。裁判員の注意が散漫になるのは、人は目から入る情報に、より多くの興味をもつからだ。そこで、説明が終わったらスライドを消すことだ。つまり、スライドの内容を説明する、終わったら消す、次のスライドを見せて説明する、終わったら消す、これを繰り返しながら、裁判員の集中力を持続させることだ。

■1枚のスライドに1つのコンセプト

「見せたいものだけを見せる」の原則から考えると、1枚のスライドに2つ以上のコンセプトを示してはいけないことになる。たとえば、1枚のスライドに「犯行の動機」と「示談の成立」と並べて、2つのビジュアルを描いたとしよう。

まず、あなたは犯行の動機について詳細を話し始める。さて、そのとき、裁判員はスライドのどこを見ているだろうか。きっと「示談の成立」のビジュアルに注意を向けているだろう。そして、見終えると「ああ、そういうことね」と中途半端に理解し、後は腕組みして眠ってしまう。裁判員とは、ビジュアルを見せられると、あなたの話より先へ先へと進んで行こうとするものだ。

もし、複数のコンセプトをビジュアル化したければ、スライドを分けることだ。しかし、どうしても2つ以上のビジュアルを1枚のスライドに描いて、それぞれの関係性を示したいこともあるだろう。そんなわがままを叶えるには、アニメーションを活用することだ。説明を始める直前にビジュアルを映し出し、そして、関係性を説明する。

■ビジュアル技術で武装する

あなたが法廷でビジュアルを使ってプレゼンテーションをするなら、このような詳細だが重要な技術をマスターしていなければならない。見よう見まねで我流のビジュアル・プレゼンテーションをおこなってはいけない。それは聴き手である裁判員に苦痛を与えるだけだ。

もし、あなたが丸腰でビジュアルと格闘するなら、きっと、法廷で多くの地雷を踏むことになるだろう。地雷というのは、どこで失敗が牙をむいて待ち構えているかわからないという意味だ。知らず知らずのうちに地雷を踏んでしまう。いや、地雷を踏んだことさえも気づかないこともある。判決を聞いたときに、自分のプレゼンテーションが失敗だったと気づく。後悔先に立たずだ。

しかし、ビジュアル・プレゼンテーションは多くのメリットをもたらしてくれる。裁判員の理解を大いに促進してくれるし、興味をもたせてくれる。さらに、裁判員の記憶に留めさせてくれる。それに、時間的制約の中でも、効果的な冒頭陳述や弁論をおこなうことができる。もし、あなたがビジュアル・プレゼンテーションをマスターするなら、裁判員は、評議の席で、あなたのビジュアルを思い浮かべながら、あなたの主張をあたかも自分の主張のように語ってくれるだろう。

第6章
法廷戦略実践編〜里見達彦事件〜

　あなたは、これまでに、戦略的法廷プレゼンテーションの理論と技術について学習した。この理論と技術を実際の裁判に適用するとどうなるのか、実践してみたいと思っているだろう。
　そこで、各地の裁判員模擬裁判で取り上げられた"里見達彦事件（傷害致死被告事件）"を、法廷戦略の適用例として、その理論と技術を実践してみよう。
　まず、次頁からの事案の概要、証明予定事実と検察官請求予定証拠、そして、被告人の言い分を読んだうえで、法廷戦略を立案し、法廷戦略シナリオを構築してみよう。

6-1
里見達彦事件の概要

■ 事案の概要

　この事案は、被告人里見達彦が、仕事仲間である被害者古川誠の腹部を足で踏みつけ（蹴りつけ）、小腸腸間膜破裂等による腹腔内出血に基づく出血性ショックにより死亡させたとして起訴された傷害致死事件だ。

　犯人性が争われるが、目撃者等の直接証拠がまったくない、いわゆる状況証拠型の事件である。犯人性の根拠となる状況としては、①被告人と被害者は、事件の前後を通じてずっと2人で行動しており犯行機会を有していたこと、②被害者のTシャツに残っていた痕跡が、被告人のサンダルと矛盾しないこと（鑑識による照合結果）、③事件後に、被告人が「やったかもしれない」などと犯行を自認するような言動を、周囲の人間（和田証人、大山証人）に話していたこと、④病院で服を着替えたり、和田に口裏合せを依頼するなど犯行隠蔽工作ともとれる行動をしていたこと、⑤救急車を呼ぶことを拒否するなどの不自然な言動をしていた、という事実が主張されている。

　詳細は、次項の検察官証明予定事実を確認していただきたい。

■ 公訴事実

　被告人は、平成19年10月18日午後8時ころ、甲県A市青島4丁目3番2号下村ビル前路上において、古川誠（当時39歳）に対し、その腹部を蹴りつけるなどの暴行を加え、よって、同人に小腸腸間膜破裂等の傷害を負わせ、同月19日午前1時40分頃、同市緑川5丁目7番9号緑川総合病院において、同人を前記傷害に基づく腹腔内出血による出血性ショックにより死亡させたものである。

■ 罪名および罰条

　傷害致死 刑法205条

■証明予定事実

検察官の証明予定事実は次のとおりである。

第1　被害者古川誠が、他者からの暴行を受けて死亡したこと
1　古川は、平成19年10月19日午前1時40分ころ、甲県A市所在のM総合病院において、小腸腸間膜破裂等による腹腔内出血に基づく出血性ショックにより死亡した。
2　小腸腸間膜破裂は、転倒するなどの自傷行為ではできるものではなく、無防備な状態で腹部に強い外力を受けたことによりできた傷である。

第2　前記傷害結果は被告人の暴行によるものであること
1　被告人は犯行時刻の前後に古川と行動を共にしており犯行の機会を有していた
(1)　被告人は、平成19年10月18日午後1時20分ころから午後5時ころまでの間、甲県C市所在の「ひまわり亭」において、古川とともに飲酒していた。
(2)　被告人は、同日午後6時ころから、午後7時45分ころまでの間、甲県A市所在の「あさがお亭」において、古川とともに飲酒した。
(3)　古川は、同日午後7時45分ころ、前記あさがお亭を退店した後、同店付近路上においてしゃがむなどしていた。被告人は、同店のトイレに入り、古川から約10分ないし15分程度遅れて同店を退店した。
(4)　被告人は、同日午後8時40分ころ、甲県A市所在のコンビニで、ポカリスエットとコーヒーを購入した。
(5)　被告人は、同日午後10時33分から翌19日午前零時9分までの間、和田啓一(以下「和田」という。)に10回にわたり電話をかけ、「まこちゃんの様子がおかしい。ゆすっても起きない。」などと古川の様子がおかしい旨述べた。
(6)　和田は、19日午前零時過ぎころ、前記コンビニ駐車場に到着した後、古川と被告人が乗った自動車を運転して、M総合病院に運んだ。
2　古川のTシャツに付着した痕跡が、被告人の履いていたサンダルの形状と類似すること
(1)　古川が被害当時に着ていたTシャツの前面中央部付近には4本の曲線の痕跡があった。
(2)　事件当日に被告人が履いていたサンダルの左足のつま先部分の形状と、前記痕跡が類似する。
3　事件後に被告人が古川への暴行を自認する言動をしていた
(1)　被告人は、19日午前零時過ぎころ、コンビニに来た和田に対して、「もしかしたら、まこちゃんを2、3回蹴ったかもしれない。」と話した。
(2)　被告人は、同日、前記M総合病院で古川の死亡を知った際、和田に、「大丈夫かな。やってないかもしれないけれど、やっちゃったかもしれない。そのせいでまこちゃんが死んだのだったらどうしよう。」と話した。
(3)　被告人は、同日、A警察署に向かう車中で、和田に、「俺がもしかしたらだけど、まこちゃんを2、3回蹴っているかもしれない。この話は伏せておいてほしい。」と話した。
(4)　被告人は、同月20日朝、E市の仕事現場で、大山明(以下「大山」という。)に対し、あさがお亭を出た際の古川について、「ぐでんぐでんになって横になっていた。」、「みっともないから、起こそうとして、まこちゃんの顔を叩いたり、尻を蹴ったりしたんだよ。」などと言った。
(5)　被告人は、同月20日午前中、被告人は大山から被害者の死因が内臓破裂ではないと聞き、「ああ、よかった。俺が殴ったり蹴ったりしたことが原因じゃないんだ。万が一、俺がやっちゃったことが原因だったらどうしようかと思っていたんだよ。」などと言った。
(6)　被告人は、平成19年10月下旬、前記あさがお亭前付近まで和田を連れて行き、和田に、「この

辺で蹴っているかもしれない。起こそうと思って叩いたり、蹴ったような気がする。」と話した。
4 被告人による犯行隠ぺい工作
 (1) 被告人は、同月19日、M総合病院で被害者が危ない状況であると聞いた後、車に戻り、当時着ていた血液のついた服を、トランクに入っていた別の服に着替えた。
 (2) 被告人は、同年11月初めころ、和田に対し、和田が警察からの取調べを受けるに当たって、被告人が酒に酔ってベロベロ状態であったと警察に話してほしい旨の口裏合わせを依頼した上、被告人自ら和田が作成したメモに当時の状況と異なる事実を書き加えた。
5 被告人の不自然な言動等
 (1) 被告人は、同月18日午後10時33分から翌19日午前零時9分までの間、和田と電話をする中で、被害者の容態がおかしい旨聞いた和田から、「病院に連れて行ったらどうか。救急車を呼べばいいでしょう。」と言われたにもかかわらず、頑なに被害者を病院へ搬送することも救急車を呼ぶことも拒否した。
 (2) 被告人は、犯行後、和田を誘って、前記あさがお亭付近に行き、和田に対し、「俺は車内で待っているから、目撃情報を求める看板とか張り紙がないか見てきてくれないか。」などと言った。

■検察官請求証拠

甲号証

番号	標目	供述者	立証趣旨
1	死体検案書	竹田俊介（医師）	被害者の死亡日時および場所等
2	解剖立会報告書	（員）○○○○	被害者の負傷部位および内容等
3	供述調書	竹田俊介（医師）	被害者の死因およびその発生原因等
4	実況見分調書	（員）○○○○	犯行場所の状況等
5	聴取結果報告書	（員）○○○○	犯行当日のひまわり亭への立寄状況
6	供述調書	木村芳久（あさがお亭店長）	あさがお亭における被告人および被害者の様子等
7	解析結果報告書（防犯ビデオ）	（員）○○○○	被告人のコンビニへの入店状況
8	資料入手報告書（コンビニのレシート）	（員）○○○○	被告人のコンビニにおける行動
9	通話先解析報告書	（員）○○○○	犯行前後の被告人の架電状況
10	謀議メモ入手経過報告書	（員）××××	被告人が和田に口裏合せを依頼したこと等
11	証拠品領置経過報告書	（員）○○○○	証拠品（被告人の履いていたサンダル）の領置経過等
12	サンダル		犯行当日に被告人が履いていたサンダルの存在および形状
13	写真撮影報告書	（員）○○○○	犯行当日に被告人が履いていたサンダルの存在および形状
14	赤外線写真撮影結果報告書	（員）桑田直人	被害者の着衣の潜在痕跡等

15	痕跡照合結果報告書	(員)桑田直人	被害者着衣の潜在痕跡と被告人のサンダル底面形状が類似すること等
16	供述調書	和田啓一	犯行後の被告人の行動等
17	供述調書	大山明	犯行後の被告人の言動等
18	供述調書	古川聖子(被害者の妻)	処罰感情等

乙号証

番号	標目	供述者	立証趣旨
1	員面調書	被告人	身上経歴等
2	検面調書	被告人	弁解状況等
3	戸籍謄本	A市長	

■被告人の言い分

被告人が、弁護人に説明した内容はおおむね次のようなものであった。

> 　平成19年10月18日午後1時20分ころから、翌19日にかけて、古川と一緒に「ひまわり亭」「あさがお亭」で飲食したこと、その後コンビニに行ったこと、和田が来てから一緒にM総合病院に行ったこと、そこで古川が死亡したことは確かだけれども、その間の詳しい出来事については酔っていたため、よく覚えていない。
> 　18日は午前中で仕事が終わったので、昼過ぎから「ひまわり亭」で飲食していた。私も、古川もかなり酒を飲んでいた。古川は、店員の女の子に悪さをしていた。
> 　ひまわり亭を夕方5時ころに出て、私の車に2人で乗って、ガソリンスタンドに行った。ガソリンスタンドでは給油とブレーキランプの交換をしたと思う。
> 　その後、2人で「あさがお亭」という居酒屋に行った。車は「あさがお亭」の近くの路上に停めていた。あさがお亭でも飲酒していたが、そのころからのことは余りよく覚えていない。飲みながら古川ともめたような記憶はない。「あさがお亭」をどちらが先に出たのか、支払を誰がしたのかなども良く覚えていない。「あさがお亭」を出てから、2人で車に乗って、コンビニに行ったことも何となく覚えているが、何を買ったとか、何をしていたかは良く覚えていない。車の中でしばらく寝ていて、目を覚ましたら古川の様子がおかしかった。起こそうとしたけれども、古川はいっこうに反応しないので、これはまずいと思った。そこで、和田に電話をかけて、コンビニの駐車場に来てもらった。和田がコンビニに来て、古川を病院に連れて行った方がいいと言うので、和田に車を運転してもらって古川をM総合病院に連れて行った。病院にいるとき、雨に濡れて服が汚れていたので、車に乗せていた服に着替えた。和田や大山に話したことについてはよく覚えていない。
> 　自分が、古川のことを蹴ったり、踏みつけたりした覚えはない。

6-2
目標設定

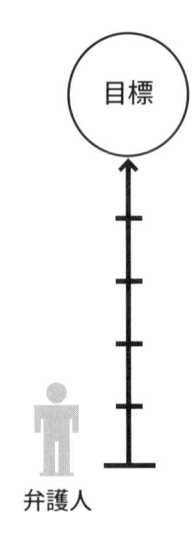

里見達彦事件の目標設定

目標

1. **仮目標**
   事件性については争わないものの、被告人の犯人性を争い無罪を獲得する

2. **現実的な目標**
   被告人は被害者の腹部を軽く蹴る程度のことはしたが、そのことで被害者が死亡したとは言い切れず、被告人は犯人ではない

3. **ストレッチ・ゴール**
   被告人は、被害者にまったく暴行を加えていないから、被告人は犯人ではない

弁護人

■**具体的な目標設定**

　さて、それでは、これから里見達彦事件で法廷戦略を立案してみよう。戦略立案のプロセスに沿って、情報収集、目標設定、C-SWOT分析へと進め、法廷戦略ステートメントを作成する。

　まず、事件の概要、公訴事実、罪名および罰条、検察官の証明予定事実、検察官請求証拠、被告人の言い分などの情報を入手する。開示された証拠によって集められた情報をもとに、獲得目標を設定する。被告人が、一貫して自分には身に覚えがないと主張している一方、被害者が内臓破裂で死亡したこと、内臓破裂が腹部に外的な圧力が加わったことによるものであることは、解剖結果から明らかである。よって争う余地はないと思われる。

　とすると、弁護人の最終的目標は、事件性については争わないものの、被告人の犯人性を争い無罪を獲得するということしかないだろうと思われる。しかし、これだけでは具体的な目標とはいえない。そこで、もう一歩進めて、どのようにして犯人性を争うのかという具体的な目標を考えてみよう。

■犯人性を争う

　犯人性を争うといっても、いくつもの目標設定が考えられる。たとえば、"ほかに真犯人がいるから被告人は犯人ではない"という、完全にシロの心証で無罪獲得をめざすことも考えられる。

　あるいは、"被告人は、被害者を少し蹴飛ばしたかもしれないけれども、死に至るような暴行を加えたとは言い切れない。よって、被告人は犯人ではない"という心証をとることもできる。もちろん、限りなくグレーではあるが、合理的な疑いを超える証明はないという判断で、無罪獲得をめざす目標設定もありうるだろう。そのほかにも、いくつか検討の余地はあるが、ここでは現実的な枠組みで考えてみる。つまり、和田、大山の「被告人が被害者を蹴ったかもしれないと話していた」という趣旨の供述が、それなりに具体的だ。

　そして、2人は別々の機会に被告人の言動を見聞きしており、そろって同じ趣旨の発言を聞いたと供述している。そのことからすれば、この2人の証言を完全に崩すことは困難だ。つまり、被告人が、この2人に「被害者を蹴ったかもしれない」と発言した事実については、認められてしまう可能性は高いわけだ。

■現実的な目標

　「被告人が被害者を蹴ったかもしれないと話していた」というこの2人の証言から、被告人の認識としても、"被害者を蹴った可能性があると思っている"ということにならざるをえない。

　それならば、"寝込んでしまった被害者を起こそうとして、軽く蹴飛ばしたことを限度とし、それを認めたうえで、死んでしまうほどの暴行を加える動機はない"とするのが現実的な防衛ラインと判断される。そこで、現実的な目標として、"被告人は被害者の腹部を軽く蹴る程度のことはしたが、そのことで被害者が死亡したとは言い切れず、被告人は犯人ではない"とするのが妥当だ。

　その上で、よりチャレンジングな目標を設定した。たとえば、"蹴ったかもしれない"という趣旨の発言はしたけれども、実際には蹴っていない。そして、そのような趣旨の発言をしたことには、相応の理由があるとする。このような根拠によって、"被告人は、被害者にまったく暴行を加えていないから、被告人は犯人ではない"というグレーではなく、シロによる無罪獲得を仮目標として設定する。何事も目標は高く設定すると、人は真剣に取り組むものだ。

6-3
里見達彦事件のC-SWOT分析

目標：正当防衛で無罪	外部要因	
凡例 C：Court S：Strength W：Weakness O：Opportunity T：Threat	機会（O）	脅威（T）
内部要因 　強み（S）		
内部要因 　弱み（W）		

■C-SWOT分析

　この仮目標を達成するための法廷戦略オプションを抽出し、法廷戦略ステートメントを決定するために、C-SWOT分析（別表「C-SWOT分析マトリックス参照」）をおこなう。

　事件記録から収集した情報を分析し、内部要因の"強み（S）"と"弱み（W）に分類する。また、これまでの模擬裁判から明らかとなった裁判員となる一般市民と、裁判官の判断傾向等を外部要因として、"機会（O）"と"脅威（T）"に分類する。たとえば、裁判員の判断傾向について、"裁判員は、合理的な疑いを、その言葉通りに厳格に判断してくれる"や"裁判員は、人のもつ弱さを理解してくれる"という"機会（O）"と"犯罪への確実な処罰を期待する"や"遺族への同情・共感"という脅威（T）を導き出す。問題の和田、大山の証言については、「蹴ったかもしれない」という発言自体は"弱み（W）"ではあるものの、供述調書の記載からするとその供述はかなり曖昧なものであると判断される。よって、その曖昧さに力点を置いて"強み（S）"として分類する。

■里見達彦事件のC-SWOT分析マトリックス

目標：被告人は、被害者にまったく暴行を加えておらず、犯人ではない（被告人が被害者の腹部を踏みつけた事実そのものが存在しない）		外部要因	
		機会（O） ・裁判員は、合理的な疑いを超える証明を厳格に判断してくれる ・裁判員は、人のもつ弱さを理解してくれる	脅威（T） ・死亡事件に対する確実な処罰への期待（犯人を求める） ・遺族への同情・共感 ・弁護側に独自捜査能力がない ・裁判官は、状況証拠から簡単に有罪認定してしまう ・裁判官が評議をリードする ・検察官は、ビジュアルを駆使する
内部要因	強み（S） ・サンダルの痕跡は矛盾しないだけ（一致ではない） ・特異な痕跡は残っていない ・同じサンダルがどれだけ市場に流通しているか、類似のサンダルがあるのかも捜査なし ・和田に対する話は曖昧 ・和田からの借金を返済していない ・和田は、当初から被告人を犯人と思いこんでいる ・大山に対する話は曖昧 ・大山は、当初から被告人を犯人と思いこんでいる ・動機がない ・あさがお亭の店長はトラブルがなかったと供述している ・踏みつけたとは言っていない ・直接証拠なし ・目撃者もいない ・空白の時間帯（30分程度）がある ・サンダル痕は左足だが、被告人は右利き	SO活用型 ①被告人が犯人であることを直接証明する証拠はなく、合理的疑いが残る ②和田証言・大山証言・サンダル痕では合理的な疑いを超える証明はできていない	ST対抗型 ①被害者死亡という結果、それに対する遺族感情は真犯人に向けられるべきであって、犯人であるという直接的な証拠のない被告人に向けられるべきではない ②被告人は右利きなのに、サンダル痕は左足であり、左利きの真犯人こそが処罰されるべきだ
	弱み（W） ・被告人サンダルと被害者シャツの痕跡が類似。 ・和田に対する話（①もしかしたら2、3回蹴ったかもしれない、②やってないかもしれないけれどやっちゃったかもしれない、③2、3回蹴っているかもしれない、この話は伏せておいて欲しい、④起こそうと思って叩いたり、蹴ったような気がする、被害者が絡んできた） ・大山に対する話（①手が痛い、足も痛い、顔を叩いたり、尻を蹴ったりした、力加減がわからなくて張り手かグーで何回か殴った、ケツを何回か蹴った、②俺がやったことが原因だったらどうしようかと思っていた） ・警察・検察でも認めるような供述（自白） ・病院で服を着替えたこと ・和田に書かせたメモに被告人が虚偽事実を書き込んだ ・救急車を呼ばなかった ・和田が見ているところで急に心臓マッサージをした ・目撃情報を求める看板を和田に見に行かせた ・被告人は酔っていて記憶がない ・他の犯人が不明 ・死亡という重大な結果 ・遺族の処罰感情は厳しい ・被害者が被告人に「あさがお亭」で絡んだ	WO転化型 和田や大山に話した内容は、被告人に責任感があり、もしかしたら自分のせいかもしれないと不安になったから言ったにすぎない、犯行を認めたものではない	WT克服型 弁護側に独自の捜査能力がないから真犯人は見つけられないが、真犯人は、「あさがお亭」前路上で、被害者に絡まれた通行人である

6-4
法廷戦略オプションの抽出

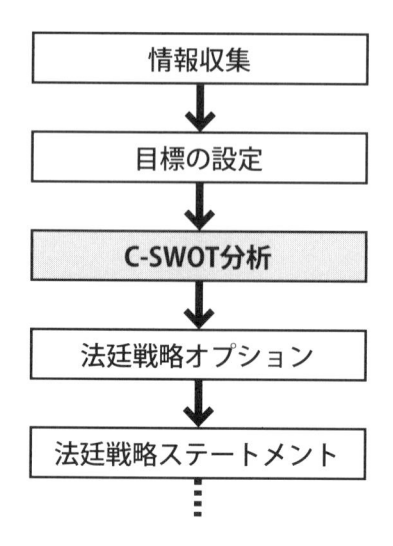

```
情報収集
  ↓
目標の設定
  ↓
C-SWOT分析
  ↓
法廷戦略オプション
  ↓
法廷戦略ステートメント
```

■SO活用型戦略オプション

　さて、分析した情報を基に、どの情報が最も審理に影響を与えるかを評価・検討しながら、"法廷戦略オプション"を抽出する。

　SO活用型戦略を立案するにあたって、まず、外部要因情報の"機会(O)"のうち、"裁判員は合理的な疑いを厳格に考える"を最も重要な情報と位置づける。そして、内部要因情報の"強み(S)"のうち、"直接証拠がない"を最も重要な情報と位置づける。そして、これらの情報をかけ合わせて、"被告人が犯人であることを直接証明する証拠はなく、合理的疑いが残る"というSO活用型戦略オプションを抽出する。また、"和田証言、大山証言のサンダル痕の内容がいずれも断定的でなく曖昧だ"という"強み(S)"を、"裁判員は合理的な疑いを厳格に考えてくれる"という"機会(O)"を活用し、"和田証言・大山証言・サンダル痕では合理的な疑いを超える証明はできていない"というSO活用型戦略オプションを抽出する。

　これで、C-SWOT分析より、2つのSO活用型戦略オプションを取り出すことができるはずだ。

■ST対抗型戦略オプション

次に、ST対抗型戦略を考えてみよう。ここでは、内部要因情報の"強み（S）"のうち、"直接証拠がない"という情報を重要視する。そして、外部要因情報の"脅威（T）"のうち、"死亡事件に対する確実な処罰への期待"と"遺族への同情"という情報を重要視する。

そして、これらの情報をかけ合わせて、"被害者死亡という重大な結果、それに対する遺族の感情は真犯人に向けられるべきであって、犯人であるという直接的な証拠のない被告人に向けられるべきではない"というST対抗型戦略オプションを抽出する。

また、"被告人は右利きなのにTシャツのサンダル痕は左足である"という"強み（S）"によって、"死亡事件に対する確実な処罰への期待"という"弱み（W）"に対抗すべく、"被告人は右利きなのにサンダル痕は左足であり、左利きの真犯人こそ処罰されるべきだ"というST対抗型戦略オプションを抽出する。

■WO転化型戦略オプション

WO転化型戦略を抽出する際に、"弱み（W）"では"和田や大山に犯行を自認するような発言をした"という情報を取り上げる。そして、"機会（O）"では、"裁判員は人のもつ弱さを理解してくれる"という情報を取り上げる。

そして、これらの情報をかけ合わせてみる。"和田や大山に話した内容は、被告人に責任感があり、もしかしたら自分のせいかもしれないと不安になったから言ったにすぎない、犯行を認めたわけではない"というWO転化型戦略オプションを抽出することができる。

■WT克服型戦略オプション

最後に、WT克服型戦略も考えてみよう。WT克服型戦略を抽出する際に、"他の犯人が不明"という"弱み（W）"と、"死亡事件に対する確実な処罰への期待"および"弁護人に独自捜査能力がない"という"脅威（T）"に対抗する。

そして、"弁護人に独自の捜査能力がないため真犯人を見つけることはできないが、真犯人は『あさがお亭』前路上で被害者に絡まれた通行人である"というWT克服型戦略オプションを組み立てる。

このように、C-SWOT分析の手法を用いて、4つの法廷戦略オプションを抽出する。次に、これに基づいて"法廷戦略ステートメント"を作成する。

6-5 法廷戦略ステートメントの作成

	O（機会）	T（脅威）
S（強み）	SO活用型戦略「被告人が犯人ではないのは、各状況証拠では合理的な疑いを超える証明ができていないからだ」	ST対抗型戦略「被告人が犯人ではないのは、死亡結果、遺族感情は真犯人に向けられるべきだからだ」
W（弱み）	WO転化型戦略「被告人が犯人ではないのは、犯行を自認するような言動は被告人の責任感・不安な心情からでたものにすぎないからだ」	WT克服型戦略「被告人が犯人ではないのは、真犯人は、路上で被害者に絡まれた通行人であるからだ」

■戦略ステートメントの作成

　里見達彦事件のC-SWOT分析が終わり、法廷戦略オプションを文章化して、"法廷戦略ステートメント"を作成する。このステートメントの作成は、"被告人が犯人ではない"という最終目標を枕詞として、一文で作成しなければならない。

　たとえば、SO活用型戦略オプションでは、"被告人が犯人でないのは"という枕詞を置いて、"各状況証拠では合理的な疑いを超える証明ができていないからだ"と戦略ステートメントを記述する。この戦略ステートメントは、裁判全体を通して各手続を横串にするわけだから、常に念頭に置いておかなければならない。審理の途中で、「ええっと、戦略ステートメントはなんだっけ……」では話にならない。頭の中に定着できるシンプルな文章で作成することだ。

　とくに、複数の弁護人で、この事件を担当するなら、意思統一という観点からも、シンプルな戦略ステートメントを作成すべきだ。同じ法廷戦略を共有しなければ、冒頭陳述と証拠調べ・尋問で裁判員に異なったメッセージを発信してしまう。

■戦略ステートメントの選択

　法廷戦略ステートメントを書きあげた後、次に最も勝つ確率の高いものを選択する。あなたは、法廷であれもこれも主張したいと思っているかもしれない。しかし、戦略的に弁護活動をおこなうなら、"選択と集中"を実践しなければならない。

　ここで、あなたは、各状況証拠では合理的な疑いを超える証明ができていないという"SO活用型戦略"を選ぶのが、当然ではないかと考えるかもしれない。検察官の主張する状況証拠を一つずつ弾劾して、有罪立証ができていないというのは、刑事弁護としてはもっともオーソドックスな選択であるに違いない。しかし、ここで結論を急いではいけない。この段階では、単に集めた情報を分析したにすぎないからだ。つまり、多面的に検討を加えていない状態だ。それでは、あなたは、きっと法廷で立ち往生する。

　法廷戦略が機能し、あなたを勝利へと導いてくれるかどうかは、評議の展開も大きなインパクトを与える。つまり、戦略ステートメントを選択する際、評議の展開予測という観点も加える必要がある。

■裁判長の進行予測

　そこで、まず、裁判長の進行を予測してみる。証明予定事実から、検察官は、複数の状況を並べて、それらの状況を証拠によって証明するだろう。そして、それらの状況から被告人が犯人であると推認できるという立証構造をとっていくと予測される。

　とすると、オーソドックスな評議としては、検察官の主張する状況が認められるかどうか、1つずつ検討していくことになる。そして、状況を検討する順序は、検察官の証明予定事実のとおりに、犯行の機会の有無→古川のTシャツの痕跡→犯行を自認する言動の有無→犯行隠ぺい工作→不自然な言動という順序で検討されると予測することができる。

　次に、評議のキーパーソンは裁判長になると考えるべきだろう。状況証拠型の本件では、間接事実とそこからの主要事実の推認になる。そのように評議が進むと、どの程度の証拠があれば認めるか、どの程度の間接事実があれば主要事実を認めるか、その基準が問題となる。このようなケースでは、その基準は裁判官が示すことになるからだ。

6-6
法廷戦略ステートメントの選択

裁判員の関心事

"被告人が犯行を自認するような言動をしていた"
（和田と大山の証言内容）

弁護側の弱み（W）へ対応する

↓

WO転化型戦略ステートメント

被告人が犯人ではないのは、犯行を自認するような言動は
被告人の責任感・不安な心情からでたものにすぎないからだ

■裁判員の関心

　次に、裁判員の関心事を予測する。審理では、Tシャツの痕跡と被告人のサンダルについて捜査した警察官、および被告人の言動を見聞きした和田と大山が、証人として証言する。

　和田と大山の証言内容は、いずれも"被告人が犯行を自認するような言動をしていた"という趣旨になる。同じような趣旨の証言を、裁判員は長時間聞かせられることになるわけだ。この犯行を自認するような言動については、検察官も冒頭陳述で述べるし、弁護側冒陳でも触れる。もちろん、論告・弁論でも触れられる。とすれば、裁判員は裁判の中心的課題はこの2人の証言の意味だと感じ、関心を寄せてしまうだろう。被告人が「蹴ったかもしれない」と言っていた状況に関する証言は具体的であり、2人がそろって証言することや、あえて作り話をする理由もないことなどからすれば、完全に否定しきることは困難だ。

　とすれば、この和田・大山の証言という弁護側の弱み（W）へ対応することは、最も重要であると判断される。

■裁判員の判断傾向

　裁判員の判断傾向としては、事件の真相について物語を作り、これを一連のドラマとして理解すると予測できる。そこで、この事件でどのような物語、ドラマを作ることができるかを考える。もっとも理想的なドラマは、テレビのサスペンスドラマのように、裁判の最後に真犯人が判明するという筋書きだ。

　しかし、この里見達彦事件では、そのような筋書きを書くことは不可能だろう。実際の事件でも、弁護人がそのような筋書きを書くことのできるケースなど皆無だろう。弁護人が真犯人を見つけることができないし、そもそも、それは弁護人の職務ではないからだ。

　しかし、弁護人には、被告人を主人公にしたドラマの筋書きなら描くことができる。裁判員の関心が和田、大山の証言に集まるならば、そのことを利用して、和田や大山に犯行を認めるような言動をした被告人を主人公にして、そのような言動に至るまでのドラマならば作ることができるだろう。そして、そのドラマを裁判員に語り、共感させることは可能だ。

■戦略ステートメントの選択

　さらに、裁判員は、裁判官よりも、人の持つ弱さに理解を示してくれるものと考え、WO転化型の戦略ステートメント

> 被告人が犯人ではないのは、犯行を自認するような言動は被告人の責任感・不安な心情から出たものにすぎないからだ

を選択することことにする。

　なお、Tシャツの痕跡については、警察官の報告結果がそもそも曖昧なので（"一致する"という結論ではない）、裁判員が結論を決めてしまえば、その結論に合わせて、どうとでも理由をつけて有利にも不利にも評価できるだろうと考え、特別に手当をしないことにする。

■裁判資源の集中投下

　そして、公判審理においては、被告人がなぜ犯行を自認するような言動をしてしまったのか、その際の被告人の心情を理解させることに、裁判資源を集中的に投下することに決定する。

6-7
法廷戦略および戦術シナリオの構築

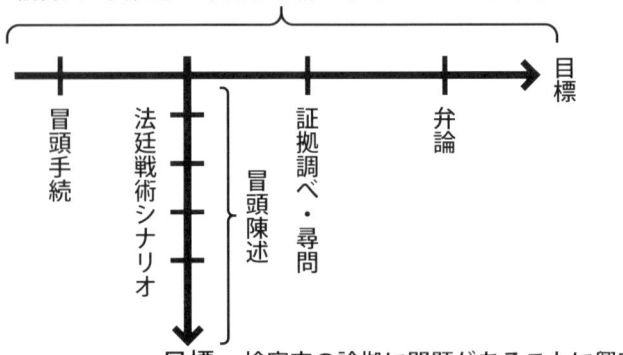

WO転化型法廷戦略ステートメント

被告人が犯人ではないのは、犯行を自認するような言動は
被告人の責任感・不安な心情からでたものにすぎないからだ

```
┌──────────────────────────────────┐
│                                                  │
    ┬────┬──────┬──────┬──────→ 目標
    冒    法    証    弁
    頭    廷    拠    論
    手    戦    調
    続    術    べ
          シ    ・
          ナ    尋
          リ    問
          オ
              └──冒頭陳述──┘
    ↓
    目標＝検察官の論拠に問題があることに興味をもたせる
```

■**法廷戦略シナリオ**

　これまで、里見達彦事件の情報を収集し、仮目標を"被告人は、被害者に全く暴行を加えていないから、被告人は犯人ではない"と設定した。

　そして、収集した外部要因情報を"機会（O）"と"脅威（T）"に分類した。そして、内部要因情報を"強み（S）"と"弱み（W）"分類した。その後、C-SWOT分析をおこない、複数の法廷戦略オプションを抽出した。そして、これらに基づいて法廷戦略ステートメントを作成した。

　ここで性急に戦略ステートメントを選択するのではなく、評議の展開予測をおこなった。裁判長の進行予測、裁判員の判断構造と関心事、これらを分析した。その結果、WO転化型戦略の法廷戦略ステートメントを選択した。それは、"被告人が犯人ではないのは、犯行を自認するような言動は被告人の責任感・不安な心情からでたものにすぎないからだ"だった。

■法廷戦略および戦術シナリオ

　次に、この法廷戦略ステートメントに裁判資源を集中的に投下する。そのために、実際の審理スケジュールに沿って、裁判員・裁判官に、WO転化型戦略ステートメントに注意を惹きつけ、興味をもたせ、理解させ、合意させ、そして、行動させるための法廷戦略および戦術シナリオを描く。

　本件模擬裁判の審理スケジュールと、そこに描いた法廷戦略および戦術シナリオを下記に示す。

プレゼンプロセス	公判手続	獲得目標	伝える内容
注意	被告人の意見陳述	被告人も古川の死に動揺していたことに注意を喚起する	被告人が古川の突然のしにショックを受けていること
	弁護人の意見陳述	被告人は動揺しているうちに勘違いされたということに注意を喚起する	被告人が間違って裁判にかけられていること
興味	冒頭陳述	検察官の論拠に問題があることに興味をもたせる。	被告人が、犯人でないにもかかわらず、犯行を自認するような言動をしてしまったことが不自然でないことを審理の中で明らかにする予定であること
理解	桑田警察官尋問（Tシャツの痕跡鑑定）	Tシャツの痕跡が決めてとはならないと理解させる	Tシャツの痕跡が曖昧であるとの証言を聞かせる
	和田証人尋問	被告人の言動がはっきりと犯行を自認するものではないことを理解させる	被告人とのやりとりの際のニュアンスについての証言を聞かせる。
	大山証人尋問	被告人の言動がはっきりと犯行を自認するものではないことを理解させる	被告人の具体的な発言内容についての証言を聞かせる
	被告人質問	事件後の被告人の心情を理解させる	被告人が事件前後に経験したこと、その際の心理状態等についての供述を聞かせる
合意	弁論	犯人でなくとも犯行を自認するような言動をしてしまうことは十分にあり得る心情であることに合意させる	被告人が、和田や大山と話をした際にどのような心情となっていたのかということ、そのような心情のもとでは犯人でなくても犯行を自認するような言動をしてしまうことを確認する
行動	評議	被告人を犯人とする十分な証拠はなく、無罪であるとの評決をさせる	

6-8
各手続の戦術シナリオ

■冒頭手続

　さて、法廷戦術シナリオを見てみよう。まず、冒頭手続。被告人の意見陳述の獲得目標は、被告人も古川の死に動揺していたことに注意を喚起する。

　そこで、被告人には、「私が、古川さんに暴力を振るったことは絶対にありません。一緒にいた古川さんが突然亡くなったことに、私は、今もとても驚いており、非常にショックを受けています」と述べる。そして、続けて弁護人は、「被告人は、古川さんに暴行を加えた犯人ではありません。友人の死に戸惑っているうちに、犯人と勘違いされたものです」と述べる。この冒頭手続では、WO転化型法廷戦略ステートメントである"被告人が犯人ではないのは、犯行を自認するような言動は被告人の責任感・不安な心情からでたものにすぎないからだ"の一部を予告する。

　被告人と弁護人の意見陳述を聞いて、裁判員は、被告人が古川の死にショックを受けたということに、注意を向けることになるだろう。

■冒頭陳述

　冒頭陳述の獲得目標は、検察官の論拠に問題があることに興味をもたせることだ。検察官が冒頭陳述で状況証拠を示したことで、裁判員はそれらが真実だと感じ、被告人が犯人だろうと思っているかもしれない。

　そこで、検察官の示した状況証拠には疑問があると述べるわけだが、なぜ、疑問があるか詳しく話さないことにした。それは評価であり、事実ではないからだ。詳細の説明は弁論にとっておくことにした。冒頭陳述で語るべきことは、検察官の主張には疑問があること、審理の中でその疑問を発見するのが裁判員の仕事であることを述べる。そのうえで、疑問を発見するためのヒントだけを示す。

　さらに、被告人が犯行を自認するかのような言動をしたのは、被告人の事件後の状況からすれば無理もない行動であること、そのことを審理の中で明らかにしていくことを述べる。そして、裁判員に「どうして、被告人はそんな言動をしたのだろう」と、被告人の事件後の心理状態に興味をもたせることにする。

■証人尋問

　被告人の心理状態を理解させることが、この裁判で取り組むべき課題と捉える。そこで、まず、被害者のTシャツに残っていた痕跡と被告人のサンダルを照合した桑田警察官の証人尋問では、"Tシャツの痕跡が決めてとならないことを理解させること"が目標だ。そこで、反対尋問では、Tシャツの痕跡とサンダルは、その一部の曲線が一致したにすぎないこと、桑田警察官の結論としても"矛盾しない"というレベルの話であり、一致するとは断言できないことを確認する。

　次に、和田、大山の証人尋問では、被告人が「……かもしれない」という曖昧な発言であること確認して、被告人の言動がはっきりと犯行を自認するものではないことを、裁判員に理解してもらうことにする。

　そして、被告人質問では、事件後に被告人がどのような心境であったか理解してもらうために、被告人の目線から見た、今回の出来事を供述させる。そして、裁判員に被告人の立場を疑似体験できるように、詳細を時系列にそって積み上げながら、丁寧に質問する。もし、裁判員が被告人に共感することができれば、弁護人の立案した法廷戦略は成功する。

■弁論

　これまで、冒頭手続では"被告人も動揺しショックを受けていることに"裁判員の注意を喚起し、冒頭陳述では"検察官の論拠が問題であること"に興味をもたせ、証人尋問では"Tシャツの痕跡は決め手にならないこと"や、"被告人の言動がはっきり犯行を自認するものではないこと"を理解させる。

　そして、弁論では、"犯人でなくても犯行を自認するような言動をしてしまうことがある"ことについて、合意を獲得することを目標とする。被告人質問では、裁判員自身に事件後の被告人の状況を疑似体験させることにする。この疑似体験が共有できれば、合意を獲得する可能性が高まる。そこで、弁論では、事件当時の状況を被告人の視点から語り、事件後の被告人の心境を共有してもらう。

　ここでは、裁判員を力ずくで説得することを避けた。あくまでも、裁判員自身が自然と被告人は「『蹴ったかもしれない』という心境になるだろう」と思えば成功だ。裁判員が被告人目線の話に共感できるように、注意深く話を展開する。そうすれば、評議で裁判員は弁護人の意図した行動をとる確率が非常に高い。これが、里見達彦事件の法廷戦略だ。

あとがき

　さて、あなたは、裁判員裁判に勝つために、"法廷戦略プレゼンテーションの理論と技術"をマスターした。
　あなたは、法廷に立つ前に、法廷戦略のグランド・デザインを描くことから始める。情報を内部要因と外部要因に分類し、それぞれヌケモレダブリなく情報を収集し目標を設定する。あなたが立てる目標はチャレンジングなものだ。低い目標に甘んじてはいけない。そして、C-SWOT分析をおこない、法廷戦略オプションを抽出し、複数の法廷戦略ステートメントを作成する。あなたが複数の選択肢をもつことは、勝利の確率を飛躍的に高めてくれる。そして、評議の展開を予測しながら、複数の法廷戦略ステートメントから最も勝つ確率の高いものを選び出す。
　この法廷戦略ステートメントに基づいて、裁判全体を通した法廷戦略シナリオを構築し、各手続の戦術シナリオを組み立てる。さらに、法廷での不確実性を分析し、いざと言うときのためにシナリオ・プランニングを検討しておく。これで万全だ。
　法廷戦略を緻密に構築すれば、あなたはもうすでに勝利を手にしたようなもの。しかし、まだ気を抜いてはいけない。あなたの法廷戦略を裁判員の前に立ってプレゼンテーションしなければならない。いくら素晴らしい戦略であっても、それが理解されなければ何の意味もない。
　あなたは裁判長に促され、ゆっくりと裁判員の前に立つ。プレゼンテーションのアウトラインにそって、強い目線を送りながら自信溢れる態度で冒頭陳述を始める。自らの主張をひと言で言い切り、ロードマップを述べて話の全体像を示す。そして、あなたが信頼できる弁護人であり、その弁護人の主張がいかに正当であるか、3つの項目を立て論理的に証明する。さらに、弁論では、シンプルでインパクトのあるビジュアルを見せ、裁判員に興味をもたせ、理解を促し、そして、記憶に留めさせる。
　あなたは、裁判員の表情を読み取りながら、弁論の全体を要約し、自らの主張を再度繰り返し、合意を求める。これで、裁判員は評議の席で、あなたの意図した行動をとるだろう。

　それではグッド・ラック！

2009年11月
筆者一同

付録DVD
「DVDレッスン
法廷プレゼンテーション技術――冒頭陳述・弁論のデリバリー」について

本DVDは、法廷プレゼンテーション技術をより理解いただくために制作したもので、「Ⅰ　冒頭陳述のデリバリー技術」と「Ⅱ　弁論のビジュアル・プレゼンテーション技術」の２部構成で成り立っている。

◎出演
辻　孝司（弁護士）／遠山大輔（弁護士）

◎解説
脇谷聖美（国際プレゼンテーション協会副理事長）

◎出演協力
【裁判員】小松加奈子／永野絵梨佳／橋本　亮／樋上沙姫／山田早紀／中塚和喜
【裁判官】川原正明／拝野厚志／成澤壽信
【検察官】小原健司

◎指導／演出協力
国際プレゼンテーション協会

◎シナリオ制作
辻　孝司

◎著作
八幡紕芦史（国際プレゼンテーション協会理事長）

◎撮影協力：渕野貴生
◎撮影場所：立命館大学法科大学院法廷教室
◎撮影日時：2009年10月10日
◎制　　作：岩田良方（アロス）／株式会社テーク・ワン
◎発　　売：現代人文社（大学図書）

＊本DVDの図書館での貸出は、本書と同時の場合に限り許可します。

●執筆者プロフィール

八幡紕芦史（やはた・ひろし）
NPO法人国際プレゼンテーション協会理事長。
経営コンサルタント、アクセス・ビジネス・コンサルティング株式会社代表。
主な著作に、『〔新版〕パーフェクト・プレゼンテーション』（生産性本部）、『戦略的プレゼンテーションの技術』（ダイアモンド社）、『戦略思考プロフェッショナル』（PHP研究所）、『仮説力を鍛える』（ソフトバンク）などがある。また、『平成19年度研修版　現代法律実務の諸問題』（日本弁護士連合会編）にも講義内容が収録。

辻　孝司（つじ・たかし）
司法研修所第51期終了。京都弁護士会所属。
NPO法人国際プレゼンテーション協会個人正会員、IPS認定インストラクター。

遠山大輔（とおやま・だいすけ）
司法研修所第55期終了。京都弁護士会所属。
NPO法人国際プレゼンテーション協会個人正会員、IPS認定インストラクター。

※現在、3名の共同執筆にて『季刊刑事弁護』に「勝つための戦略的法廷プレゼンテーション技術」を連載中。

GENJIN刑事弁護シリーズ12

入門 法廷戦略
戦略的法廷プレゼンテーションの理論と技術

2009年12月20日　第1版第1刷

著　者　八幡紕芦史・辻孝司・遠山大輔
発行人　成澤壽信
発行所　株式会社 現代人文社
　　　　〒160-0004 東京都新宿区四谷2-10 八ッ橋ビル7階
　　　　振替 00130-3-52366
　　　　電話 03-5379-0307（代表）
　　　　FAX 03-5379-5388
　　　　E-Mail henshu@genjin.jp（編集）／hanbai@genjin.jp（販売）
　　　　Web http://www.genjin.jp
発売所　株式会社 大学図書
印刷所　株式会社 ミツワ
装　丁　加藤英一郎

検印省略　Printed in Japan ISBN978-4-87798-435-9 C2032
Ⓒ2009 YAHATA Hiroshi, TSUJI Takashi & TOHYAMA Daisuke

本書の一部あるいは全部を無断で複写・転載・転訳載などをすること、または磁気媒体等に入力することは、法律で認められた場合を除き、著作者および出版社の権利の侵害となりますので、これらの行為をする場合には、あらかじめ小社また編集者宛に承諾を求めてください。